国家出版基金资助项目

全国高校出版社主题出版项目

重庆市出版专项资金资助项目

创新格局

——新时代西部大开发

车文辉　等　著

施祖麟　审稿

CHUANGXIN GEJU

XINSHIDAI XIBU

DAKAIFA

重庆大学出版社

内容简介

推进区域协调发展，是党领导经济工作的一条重要方针，也是我国现代化建设中的一项重要的战略任务。改革开放以来，特别是党的十八大以来，国家区域重大战略和区域协调发展战略深入推进，主体功能明显、优势互补、高质量发展的区域经济布局加快形成。

西部地区的发展，是国家区域协调战略极为重要的板块，事关我国现代化建设全局。本书旨在通过多视角的观察和分析，对新时代、处于新发展阶段的西部大开发面临的理论和实践问题展开系统研究。全书以党的十九届六中全会通过的《中共中央关于党的百年奋斗重大成就和历史经验的决议》为指引，分九章展开论述。首先介绍西部地区的资源与人文历史；在此基础上，重点回顾西部地区经济社会发展历程以及第一轮西部大开发战略实施情况；而后，重点结合 2020 年 5 月颁布的《中共中央 国务院关于新时代推进西部大开发形成新格局的指导意见》的贯彻落实，介绍新时代构建西部大开发新格局的总体思路、原则、目标以及重点任务；从推动形成现代化产业体系、优化西部地区空间格局、筑牢国家生态安全屏障、拓展西部大开发新空间、深化重点领域改革、形成以人民为中心的西部大开发新格局等角度，分章节阐述了新时代推进西部大开发的战略举措，力图为新时代形成西部大开发新格局提供理论参考。

图书在版编目（CIP）数据

创新格局：新时代西部大开发 / 车文辉等著. --
重庆：重庆大学出版社，2022.3
（改革开放新实践丛书）
ISBN 978-7-5689-3141-0

Ⅰ.①创… Ⅱ.①车 Ⅲ.①西部经济—区域经济发
展—研究—中国 Ⅳ.①F127

中国版本图书馆 CIP 数据核字（2022）第 018456 号

改革开放新实践丛书
创新格局
——新时代西部大开发
车文辉 等 著

策划编辑：马 宁 尚东亮 史 骥
责任编辑：夏 宇 版式设计：尚东亮
责任校对：邹 忌 责任印制：张 策

*

重庆大学出版社出版发行
出版人：饶帮华
社址：重庆市沙坪坝区大学城西路 21 号
邮编：401331
电话：（023）88617190 88617185（中小学）
传真：（023）88617186 88617166
网址：http://www.cqup.com.cn
邮箱：fxk@ cqup.com.cn（营销中心）
全国新华书店经销
重庆升光电力印务有限公司印刷

*

开本：720mm×1020mm 1/16 印张：18.5 字数：268 千
2022 年 3 月第 1 版 2022 年 3 月第 1 次印刷
ISBN 978-7-5689-3141-0 定价：99.00 元

丛书编委会

主　任：

王东京　中央党校（国家行政学院）原副校（院）长、教授

张宗益　重庆大学校长、教授

副主任：

王佳宁　大运河智库暨重庆智库创始人兼总裁、首席研究员

饶帮华　重庆大学出版社社长、编审

委　员（以姓氏笔画为序）：

车文辉　中央党校（国家行政学院）经济学教研部教授

孔祥智　中国人民大学农业与农村发展学院教授、中国合作社研究院院长

孙久文　中国人民大学应用经济学院教授

李　青　广东外语外贸大学教授、广东国际战略研究院秘书长

李　娜　中国国际工程咨询有限公司副处长

肖金成　国家发展和改革委员会国土开发与地区经济研究所原所长、教授

张志强　中国科学院成都文献情报中心原主任、研究员

张学良　上海财经大学长三角与长江经济带发展研究院执行院长、教授

陈伟光　广东外语外贸大学教授、广东国际战略研究院高级研究员

胡金焱　青岛大学党委书记、教授

以历史视角认识改革开放的时代价值

——《改革开放新实践丛书》总序

改革开放是决定当代中国命运的关键一招。在中国共产党迎来百年华诞、党的二十大将要召开的重要历史时刻,我们以历史的视角审视改革开放在中国共产党领导人民开创具有中国特色的国家现代化道路中的历史地位和深远影响,能够更深刻地感悟改革开放是我们党的一个伟大历史抉择,是我们党的一次伟大历史觉醒。

改革开放是中国共产党人的革命气质和精神品格的时代呈现。纵观一部中国共产党历史,实际上也是一部革命史。为了实现人类美好社会的目标,一百年来,中国共产党带领人民坚定理想信念,艰苦卓绝,砥砺前行,实现了中华民族有史以来最为广泛深刻的社会变革。这一壮美的历史画卷,展示的是中国共产党不断推进伟大社会革命同时又勇于进行自我革命的非凡过程。

邓小平同志讲改革开放是中国的"第二次革命",习近平总书记指出,"改革开放是中国人民和中华民族发展史上一次伟大革命"。改革开放就其任务、性质、前途而言,贯穿于党领导人民进行伟大社会革命的全过程,既是对具有深远历史渊源、深厚文化根基的中华民族充满变革和开放精神的自然传承,更是中国共产党人内在的革命气质和精神品格的时代呈现,因为中国共产党能始终保持这种革命精神,不断激发改革开放精神,在持续革命中担起执政使命,在长期执政中实现革命伟业,引领中华民族以改革开放的姿态继续走向未来。

改革开放是实现中国现代化发展愿景的必然选择和强大动力。一百年来,我们党团结带领人民实现中国从几千年封建专制向人民民主的伟大飞跃,实现中华民族由近代不断衰落到根本扭转命运、持续走向繁荣富强的伟大飞跃,实现中国大踏步赶上时代、开辟中国特色思想道路的伟大飞跃,都是致力于探索中国的现代化道路。

改革开放,坚决破除阻碍国家和民族发展的一切思想和体制障碍,让党和人民事业始终充满奋勇前进的强大动力,孕育了我们党从理论到实践的伟大创造,走出了全面建成小康社会的中国式现代化道路,拓展了发展中国家走向现代化的途径,为解决人类现代化发展进程中的各种问题贡献了中国实践和中国智慧。党的十九大形成了从全面建成小康社会到基本实现现代化,再到全面建成社会主义现代化强国的战略安排,改革开放依然是实现中国现代化发展愿景的必然选择和前行动力,是实现中华民族伟大复兴中国梦的时代强音。

改革开放是顺应变革大势集中力量办好自己的事的有效路径。习近平总书记指出,"今天,我们比历史上任何时期都更接近、更有信心和能力实现中华民族伟大复兴的目标。中华民族伟大复兴,绝不是轻轻松松、敲锣打鼓就能实现的。"当前,我们面对世界百年未有之大变局和中华民族伟大复兴战略全局,正处于"两个一百年"奋斗目标的历史交汇点。

改革开放已走过千山万水,但仍需跋山涉水。我们绝不能有半点骄傲自满,故步自封,也绝不能有丝毫犹豫不决、徘徊彷徨。进入新发展阶段、贯彻新发展理念、构建新发展格局,是我国经济社会发展的新逻辑,站在新的历史方位的改革开放面临着更加紧迫的新形势新任务。新发展阶段是一个动态、积极有为、始终洋溢着蓬勃生机活力的过程,改革呈现全面发力、多点突破、蹄疾步稳、纵深推进的新局面,要着力增强改革的系统性、整体性、协同性,着力重大制度创新,不断完善和发展中国特色社会主义制度,推进国家治理体系和治理能力现代化;开放呈现全方位、多层次、宽领域,要着力更高水平的对外开放,不断推动共建人类命运共同体。我们要从根本宗旨、问题导向、忧患意识,完整、准确、全面贯彻新发展理念,以正确的发展观、现代化观,不断增强人民群众的获得感、幸福感、安全感。要从全局高度积极推进构建以国内大循环为主体、国际国内双循环相互促进的新发展格局,集中力量办好自己的事,通过深化改革打通经济循环过程中的堵点、断点、瘀点,畅通国民经济循环,实现经济在高水平上的动态平衡,提升国民经济整体效能;通过深化开放以国际循环提升国内大循环效率和水平,重塑我国参与国际合作和竞争的新优势。

由上观之,改革开放首先体现的是一种精神,始终保持改革开放的革命精神,我们才会有清醒的历史自觉和开辟前进道路的勇气;其次体现的是一种方略,蕴藏其中的就是鲜明的马克思主义立场观点方法,始终坚持辩证唯物主义和历史唯物主义,才会不断解放思想、实事求是,依靠人民、服务人民;再次体现的是着眼现实,必须始终从实际出发着力解决好自己的问题。概而言之,改革开放既是方法论,更是实践论,这正是其时代价值所在,也是其永恒魅力所在。

重庆大学出版社多年来坚持高质量主题出版,以服务国家经济社会发展大局为选题重点,尤其是改革开放伟大实践。2008 年联合《改革》杂志社共同策划出版"中国经济改革 30 年丛书"(13 卷),2018 年联合重庆智库共同策划出版国家出版基金项目"改革开放 40 周年丛书"(8 卷),在 2021 年中国共产党成立100 周年、2022 年党的二十大召开之际,重庆大学出版社在重庆市委宣传部、重庆大学的领导和支持下,联合大运河智库暨重庆智库,立足新发展阶段、贯彻新发展理念、构建新发展格局,以"改革开放史"为策划轴线,持续聚焦新时代改革开放新的伟大实践,紧盯中国稳步发展的改革点,点面结合,创新性策划组织了这套"改革开放新实践丛书"(11 卷)。丛书编委会邀请组织一批学有所长、思想敏锐的中青年专家学者,围绕长三角一体化、粤港澳大湾区、黄河流域生态保护和高质量发展、海南自由贸易港、成渝地区双城经济圈、新时代西部大开发、脱贫攻坚、乡村振兴、创新驱动发展、中国城市群、国家级新区 11 个选题,贯穿历史和现实,兼具理论与实际,较好阐释了新时代改革开放的时代价值、丰硕成果和实践路径,更是习近平新时代中国特色社会主义思想在当代中国现代化进程中新实践新图景的生动展示,是基于百年党史背景下对改革开放时代价值的新叙事新表达。这是难能可贵的,也是学者和出版人献给中国共产党百年华诞、党的二十大的最好礼物。

中央党校(国家行政学院)原副校(院)长、教授　　　　　重庆大学校长、教授

2021 年 7 月　　　　　　　　　　　　　　2021 年 7 月

前　言

　　西部地区对中华民族的生存与发展发挥着重要作用:这里是中华文明的重要发祥地;能源、资源富集;生态屏障护佑华夏……西部地区的发展,事关我国现代化建设全局。推进区域协调发展,是党领导经济工作的一条重要方针,也是我国现代化建设中一项重要的战略任务,党中央历来高度重视。1999年,党中央做出实施西部大开发战略的重大决策。2010年,中共中央、国务院发布《关于深入实施西部大开发战略的若干意见》,支持、帮助、推动西部地区和少数民族地区加快发展。党的十八大以来,以习近平同志为核心的党中央高瞻远瞩、运筹帷幄,西部地区经济社会发展取得重大历史性成就,为决胜全面建成小康社会奠定了坚实的基础,也拓展了国家发展的战略回旋空间。2020年5月,《中共中央 国务院关于新时代推进西部大开发形成新格局的指导意见》(以下简称《指导意见》)发布,这是中国共产党站在新的历史起点,统筹国内国际两个大局,面向第三个十年的西部大开发战略做出的重大决策部署。中国特色社会主义进入新时代,社会的主要矛盾已经转化为人民日益增长的美好生活需要和不平衡不充分的发展之间的矛盾。顺应中国特色社会主义进入新时代的历史趋势,强化举措,统筹安全与发展,推进人与自然和谐共生的现代化,推进西部大开发形成新格局,对增强防范化解各类风险能力,促进区域协调发展,开启全面建设社会主义现代化国家新征程具有重要现实意义和深远历史意义。努力使西部地区比较优势得到有效发挥,实现不同类型地区互补发展、东西双向开放协同并进、民族边疆地区繁荣安全稳固的高质量发展,不断提升西部地区广大人民的获得感、幸福感、安全感,是新时代形成西部大开发新格局的题中应有之义。

　　本书旨在通过多视角的观察和分析,对西部大开发的理论与实践问题展开研究。全书包括九章内容：首先介绍西部地区的资源与人文历史；在此基础上，重点回顾、总结西部地区经济社会发展历程以及第一轮西部大开发战略实施取得的重大成就；而后，结合《指导意见》的贯彻落实，解读新时代构建西部大开发新格局的总体思路、原则和目标以及重点任务；从推动形成现代化产业体系、优化西部地区空间格局、筑牢国家生态安全屏障、拓展西部大开发新空间、深化重点领域改革、形成以人民为中心的西部大开发新格局等角度，分章节重点阐述了新时代推进西部大开发的战略举措。

本书是中共中央党校（国家行政学院）创新工程"促进区域协调发展的机制与政策"项目研究成果。由车文辉负责全书策划，确定逻辑思路、写作提纲，并撰写第三章，安帅撰写第四章和第二章第二节，许诗源撰写第五章和第二章第三节，徐晓婧撰写第六章和第一章第三节，李瑞雪撰写第七章和第一章第二节，邹宜斌撰写第八章和第二章第一节，李书杰撰写第九章和第一章第一节。最后由车文辉统稿。

感谢重庆大学出版社的大力支持！感谢本书编辑在出版过程中付出的辛勤劳动！

著　者

2021 年 7 月

目　录

第一章　底蕴：西部地区的资源与人文历史

第一节　西部地区的资源环境 …………………………… 002

第二节　西部地区的人文历史 …………………………… 011

第三节　西部地区发展的优势与劣势 …………………… 020

第二章　开篇：西部大开发战略演进二十年

第一节　西部大开发战略的提出 ………………………… 027

第二节　西部大开发战略取得阶段性成效 ……………… 033

第三节　西部大开发面临新挑战 ………………………… 046

第三章　求进：新时代西部开启新征程

第一节　新时代西部大开发的战略意义 ………………… 052

第二节　新时代西部大开发的战略背景 ………………… 057

第三节　新时代西部大开发的总体要求 ………………… 061

第四节　新时代西部大开发的重点任务 ………………… 066

第四章　筑基：推动形成现代化产业体系

第一节　大力发展传统优势产业 ………………………… 073

第二节　夯实现代制造业基础 …………………………… 079

第三节　推动发展战略性新兴产业 ……………………… 084

第四节　加快发展现代服务业 …………………………… 090

第五节　促进能源产业转型 ……………………………… 095

第五章　协同：优化西部地区空间格局

第一节　西部地区空间发展格局之困 …………………………………… 102

第二节　完善西部城镇化战略布局 ……………………………………… 109

第三节　构建西部农业战略布局 ………………………………………… 121

第四节　构建西部生态安全战略格局 …………………………………… 130

第六章　保护：筑牢国家生态安全屏障

第一节　深入实施重点生态工程 ………………………………………… 138

第二节　稳步开展重点区域综合治理 …………………………………… 144

第三节　加快推进西部地区绿色发展 …………………………………… 150

第七章　开放：承担西部大开发新使命

第一节　积极融入"一带一路"建设 …………………………………… 160

第二节　强化开放大通道建设 …………………………………………… 168

第三节　打造内陆多层次开放平台 ……………………………………… 179

第四节　加快沿边地区开放发展 ………………………………………… 184

第五节　构建高水平开放型经济 ………………………………………… 193

第八章　攻坚：深化重点领域改革

第一节　深化要素市场化配置改革 ……………………………………… 198

第二节　积极推进科技体制改革 ………………………………………… 207

第三节　推进信用体系建设 ……………………………………………… 217

第四节　营造良好的营商环境 …………………………………………… 221

第五节　拓展区际互动合作 ……………………………………………… 227

第九章　固本：形成以人民为中心的西部大开发新格局

第一节　支持教育高质量发展 ························· 232

第二节　提升医疗服务能力和水平 ···················· 239

第三节　完善多层次广覆盖的社会保障体系 ·············· 248

第四节　强化公共就业创业服务 ······················ 253

第五节　健全养老服务体系 ·························· 257

第六节　强化公共文化体育服务 ······················ 262

参考文献 ··· 266

1

底蕴：
西部地区的资源与人文历史

第一节　西部地区的资源环境

不同于我国南北方的划分有明确的地理界限,我国的东西部地区并没有较为明确的分界线。从地理上来看,根据我国地形三大阶梯的划分,西部地区大都分布在第一、第二级阶梯中,但我国地形第一、第二级阶梯所涵盖的范围并不是完全意义上的西部地区,也不是通常所指的西部地区。在我国,通常所说的西部地区包括四川省、重庆市、贵州省、云南省、西藏自治区、陕西省、甘肃省、青海省、宁夏回族自治区、新疆维吾尔自治区、广西壮族自治区、内蒙古自治区共12个省级行政区域。对西部地区的这种划分始于1986年全国人大六届四次会议通过的"七五"计划——最初的西部地区只包含四川省、贵州省、云南省、西藏自治区、陕西省、甘肃省、青海省、宁夏回族自治区和新疆维吾尔自治区共9个省级行政单位,1997年设立重庆为直辖市,同时将其划入西部地区[①]。2000年,为缩小我国东西部地区在社会经济发展上的差距,国家开始实施西部大开发战略,又将内蒙古自治区和广西壮族自治区划归西部地区。至此,西部地区的范围基本确定,这种划分方式综合考虑了地理和社会经济发展状况,便于国家总体发展[②]。

我国西部地区位于亚欧大陆的内陆,气候上,以温带大陆性气候为主,海洋湿润气流难以到达,降水量总体偏少且分布不均;地形上,西部地区以高原、山地和盆地为主[③]。西部地区的矿产资源和能源资源十分丰富,西部地区已探知的矿产资源有120多种,且一些稀有金属的储量在全国乃至世界都名列前茅,全国十大水电基地有7个分布在西部地区,旅游资源更是得天独厚。由于其特

---

① 俞虹,杨凯,邢璐.中国西部地区水环境污染与经济增长关系研究[J].环境保护,2007,35(20):38-41.
② 范晓林.中国西部地区现代物流业发展研究[D].北京:中央民族大学,2011.
③ 张青,任志远.中国西部地区生态承载力与生态安全空间差异分析[J].水土保持通报,2013,33(2):230-235.

殊的地理地形关系,西部的生态环境十分脆弱,同时,长江与黄河的源头都位于西部地区,西部地区的生态环境变化对全国的生态环境有着重要的影响①。

一、土地资源

土地资源是指已被人类利用和在可预见的未来能够被人类利用的土地。西部地区气候干旱、地广人稀,从区域上看,我国东南部与西北部的土地资源分布差异显著,东南部是全国耕地、林地、淡水湖泊、外流水系等的集中分布区,耕地面积约占全国的90%,土地垦殖指数较高;相反,西北部以牧业用地为主,后备土地资源丰富,80%的草地分布在西北半干旱、干旱地区,垦殖指数较低。截至 2018 年,西部地区土地供应面积为 67 865.63 万公顷,占全国总面积的71.13%。在这部分土地中,耕地面积为 3 365.86 万公顷,林地面积为17 632.82万公顷②。整体上西部地区林地面积逐年上升,但是可利用土地面积依然相对有限,土地荒漠化问题依然相对突出,实际的土地可利用问题依然凸显③。

西部地区土地荒漠化形势严峻,土地沙化同样不容小觑。截至 2016 年,西部地区已沙化土地主要分布在新疆、内蒙古、西藏、青海、甘肃 5 个省区,面积分别为 76.71 万平方千米、55.46 万平千米、32.66 万平方千米、13.22 万平方千米、11.25 万平方千米,共占全国沙化土地总面积的 94.66%④。

除已沙化土地外,具有明显沙化趋势的土地同样影响着西部地区的生态环境。具有明显沙化趋势的土地是指出于土地过度利用或水资源匮乏等原因造成的临界于沙化与非沙化土地之间的一种退化土地,虽还不是沙化土地,但已具有明显的沙化趋势⑤。截至 2014 年,全国具有明显沙化趋势土地面积为30.03 万平方千米,占国土总面积的3.13%。与荒漠化土地和沙化土地一样,这

①　孙根紧.中国西部地区自我发展能力及其构建研究[D].成都:西南财经大学,2013.

②　国家统计局.中国西部地区地质统计年鉴 2018[M].北京:中国统计出版社,2019.

③　李桂连,王金辉.中国西部地区水资源可持续利用研究[J].内蒙古科技与经济,2014(10):44-46.

④　中华人民共和国国土资源部.中国国土资源统计年鉴 2016[M].北京:地质出版社,2017.

⑤　周小舟.中国西部地区资源环境承载力研究[D].西安:西安电子科技大学,2014.

些具有明显沙化趋势的土地主要分布在内蒙古、新疆、青海、甘肃4个省区,面积分别为17.40万平方千米、4.71万平方千米、4.13万平方千米、1.78万平方千米,总面积占全国具有明显沙化趋势土地面积的93.3%[①]。

土地类型包括极高山地、高山地、中山地、低山地、丘陵地、源地、河谷沟谷地、台地、平地、戈壁、沙地等[②]。由于地势崎岖、地貌类型复杂多样,土地类型呈垂直分布现象。同时由于西北地域辽阔,地貌气候极其复杂,土壤类型也复杂多样,包括褐土、黑褐土、黄绵土、栗钙土、黑钙土、水稻土、灰褐土、灰钙土、棕钙土、灰漠土、灰棕漠土、盐土、草甸土、风沙土等——土地及土壤类型的多样性造成了西北地区土地利用率低下,能被人们利用的土地只占4.944%,超过半数的土地如沙漠、戈壁、冰川、雪山及盐碱地等目前还难以利用。按照国标地划分,耕地可分为灌溉水田、水浇地、旱地和少量的宜农未利用地,其中灌溉水田和水浇地在全国耕地面积的等别中优于旱地,少量的宜农利用地主要分布在云贵高原;水浇地在西北耕地中所占比重较小,为34.40%,主要分布在关中平原、汉中盆地、银川平原、青海东部河川及新疆、河西走廊、柴达木盆地的绿洲地[③]。

大部分省份土地开发程度低,土地利用率低,土地生态环境脆弱。由于自然和人为原因,西部地区气候干旱,植被遭到破坏,覆盖率低,黄土泥石山地多,沙漠、戈壁面积大,加上降雨季节分配不均,土壤侵蚀面积大,土地生态环境比较脆弱,黄土高原地区水土流失严重,部分地区沙漠化、盐渍化及草地退化剧烈。西部地区不仅土地资源制约明显,且正面临着严重的生态问题。

第一,水土流失问题严重。目前,西部地区60%以上的土地已经出现水土流失,其中黄土高原最为严重,水土流失面积比例达到70%,西南地区水土流失面积比例大约为30%。按省域比较,藏、宁、蒙三省区水土流失最为严重,水土

---

① 国家统计局,环境保护部.中国环境统计年鉴2017[M].北京:中国统计出版社,2018.

② 李桂连.中国西部地区水资源协同治理模式研究[D].呼和浩特:内蒙古大学,2015.

③ 周毅.中国西部脆弱生态环境与可持续发展研究[M].北京:新华出版社,2015:31.

流失面积比例均在 70% 以上①。

第二，土地荒漠化、石漠化扩大。全国沙漠化土地面积 169 万平方千米，西部地区约占 95%。当前，全国土地沙化仍以平均每年 2 460 平方千米的速度发展，且大都在西部地区，影响着 1/3 的国土面积和 4 亿多人口的生产、生活。我国已有 1/4 以上的土地出现荒漠化，其中 95% 以上的荒漠化土地集中在我国西部 7 省区，其中新疆最多，其次是内蒙古，再次为甘肃、宁夏、西藏、青海和陕西。在我国西南地区，因水土流失，出现了"石漠化"，其中贵州的石山和半石山面积达 3 万平方千米，约占全省土地总面积的 17%，极大地限制了土地开发利用。

第三，草地退化迅速。近年来西部各省（区、市）草地完全退化为沙地、戈壁、沼泽地、裸土地的面积比例加大，内蒙古草地损失最为严重，已有 15% 的草地退化为难以利用的土地。除数量退化外，草地质量退化严重，退化的草地产草量低，适口性差和有毒的植物增多，草地承载力下降，抗灾减灾能力降低②。

二、矿产资源

西部地区是我国的资源富集区，矿产、土地、水等资源十分丰富，旅游业十分发达，开发潜力巨大，这是西部形成特色经济和优势产业的重要基础和有利条件。

首先，西部地区具有显著的矿产资源优势，虽然部分矿产资源的开发成本较高，但矿业开发已经成为西部重要的支柱产业。西部地区的天然气和煤炭储量，分别占全国比重的 87.6% 和 39.4%，人均矿产资源基本居于全国前列。在全国已探明储量的 156 种矿产中，西部地区有 138 种；在 45 种主要矿产资源中，西

① 斯琴图雅,齐伟.中国西部地区野生动物可持续发展问题研究[J].甘肃畜牧兽医,2016,46(5):50-51,55.
② 李海东,沈渭寿,卞正富.西部矿产资源开发的生态环境损害与监管[J].生态与农村环境学报,2016,32(3):345-350.

部有 24 种,占全国保有储量的 50% 以上,另有 11 种占 33%~50%。西部地区全部矿产保有储量的潜在总价值达 61.9 万亿元,占全国总额的 66.1%。21 世纪初已形成塔里木、黄河中游、柴达木、东天山北祁连、西南三江、秦岭中西段、攀西黔中、四川盆地、红水河右江、西藏"一江两河"十大矿产资源集中区。此外,西部地区成矿地质条件卓越,具有巨大的开发利用潜力,具体包括:

1.能源矿产

能源矿产包括石油、天然气和煤炭,它们是西部地区的优势矿种之一。其中,大型油气田主要有四川盆地中的油气田,内蒙古鄂尔多斯盆地油气田,新疆塔里木油田、克拉玛依油田、土哈油田、准噶尔油田,青海柴达木油田,陕甘宁油气田。西部地区煤炭资源十分丰富,重要的煤田基地有四川宝顶煤矿、广旺煤矿、华蓥山煤矿、芙蓉煤矿等;云南昭通煤矿、宣威羊场煤矿、富源后所煤矿、小龙潭煤矿、曲靖思洪煤矿;贵州遵义煤矿、安顺煤矿、盘县煤矿、六枝煤矿、水城煤矿;重庆中梁山煤矿、南桐煤矿、永荣煤矿等;陕西神府煤田;宁夏石嘴山和灵武煤田;内蒙古鄂尔多斯盆地;新疆土哈、伊宁煤田,准噶尔盆地煤田等①。

2.黑色金属矿产

黑色金属矿产为西部地区的优势矿种之一。四川的攀枝花超大型钒铁磁铁矿是我国著名的钒铁磁铁矿产地,此外黑色金属矿尚有四川泸沽铁矿、重庆城口锰矿,云南大红山铁矿、鲁奎山铁矿、王家滩铁矿、大六龙铁矿、斗南锰矿,贵州遵义锰矿、观音山铁矿、大塘锰矿,西藏罗布莎铬铁矿、东巧铬铁矿以及新疆鲸鱼铬铁矿、萨尔托海铬铁矿;陕南的汉中、商洛地区的黑色金属矿产;新疆富蕴县蒙库铁矿床;甘肃镜铁山铁矿,北祁连山地区的世纪、祁宝和贵山钨多金属矿床,肃北县塔儿沟、红尖兵山和肃南县小柳沟钨多金属矿床等。

3.有色金属矿产

铜、铅、锌、锡、锑、铝、汞等矿产是西部地区的另一类优势矿产。如四川嘎

---

① 冯永馨,陈雷超.中国西部地区铁矿资源状况及其主要特点[J].低碳世界,2016(23):84-85.

村超大型铜金多金属矿、夏塞大型多金属矿、拉拉铜矿、李伍铜矿、天宝山铅锌矿、大梁子铅锌矿、甘洛铅锌矿、大水沟锑矿、杨柳坪铂镍矿；云南个旧锡矿、腾冲锡矿、东川铜矿、易门铜矿、大姚铜矿、普郎铜矿、羊拉铜矿、会泽铅锌矿、兰坪铅锌矿、木利锑矿；贵州晴隆锑矿、杉树林铅锌矿、务川汞矿、铜仁汞矿、万山汞矿、丹寨汞矿、松桃汞矿、修文一清镇铝土矿；西藏玉龙铜矿、冈底斯构造带铜矿；陕西金堆城钼矿（伴生铼）、旬阳汞锑矿；甘肃金川硫化铜镍及铂族矿、白银厂铜矿、成县厂坝铅锌矿、陇南西成铅锌矿；青海锡铁山铅锌矿、青海玉树大型铅锌矿床；新疆富蕴索尔库都克铜矿、阿舍勒铜矿、东天山铜矿等产地[1]。

4.贵金属矿产

西部地区是我国主要的黄金产区之一，金矿主要分布于西南三江地区、云南西部地区、贵州和西藏高原、秦岭、北山、祁连山地区，以及新班地区和内蒙古大兴安岭地区。典型矿床如四川嘎村超大型铜金多金属矿、木里耳泽金矿、夏塞大型银矿；贵州万年水金矿；云南哀牢山金矿、白秧坪超大型银矿；陕西小秦岭金矿；新疆伊宁阿希金矿、克拉玛依哈图金矿、宝贝金矿以及都善康故尔塔格金矿；内蒙古克什克腾旗拜仁达坎银铅锌矿、哈尔楚鲁图铜银矿、白音查干铅锌银矿等。

5.稀有、稀土金属矿产

稀有、稀土金属矿产主要分布于四川西昌地区、西藏高原、青海格尔木、新疆阿尔泰山地区、内蒙古包头市等地区。典型矿产地如牦牛坪大型稀土矿、西藏扎布耶硼砂矿、新疆阿尔泰山稀有金属矿、内蒙古白云鄂博稀土矿等。

6.非金属矿产

非金属矿产作为西部地区的优势矿种，其具有储量大、易开采的特点。主要有制造熔剂的灰岩、白云岩，制造水泥的灰岩，以及大理石矿、花岗石矿、硫铁矿、冶镁白云岩、蛇纹石矿、耐火黏土、石棉矿、白云母、石青、长石、膨润土、磷矿

① 刘华.论中国西部经济发展的优势和潜力[J].中国集体经济,2017(19):7-8.

石、重晶石、石墨、玻璃用石英砂矿、建筑用砂石和钾盐、镁盐、溴、碘、芒硝类,是我国非金属矿产的主要产地之一①。

三、能源资源

西部地区能源资源十分丰富。其中,天然气储量占全国总储量的 84%,煤炭储量占比为 41.09%,石油储量占比为 36.29%。同时,电力资源也十分丰富,大部分省份的电力资源都有剩余。西部地区丰富的能源资源为西部地区的经济发展提供了良好的发展基础,这在一定程度上极大地促进了西部地区的经济发展。西部地区各省份在利用自身的能源优势大力发展经济的同时,也形成了以能源为主的数量扩张发展型发展模式,大部分资源型区域由于对自然资源长时间的粗放式开采——重开发利用、轻保护治理,使区域生态系统脆弱,严重影响了区域经济的可持续发展。

2020 年我国单位 GDP 能耗②是世界平均水平的 2.2 倍,主要矿产资源对外依存度逐年提高,石油、铁矿石等均已超过 50%。单位 GDP 能耗的主要影响因素包括能源消费构成、经济增长方式、产业结构状况与设备技术装备水平以及自然条件 5 个方面,对单位 GDP 能耗指标的计算和分析可以直接反映经济发展对能源的依赖程度,同时也可以间接反映产业结构状况、设备技术装备水平、能源消费构成和利用效率等多方面内容③。

2020 年西部各省(区、市)的单位 GDP 能耗值在全国排名靠前,全国单位 GDP 能耗值排名前十位的省份西部地区就占了 8 个。从整体上看,西部各省(区、市)的单位 GDP 能耗值远高于东部发达地区,比如宁夏能耗值是北京能耗值的 6 倍之多。造成这种情况的主要原因在于西部地区相关产业链较短,产品

---

① 杜丁丁.中国西部地区湖泊碳库效应的影响因素及评价[D].兰州:兰州大学,2018.
② 单位 GDP 能耗也称万元 GDP 能耗,即每产生万元 GDP 所消耗掉的能源,一般用来反映一个国家经济活动中对能源的利用程度,反映经济结构和能源利用效率的变化。
③ 马建东.中国西部地区经济发展质量及测度研究[D].武汉:中南财经政法大学,2019.

结构相对较为单一，能源利用率低，同时，生产技术水平与劳动生产率较低，这就造成了西部地区生产单位产品的能源消耗高于东部地区。高能耗、低效率的粗放式经济发展方式对西部地区的环境造成严重的不良影响，制约着西部地区的经济发展。

四、水资源

西部地区水资源比较丰富。2019 年，西部地区水资源总量为 13 506.2 亿立方米，全国水资源总量为 23 258.5 亿立方米，西部地区水资源总量占全国水资源总量的 58%。长江、黄河、雅鲁藏布江等河流均起源于西部，水能资源蕴藏丰富，西部已建成的 14 座装机容量 50 万 kW 以上的水力发电站（其中四川 3 座、青海 2 座、云南 3 座、广西 2 座、甘肃 1 座、贵州 2 座、陕西 1 座）为全国经济发展提供了强大的绿色动力。西部水能资源最丰富的省区有四川、云南、西藏、青海、贵州、广西、新疆，这 7 个省区在全国分别排在前七位。虽然总体上西部地区水资源丰富，但地区内差异很大——西藏、四川、云南和广西，水资源十分丰富，总储量位居全国前列；宁夏、甘肃、内蒙古和陕西，水资源相对短缺；新疆水资源分布不均衡，局部地区缺水严重，区域结构性缺水与资源性缺水并存，全疆呈现北多南少、西多东少的分布格局，油气和煤炭资源富集的吐哈和准东地处水资源较为匮乏的东疆地区，经济发达的天山北坡一带和吐哈盆地缺水率超过 10%，南疆水资源开发利用程度已达到可承载能力。未来煤炭资源的持续开发及转化将加剧新疆地区的水资源短缺。

从人均水资源量上看，2020 年西部的内蒙古、重庆、陕西、甘肃和宁夏 5 省（区、市）的人均水资源量低于全国平均水平，人均水资源量排名靠后，水资源短缺。未来煤炭资源开发及转化、矿区社会发展，将加剧水资源短缺的矛盾。西部地区河流环境容量有限。西部内陆河区用水已达极限，河西走廊、天山北坡中段和吐哈盆地的水资源利用率超过 95%，普遍存在地下水过度使用和超采的问题。河西走廊地区地下水漏斗地区面积逐年增大。受工业废水和生活污水的影响,西部部分河流剩余环境容量已经不能满足"十四五"工业发展需求,成为工业发展的制约因素。从总量上看,西部地区的水资源总量丰富,但存在时空分布不均的问题,具体表现为西南多、西北少。

西部地区是我国重要的水源地,我国许多重要的河流如长江、黄河、珠江、澜沧江、雅鲁藏布江等都发源于此,同时它还拥有青海湖等众多湖泊。这些河流和湖泊不仅能为西部地区乃至全国的生产生活提供用水,还对保持西部地区甚至全国的生态系统平衡起着重要的作用。近年来,由于西部地区水资源分布不均和短缺,再加上遭到污染和破坏,这些河流和湖泊出现了不同程度的径流减少和水位降低,有些严重的地区甚至出现了断流。水资源的分布不均和短缺是导致西部地区土地严重荒漠化和沙化的重要原因。

五、旅游资源

西部地区人文旅游资源十分丰富。西部地区是华夏文明的发源地,拥有以元谋人遗址、蓝田古人类遗址、半坡遗址为代表的古人类遗址,以陕西黄帝陵、乾陵等为代表的华夏文明景观,以延安、遵义为代表的红色革命圣迹景观。

西部地区的旅游资源别具一格,具有资源类型全面、特色明显、自然景观与人文景观交相辉映的特点。从自然资源看,西部地区占全国国土面积的72%,地势从世界屋脊下落到低海拔平原,气候垂直分布明显,几乎包括所有的地貌类型,动植物资源丰富多彩、类型完整。世界闻名的景观包括喜马拉雅山、高原圣湖、羌塘野生动物园、浩如烟海的大漠戈壁、沟壑纵横的黄土高原、此起彼伏的广阔牧场、雄伟壮阔的祁连冰川、波涛汹涌的九曲黄河、山水洞林石一体的喀斯特地貌、秀丽壮观的长江三峡等。从人文资源看,西部地区是多民族居住区,也是中华文明的重要发祥地。

举世闻名的人文景观包括世界奇迹秦始皇兵马俑、敦煌莫高窟石窟文化艺术宝藏、万里长城遗址、华夏远古文明轩辕黄帝陵、古丝绸之路、古文明城市遗迹、元谋人遗址、藏文化代表布达拉宫和大昭寺,以及数不胜数的宗教文化场所等。总之，西部地区地域辽阔，地理条件复杂多样，气候差别明显，动植物种类千变万化，少数民族风情是西部地区独特的旅游资源，各种各样的少数民族节日以其浓厚的民族特点，以其独特性和不可替代性，吸引了来自世界各地的游人参观游玩。西部地区很多景点在我国乃至世界都有一定的知名度，西部地区的人文旅游资源在全国占有突出地位和极高的旅游价值。

西部地区虽然拥有丰富的旅游资源，但总体发展水平仍然较低。西部地区依托丰富、多样的旅游资源，旅游业已经迅速成为其重要的第三产业支柱行业。但从整体上说，西部旅游业还是落后于东部地区。目前，西部地区的旅游业发展还存在许多问题：旅游开发总体规划仍不完善，与旅游业相配套的各类服务业仍不健全，没有形成完整的旅游产业链，产业带动性不高等问题。

第二节　西部地区的人文历史

我国西部地区是一片文化沃土，有着丰厚的历史文化遗存和丰富多彩的文化资源，而且这里少数民族众多，其文化资源的原生态性因为少数民族的生存环境而得到完好的保存和传承，尤其是少数民族的民族文化、建筑文化、服饰文化以及饮食文化，丰富多样，独具特色。

一、民族文化

我国西部地区有宜人的、多样化的地理环境，居住着众多的少数民族。从目前少数民族的基本情况来看，我国现有少数民族 55 个，其中除了朝鲜族、黎族、畲族、赫哲族等几个民族外，其他民族的聚居区都在西部，绝大多数是西部世居的少数民族。在广阔的西部地区，这些少数民族分布十分广泛，从内蒙古到华南的广西，分布着不同的少数民族。由于过去的民族迁徙和军事等活动，同一种少数民族也可能分布于不同的地区，比如蒙古族、满族不仅分布在西北地区,在西南许多城镇也有分布。一部分原因是元朝和清朝时,蒙古族和满族军队被派驻守西部多个地方,使蒙古族和满族在西部许多地区都有一定的分布。彝族,从川西北到滇东南广大地区都有分布。西部地区民族虽然分布广泛,但内部具有很强的凝聚力。从历史上来看,西部民族之间有着内在的历史联系,大部分是由氐羌系统的民族发展演变而来的,另外还有百越系统和苗瑶系统等,这种内在的历史联系有助于增强各民族的凝聚力。另一方面,大杂居的分布格局使西部各民族之间相互依存、相互学习、相互促进,共同发展、不断融合。在我国古代,西部各民族之间相互学习特别是向汉族学习的特点是比较鲜明的。许多闭塞之地的民族,只要交通稍微便利,与外界联系增多时,就会向发展较快的民族学习,从而使本民族得到较快发展。有众多少数民族生活的西部地区,是我国早期文化的发源地之一。西部民族文化也拥有悠久的历史,如果从属于西戎民族集团的马家窑文化算起,距今已5 800多年。在新石器时代,西南的居民已经培育出人工栽培稻。西部的三星堆文化、古滇文化,在我国古老的青铜文化中,都具有自身的特色。

二、建筑文化

由于我国地域辽阔,各地区的地理地势、自然资源、气候环境都有较大的地域性,从而带来了各地居民文化发展的差异,也导致了同一民族因生活于不同区域而产生不同的建筑模式。西部建筑类型丰富多样、各具特色,根据建筑功能用途的不同可将西部的建筑分为人文类建筑和民居类建筑。

(一)人文类建筑

人文类建筑一般包括宫殿、陵墓、佛寺等。宫殿是西部古代建筑中最高级、最奢华、最具艺术价值的一种类型。其一般由最好的建筑材料、最高级的匠师、最精湛的技艺集中起来建造,凝聚着历代奴隶主或封建帝王的大量财富,代表着当时西部建筑技术与艺术的最高水平。根据历史记载,公元前20世纪,西部奴隶主们即开始为自己修筑宫殿。如陕西扶风岐山的西周宫殿遗址、西周都城丰镐遗址等均规模宏大，其中有不少土筑殿基，上置大卵石柱础，排列成行。柱础之上，有的还覆以铜为垫板，可见当时的奢华①。目前西部仍有大量现存的建筑艺术举世闻名。比如雄伟的布达拉宫是世界上最著名的宫堡式建筑群，共有大小殿堂、楼阁、房舍1 000多间，宫内拥有无数的珍贵文物和艺术品，可以说是一座活着的历史博物馆，已被列入世界文化遗产名录。西部地区是我国历史上几个大帝国的都城所在地，古代经济文化十分发达，所以帝王陵寝、公卿大墓、奢华巨冢处处皆是。这些陵墓建筑之宏大精美，文物宝藏之丰富，达到了十分惊人的程度，可以说是西部地区一笔巨大的人文资源。如陕西临潼的秦始皇陵兵马俑举世闻名，被誉为"世界第八大奇迹"。据记载，它不仅地面建筑规模宏大、壮丽豪华，地宫内的建筑和陪葬品也十分壮观、丰富，不亚于帝王生前的宫殿。此外，蒙古族的建筑艺术也极具民族特色。如著名的成吉思汗陵，造型独特，犹如展翅欲飞的雄鹰。每年农历三月十七，这里都要举行隆重的祭奠"苏勒定"大会，而这也已成为当地最负盛名的旅游节日。

（二）民居类建筑

民居、宅第是西部古代建筑中数量最大的一种类型。由于西部地区疆域辽阔、自然环境差异大，建筑材料多种多样，以及各民族之间风俗习惯的差异，西部民居住宅在形式、结构、装饰艺术、色调上都各具特色，成为西部又一大人文景观。从民族分布上看，西南地区生活着全国一半以上的少数民族。以云南省为例，就有25个民族散居其中。从自然地貌上看，"西南"空间涵盖的重庆、四川、云南、贵州和西藏的山地面积均在七成以上，而平坝面积一成不到。西南复杂的自然山地地貌，客观上造成了生活空间扩展可能性减小以及各民族交往上的隔绝，最终形成了文化整体结构的"大分散，小聚集"，少数民族人口众多且分布广泛，历史上动荡迁徙也比较频繁，所以同一民族的不同部分可能生活在高

---

① 赵惠强,洪增林,等.西部人文资源开发研究[M].兰州:甘肃人民出版社,2002:107.

原山顶,也可能生活在半山或者河川平地,由此带来多民族混居,不同生活方式和相异居住地区,形成不同的居住形态。根据西南地域文化特征,西南地区的建筑类型可划分为以农耕为主的巴蜀文化形成的"合院建筑体系"、以游牧兼农耕的川西滇西北高原文化为代表的"邛笼建筑体系"以及以渔猎兼稻作农业的云贵文化为代表的"干栏建筑体系"。巴蜀文化以"平原"为发展空间,以"农耕"为主要生产方式,根据考古资料,巴蜀地区的建筑类型至迟到汉已产生宫室建筑;滇黔文化是以"山地"为发展基础,以百越、苗瑶等众多南方民族为主体,这几个族系的民族多生活在山丘岭或滨水地带,气候比较炎热,虫蛇经常出没,所以形成了干栏建筑体系,如侗族建筑、土家族吊脚楼等;川西、滇西北地区为半耕半牧文化,以"高原山地"为典型地貌特征,生产方式、文化传统以及自然空间形态等都与巴蜀或滇黔有很大差异,从而产生了建筑类型的差异①。

西北大部分地区干旱少雨,一年中冷凉期较长,所以一般建筑物墙体比较厚实重大,一面坡的结构非常多,以达到防风保暖的效果。宁夏的民居建筑就是其中的典型。陕北、陇东等黄土高原地区的居民充分利用黄土的地支特性(直立性特点)依山就势挖洞,建造出窑洞这样独特的建筑形式。土窑洞造价低廉,省工省力,冬暖夏凉,十分适宜居住②。由于西北地区地广人稀,人口居住分散,且多从事非定居性游牧游猎生产活动,早期主要以毡帐类建筑作为居住点,例如藏族帐篷,也称帐房或牛场,轻便、可随时拆卸,主要用于长距离、大范围游牧,在定居的地方则以碉房为主。

新建筑文化的产生、新技术革命的出现以及新建筑材料的使用,使西部地区的传统建筑也随着时代的发展不断完善,呈现出渐变性特征,从墙面设计到地面处理,从雕刻艺术到铝合金的装饰,使建筑既富有现代气息又独具西部魅力。

---

① 杨宇振.中国西南地域建筑文化研究[D].重庆:重庆大学,2002.
② 李宁.浅析西北民居及民居文化[J].青海师范大学学报(哲学社会科学版),2006(2):40-45.

三、服饰文化

服饰的形成与发展是人类创造力的结晶。服饰不但具有御寒保暖与美化生活的功效，更是人们身份地位的象征，使得服饰文化在我国悠久的历史文化中占有举足轻重的地位。西部地区少数民族传统服饰文化是我国服饰文化的有机组成部分，有着极为丰富的文化内涵，充分展示了民族的社会文化观念和本民族的文化风貌，集中体现了社会进步和民族创造性的实质内涵。

服饰同其他工艺品一样，源于对其功能的需要。首先为使用功能而产生，其后才有象征意义和文化含义。不同民族对服饰的具体功能的需求，是由他们所面临的具体条件和综合因素决定的。这些条件和因素包括地理环境、气候条件、生产方式、风俗习惯、宗教信仰、民族性格以及艺术审美的差异等。

西南地区世居着30多个少数民族，主要有彝族、壮族、苗族、瑶族、普米族和独龙族等，受常年居住亚热带地区和以水稻农耕为主两个因素影响，短装型衣裙和衣裤具有轻巧利落的特点，更适于人们从事水田劳作。不但如此，该地区居民服饰材料以布、麻为主，以羊皮毡和皮褂为辅，如苗族服饰，多以家织机制成的织锦或棉布为材料，多选用蓝、白、青三种颜色，而这无疑是适于当地晴雨无常的自然环境的。总体而言，西南少数民族服饰结构清晰，具有合身、轻巧、灵活的特点，能很好地烘托穿衣者的形体①。

我国西北地区居住和生活着回族、维吾尔族、东乡族、土族、哈萨克族、乌孜别克族、俄罗斯族、撒拉族、保安族、藏族、锡伯族、塔吉克族、塔塔尔族、裕固族、柯尔克孜族等主要兄弟民族。每一个民族的服装文化在我国5 000年服装文化的发展史上都闪耀着灿烂的光辉，服装的款式、结构、色彩、配饰的纹样等都可以展示出本民族特有的外部表征和具有丰富民族个性的文化特征。同时，西北民族服装也充分展示了各民族的历史发展、生活环境特征、民族性格和审美追

---

① 陈舒.从西南少数民族服饰看其习俗文化[J].贵州民族研究,2015,36(8):94-98.

求等。如生活在青藏高原的藏族,因生活环境寒冷,多以畜牧业为主要生产方式,所以服装材质多采用毛皮和厚实的毛呢,而且服饰风格一般为宽袍大袖,以便满足生产生活需求和适应气候条件。盛装藏袍多以羊皮、织锦为面料,在头、胸、腰、背等处均饰有珊瑚、玛瑙、珍珠、金银等华美首饰。服装色彩由于受到藏传佛教影响,体现了"青如蓝靛""赤如土红"的色彩特征。由于各民族之间经济文化的交流,以及不同宗教信仰的影响,西北地区各民族的服装在本民族特色基础上融入了更多其他民族以及域外的文化特色,比如在服装的色彩、装饰方面就受到欧洲和阿拉伯文化的影响,伊斯兰教喜用绿色、白色、红色,基督教喜用红色、白色、紫色,所以西北地区民族的服装色彩体系也呈现出相应的特征,民族服装喜用白色、绿色、红色,象征着纯洁、和平、勇敢、坚毅的民族气质①。总体上西北民族服装色彩用色奔放豪爽、精美协调,多采用冷暖色彩搭配、互补色调和、对比色和谐统一,以绚丽的色彩打造了西北服装文化艺术美的特征,并综合形成一个具有民族特色的文化环境。

民族服饰是文化的载体之一,是民族性格、生活方式、审美理念的表达,其独特的历史背景、多姿多彩的服装美学意蕴,充分地反映了西部各兄弟民族博大精深的民族文化内涵和智慧的结晶及蕴藏在民族服饰中的民族特征、文化传统和审美的价值取向。这些独有的特征也吸引了国内外文化和服装设计领域的广泛关注,对创新发展我国的服装设计科学具有重要的意义,同时服饰文化也具有文化经济化的功能,通过开展文化创意产业,将其与地方资源密切结合将成为振兴民族经济的重要举措。

四、饮食文化

饮食文化的发展是以政治、经济为前提,饮食文化的特色是以地域的自然环境、交通、物产为基础。作为生存的第一要素,饮食在西部地区发生的所有饮

---

① 潘瑶.西北民族服装的结构和色彩特征[J].西安工程大学学报,2011,25(3):340-343.

食事象——饮食文化，是西部经济文化的重要组成部分。

受特定的地理位置形成的"山地文化"相对封闭和古代"南方丝绸之路"开拓以来"多维经济文化"的影响，西南饮食文化呈现出一定的文化共性和特性，尤其是源远流长、取材广泛、经济实惠、风味别致的西南小吃，充分体现了西南古老与现代饮食文化的内涵。从饮食习惯、风俗、信仰、文化、经济和地域特点等方面分析西南地区小吃文化特征，可以概括为以下几个方面：

①品种包罗万象，包含浓重的民族食风色彩。滇、黔、桂三省区的少数民族人口约占三省区总人口的31%，多数小吃为少数民族的特色品种，是三省区众多少数民族小吃集合的精髓，或作日常早点与夜宵、或作主食与副食、或作宴席菜肴与茶食小点，从用料、加工、调配、熟制到食用方式，都包含多个少数民族在饮食习惯、风俗、信仰、文化、经济、地域属性等方面鲜明的民族特色和丰富的文化个性，集中体现了西南饮食文化底蕴深厚的内涵。

②粉食占有突出地位。西南小吃中，粉食所占比例最大，尤其是米粉（云南则为米线）最为突出。这主要是因为，自古以来西南就以稻米为主食，得天独厚的自然条件，造就了丰富的物产，加上原辅调料复杂多样，以及独具地方特性的制作工艺的相互组合，形成了丰富多彩的西南粉食内容和特色粉食文化。

③节日庆典与祭祀之食占有重要位置。节庆和祭祀对西南小吃的饮食风格、地方个性特色的形成及其发展产生重要的影响。西南地区有30多个少数民族，除了汉族的"四时八节"外，通常每一个民族都有自己独特的节日，如彝族的火把节、傣族的泼水节、毛南族的庙节等。节日的活动内容主要包括喜庆团聚、娱乐社交、祭神祭祖等，都与饮食内容密切相关，一般在节日活动之后都要进行隆重的宴饮，由此产生了各具特色的小吃。

④茶食的民族特色。西南各族自古即有尚茶之俗，因而茶食是这一地区的日常饮食。如侗乡油茶、苗族打油茶，能在一定程度上反映出各地少数民族的茶食文化面貌。西南地区早在战国时期即开始制茶，汉晋至大唐期间已盛，明清时期远销国内并出口海外。因此，自古以来，滇、黔、桂三省区大量出产名茶。

广西壮族自治区属亚热带,终年湿润多雨,粮食品种多样,一年四季瓜果飘香。其饮食特点一般是喜食素淡之物,不喜厚重的味道。与壮族饮食密切相关的是壮医药膳,包括药粥、药酒、药饭、药糕等,20 世纪 80 年代以来,广西各地在壮医药膳的基础上,推出了一批具有地方特色的壮族风味小吃,取得了一定的经济效益和社会效益,根据壮医药食同源的理论,进一步开发利用壮医保健食品,具有广阔的前景①。

与南方饮食文化不同,西北饮食文化表现出古朴、自然、厚实的特点,独具特色,概括起来有以下几个特点:

①地域饮食特色浓郁。西北地域内新疆以乌鲁木齐为代表,以清真菜系为主;宁夏以银川为代表,以清真菜系和卫特拉菜系以及京菜系为主;甘肃以兰州为代表,以陇菜系为主;陕西以西安为代表,以秦菜系为主②。

②别具一格的茶文化。西北地区也以其独特的地理位置和气候特征,形成了独具特色的茶文化。各地的喝茶方式不一样,在城市中以清茶冲饮,在广大农村流行喝罐罐茶,在藏区喜奶茶煮饮,在宁夏喜喝盖碗茶等。

③酒文化历史悠久。酒文化作为西北饮食文化的一部分,从一个侧面显示出西北地区在不同历史时代的社会经济、政治、宗教所呈现的不同态势。酒文化渗透于西北人的生产生活中,它与西北人的宗教信仰、礼尚往来、民族性格、民风民俗都有直接关系;同时,西北地处高寒干旱地带,适量饮酒可以健身驱寒,所以,人们喜欢饮酒而且在饮酒时会毫不掩饰地释放性格中的豪爽与粗狂。陕西有着悠久的酒文化历史,不仅是酒和酒文化的发祥地,更是产名酒之地。甘肃同样有着古老而悠久的酒文化历史。据考古证明,远在 4 000 多年前,武威凉州先民就有饮酒的风俗。酒在甘肃、青海、宁夏都是祭祀、婚丧的必备之物。在青海就有"无酒不成席"的说法,请客吃饭,酒是绝对不可少的③。

---

① 王柏灿.壮族饮食文化与壮族医药[J].中国民族民间医药杂志,2004(5):253-254.

② 王秋梅,彭清深. 西北饮食文化及秦、陇菜系[N]. 甘肃经济日报,2000-12-14(4).

③ 杨文珺.浅谈西北饮食文化特色[J].大众文艺,2011(11):156.

五、音乐文化

西部地区独特的地貌特征、气候条件,给当地居民带来不一样的生活体验,他们形成了独特的个性、体魄和生命力,并把这种个性、精神灌注到自己的音乐文化之中,形成了独特的乐器形制和音乐风格,将他们强烈鲜明的民族和地域独特性张扬在他们的表演方式和韵律中。从表现类别上,可以将其音乐划分为民间音乐、舞蹈音乐、说唱音乐、戏曲音乐等。

(一)民间音乐

民歌是人类社会生活中最早形成的音乐形式。西部地区的少数民族在长期的生活和劳动中创作了数量巨大、形式众多的民歌。传统的维吾尔族民歌从题材上可分为爱情歌、劳动歌、历史歌、生活习俗歌等。哈萨克族民歌从内容上可分为劳动歌曲、颂赞歌曲、爱情歌曲、习俗歌曲等。藏族民歌包括山歌(牧歌)、劳动歌、爱情歌、酒歌、猜情对歌、颂经歌等,其中酒歌内容最为丰富,包括祝福、祈祷、庆贺、喜庆、诙谐或爱情等。回族民歌中最具特色、最为丰富的一种民间艺术形式叫"花儿",较多地表现了男女之间的爱情和亲朋之间的思念。壮族地区民歌形式多样,形象生动,流传深广。壮族地区有"歌海"之称,到处都能听到优美的山歌,歌声回荡于千山万水之间,通常是随编随唱,曲调生动流畅,充满生活情趣。形式多样的民歌充分体现了壮族人民在文学上的创造才能。

(二)舞蹈音乐

舞蹈音乐是综合民歌、器乐、说唱和戏曲等民间音乐因素,与诗歌、舞蹈紧密结合的传统音乐体裁。我国少数民族本就能歌善舞,在夏商周时期已有记载。约公元前 2015 年到公元前 1774 年,就曾有叫作方夷的部落及其他边疆少数民族多次向夏朝进献乐舞。至 718 年,西北的凉州地区出现了少数民族的第一个歌舞大曲《凉州大曲》[1]。在我国西北地区,很多少数民族在舞蹈音乐方面

---

[1]　云茜.西北地区少数民族音乐文化概况[J].音乐时空,2011(12):32-33.

都有悠久的历史和丰富的内容,其中藏族囊玛和维吾尔族木卡姆是最具特点和研究价值的舞蹈音乐。藏族歌舞风格独特,具有浓郁的民族风格和地区特色,蕴含着很深的宗教哲理和人文关怀,是藏族人民几千年历史的积淀。

(三)说唱音乐

说唱音乐是中华民族特有的一种集文学、音乐、表演三位一体的综合艺术形式。少数民族的说唱有着珍贵的民族学价值,因各民族的历史文化背景不同,每一个民族的说唱表现出了不同的文化内涵和社会功能。

(四)戏曲音乐

戏曲集音乐、舞蹈、文学、诗歌等传统艺术形式于一身,是以舞台为空间媒介的综合艺术形式。戏曲音乐是戏曲不可缺少的组成部分,包括唱腔和器乐。少数民族戏曲音乐基本上经由三种途径发展而来:一是在民间歌舞基础上形成的戏曲,其音乐由各民族的民歌构成。二是在民间说唱基础上形成的戏曲。各民族都有自己的说唱音乐,在发展过程中往往由一人或二人的坐唱演变为多人扮演的戏曲形式。三是受汉族戏曲影响形成的戏曲。

第三节　西部地区发展的优势与劣势

我国陆地面积约 960 万平方千米,南北相距约 5 500 千米,东西相距约 5 200千米,横跨了 5 个时区。我国地形以高原山地为主,平原地区仅占领土面积的 12% 左右,由于东部沿海地区位于入海口,有大面积的冲积平原,因此其在经济发展上拥有巨大的地理优势,目前我国最发达的大都市普遍位于东南沿海区域。而在中部和西部地区,气候和地形地貌存在显著差异,多为荒漠戈壁、高原冰川,生存条件相对较差。中部和西部地区的自然条件决定了交通便捷程度、经济发展程度普遍落后于东部地区,可见我国的区域之间发展不平衡。我国西部地区与东部地区存在较大经济差距,这既有历史的、地理的、自然的原因,也受到经济发展战略和经济政策的影响。遏制地区差距扩大,采取措施逐步缩小差距,是今后一个时期关系到社会安定、民族团结、全国经济稳定持续发展的紧迫任务。但是,解决这项任务需要经过长期的努力,不可能一蹴而就、急于求成,要全面、客观地分析西部地区发展的优势和劣势。

一、西部地区发展的优势

(一)社会主义市场经济体制正在逐步发展完善,经济发展具有良好的宏观环境

我国将继续保持较高的增长速度,这将给西部地区各种市场主体带来极大的活力,促进整体经济效益的提高。

(二)国家对西部地区发展已给予高度重视

一是在基础设施建设投资方面予以倾斜。国家在资源开发利用和大中型建设项目的布点上,对西部地区实行同等优先的政策。近年来,西部地区交通、能源、水利、通信、医疗、教育等基础设施不断完善,其中西电东送、西气东输及青藏铁路三大标志性工程的实施在基础设施网络的建成中起到重要作用。中央投资在全社会投资所占的比重逐年下降,但对西部投资的比重在提高。二是增强对西部地区的扶贫力度,大幅增加了西部地区扶贫资金,每年40亿元以工代赈资金,有80%安排在中西部,主要用于农田、交通、水利等基础设施建设。西部地区人民生活水平不断提高,与东部的差距趋于缩小,扶贫减贫效益突出,相当程度上破除了贫困的代际传递,而且现行标准下农村贫困人口实现全部脱贫,进入巩固拓展脱贫攻坚成果时期。

(三)西部地区自身有丰富的自然资源、可观的资产存量、强大的发展后劲

西部地区是我国资源、能源的主要集中地,水能源和可开发量分别占全国总量的82.3%和72.3%,45种主要矿产资源探明储量约占全国的50%;可开发的土地后备资源约占全国的70%。从20世纪50年代至70年代初,我国建设

重点大规模西移,在中央投资的带动下,国家在西部建立了一大批能源、原材料生产基地和重加工工业基地,形成了巨大的资产存量。自改革开放以来,西部地区经济转入存量调整为主、增量投入为辅,内涵改造为主、外延扩大为辅的发展时期。通过能源、原材料生产企业的扩建、改造,优势矿产资源的综合开发利用得到了很大加强;原有大中型机电企业,尤其是大部分"三线"军工企业经过调整改造后,其技术优势和庞大的资产存量优势得到了较好的发挥。西部地区的综合经济实力大大提高,发展后劲进一步增强。各省(区、市)经济发展速度普遍高于改革开放之前。近年来,云南、新疆发展速度都超过或接近全国平均水平。经济结构调整取得进展,西部各省(区、市)第二、第三产业的比重显著上升,并培育出有一定竞争力、发展前景好、带动作用强的主导产业。以经济利益为纽带的各种地区经济联合和协作广泛开展,各类经济协作组织进一步发展壮大,经济联合与协作活动向高层次、全方位拓展,将分散的优势聚合成强大的整体优势。此外,非国有经济的比重也有所提高,为西部地区经济发展注入了新的活力。广大西部地区地域辽阔,不仅拥有秦岭、雅丹地貌等自然风光,石油、天然气、煤炭、贵金属、稀土、太阳能、风能等丰富的自然资源,苹果、猕猴桃、枸杞、啤酒花、棉花、当归、甘草、锁阳等丰富的农业资源,还拥有丰富的历史与文化资源,包括周、秦、汉、隋、唐、西夏王陵等王朝遗址,敦煌、嘉峪关、玄奘之路等人文历史景观群落,华阴皮影、凤翔泥塑等传统文化和艺术资源,以及众多其他非物质文化遗产项目等。

(四)国家全方位对外开放战略的推进以及对外资企业实行国民待遇,将有利于外资西进

我国从 20 世纪 80 年代起实行对外开放,以东部沿海地区为重点,从东到西、从沿海向内陆逐步推进,到 20 世纪 90 年代初,已经基本形成了沿海、沿江、内陆中心城市、延边地区,包括不同开放层次,具有不同开放功能,点线面结合的全方位对外开放总体格局。广大西部地区地处向西开放的前沿,是陆上丝绸之路沿线的重要节点。这些地区也是交通、能源、通信等基础设施建设的必经之地。凭借区位优势,西北地区可以沿线中心城市为支撑,以重点经贸产业园区为合作平台,共同打造亚欧大陆桥,中蒙俄、中国—中亚—西亚等国际经济合作走廊,使之成为中国及沿线国家,特别是西部地区经济可持续发展的新引擎。随着对外开放的不断扩大,西部地区与国际经济的联系日益加强。自"一带一路"倡议提出以来,西部地区从"开放末梢"转变为"开放前沿",西部地区积极走向国际市场,参与经济全球化,对外开放程度大幅提高。沿边对外开放县市和国家级陆地边境口岸对外开放,沿边地区出现对外开放新局面,沿边开放城市投资环境开始改观,成为发展外向型经济的起步区;边境经济合作区全面起步,良好的投资环境正在形成。内陆地区省会城市自实行沿海开放城市的优惠政策以来,努力改善投资环境,加强招商引资工作,成为内陆地区吸引外资的重要增长点。随着沿海地区劳动力成本优势的下降,能源、原材料供给成本的提高,以及地价上涨幅度加大等问题的出现,加之国家向基础产业、原材料工业实行倾斜政策,将吸引外商投资逐步转向内陆地区。

（五）产业结构的调整及产业转移将进一步促进西部地区的资源开发和经济发展

区域比较优势是区域产业结构建立和调整的重要依据。东部地区将利用其优越的区位条件、较高的经济技术水平、雄厚的科技实力及相对宽裕的资金供给,进一步扩大对外经济合作与交流,利用国际产业结构调整的有利时机,吸纳、接收国外的先进技术、管理经验、资金及生产原料,及时实施产业结构转换升级战略。随着东部各省区市产业结构的调整和产业的转移,西部地区将充分发挥其自然资源优势和大存量的重化工业优势,接纳东部地区转移过来的传统产业,建立满足国民经济发展需要、支持产业结构协调化并为进一步发展积累后劲的能源、原材料工业;已有相当基础,通过结构调整和内涵式发展而得到加强的重加工工业;建立在对区内优势资源进行深度加工基础上的轻工业,以及以航空航天、仪器仪表、通信设备等技术密集型产业为主导产业的多元主导型产业结构,从而促进西部地区的资源开发和经济发展。

（六）结构层次齐全的广阔市场

西部地区人口众多，潜在的市场容量巨大，随着经济发展水平的提高，居民的购买力增强，强大的消费需求将释放出来，拉动经济增长。西部地区不仅市场广阔，而且从发达的现代化城市到较为落后的乡村，居民的消费层次较为丰富，对各种消费品都有较大的需求。此外，西部地区需要发展的产业门类较多，既有基础性的能源、原材料工业，也有加工工业，还有部分高新技术产业，对各类投资品的需求也较大。

二、西部地区发展的劣势

（一）内生发展动力不足，投资不足且投资效率偏低的局面短时期内难以改变

投资不足、人均投资额偏低、自我发展能力弱，是西部地区经济长期落后、增长相对缓慢的重要原因。固定资产投资比重方面，东部在 1978 年为 35%，1994 年上升为 65.7%，同期，中部、西部分别由 41.36% 和 23.64% 下降为 21.7% 和 12.6%。1980—1993 年，东部地区投资增长速度平均达到 26%，比中西部地区高出约 4 个百分点。"八五"时期，投资东移的态势更趋明显，"八五"前三年东部地区平均增长速度达到 45%，超出中西部地区约 10 个百分点，目前东部地区的投资占全国固定资产投资的比重在 60% 以上。长期以来，西部地区的国有企业所占比重一直较高，由于装备技术落后，管理水平不高，活力不足，亏损严重，投入产出效率相对较低，影响了西部地区的发展，导致区域间经济发展差距的进一步扩大。

（二）交通、通信等基础设施薄弱

经过 40 年特别是"八五"期间的建设，西部地区已基本形成四大综合通道，为交通不便的西部内陆地区打通了出海、出境、出省主通道，也为西部地区加快开发开放步伐、提高经济发展水平创造了基础条件，但依然不能满足经济发展的需要，仍是经济发展的重要制约因素之一。

（三）教育落后，人口素质偏低将在较长时期内对经济发展产生不利影响

与全国平均水平特别是东部沿海发达省市相比，西部地区教育仍然落后。此外，西部地区在商品经济观念、开放意识、创业精神等方面均与东部地区有明显差异，并在较长时期内对地区经济发展产生不利影响。

（四）区域内部分化明显，协调发展任务依然艰巨

西部地区区域泰尔指数上升态势明显，内部经济差距趋于扩大。西部主要以省会等大型城市辐射带动周边区域经济发展，出现了大型城市虹吸效应过强，导致周边地区发展滞后的问题。西部地区的二元经济结构导致了地区双轨经济运行机制，降低了生产要素运用效率，抑制了区域增长极的扩散效应，地区自我发展能力低下。

（五）相对贫困现状依然严峻，共享发展仍需推进

过去，西部地区贫困县占全国贫困县总数的大多数，贫困人口在总数中占比极高，主要集中分布在高山区、深山区、石山区、黄土高原区、偏远荒漠区、地方病高发区以及自然灾害频发区。2021年，我国宣布取得了脱贫攻坚的全面胜利。在经济社会不断发展的过程中，新的问题会不断出现，新的问题也需要依靠发展解决。只有不断提高后发地区人民生活水平，才能实现全体人民共享发展成果的愿景。

（六）绿色发展面临制约，生态补偿机制仍需完善

西部地区生态环境具有脆弱性和不可恢复的特征，水土流失、空气污染、沙漠化等时有发生，西北地区干旱少雨，西南地区多山高寒，黄土高原地区水土流失严重，全国石灰岩山区、泥石流山区、沙漠化地区主要集中于此，加上贫困人口多分布于生态环境脆弱地区，使地区经济发展受到较严重影响，部分地区在保护环境和发展经济之间陷入两难困境。此外，生态补偿机制不够完善，补偿形式单一，主要依赖中央对地方的纵向转移支付。

2

开篇：
西部大开发战略演进二十年

第一节 西部大开发战略的提出

边疆地区的稳定与发展是我国古代王朝实施中央统治的重大议题。尤其西部地区，自西汉以来便是古代陆上丝绸之路的起点和重要通道，是连接中国与世界的枢纽地区。在当代，推动西部与东部、中部地区协调发展，实施统筹区域发展战略关乎国运昌隆。

一、西部大开发战略思想形成的历史脉络

新中国成立以后，党历来重视地区协调发展。早在 1956 年，毛泽东同志就在《论十大关系》的讲话中提出了沿海与内地要协调发展的思想，指出要处理好沿海工业和内地工业的关系。在这一思想指导下，我国在新中国建设初期，集中力量在西部地区布局了一批重工业项目，并组织了大规模农业开发，使得西部地区历史上长期贫困落后的状况开始得到改善。

改革开放以后，邓小平同志于 1988 年提出了"两个大局"的伟大战略构想。他指出，一个大局，就是沿海地区要加快对外开放，使这个拥有 2 亿人口的广大地带较快地先发展起来，从而带动内地更好地发展，这是一个事关大局的问题。中西部地区要顾全这个大局。另一个大局，就是发展到一定的时候，又要求沿海拿出更多力量来帮助内地发展，这也是个大局。那时沿海也要服从这个大局。此后邓小平同志在 1992 年南方谈话中进一步提出，在 20 世纪末要突出地提出和解决这个问题。

在此基础上，以江泽民同志为核心的党的第三代中央领导集体，继承了党的第一代和第二代中央领导集体战略思想，在协调地区发展方面做了进一步发展，开始提出西部大开发战略。根据国务院原副总理、国务院西部开发领导小组办公室原主任曾培炎同志回忆，江泽民同志于 1995 年年初，曾要求中财办对

社会主义时期经济体制建设中的重大问题进行调查研究。他指出近几年东部地区发展比较快,西部地区发展相对较慢,担心东部与中西部地区的差距还会继续扩大。提出"要未雨绸缪,研究一些政策,处理好先富与后富、发达地区与不发达地区的问题,逐步缩小差距,这样才能最后实现小平同志提出的共同富裕的目标"①。

1995 年 9 月 28 日,在党的十四届五中全会闭幕式上,江泽民同志发表了《正确处理社会主义现代化建设中的若干重大关系》的讲话,即著名的"论十二大关系"。其中,"东部地区和中西部地区的关系"是重大关系之一。江泽民同志在讲话中指出,一方面,中西部地区,要适应发展市场经济的要求,加快改革开放步伐,充分发挥资源优势,积极发展优势产业和产品,使资源优势逐步变为经济优势。另一方面,中央政府应该给予西部地区在财政转移、资源开发和基础设施建设项目安排等方面的大力支持,并激励东部地区要通过多种形式帮助中西部欠发达地区和民族地区发展经济,促进地区经济协调发展。此后,江泽民同志还在不同场合多次谈到加快西部地区发展的问题。例如 1996 年两会期间,江泽民同志在参加八届全国人大四次会议青海代表团的讨论时指出:"……西部地区,是我们的前人还没有来得及全面开发的地区,我们今天就是要干好这些前人还没有来得及干好的事业,为后人的发展打下更好的基础。"

经过多年的酝酿,1999 年 3 月,江泽民同志在九届全国人大二次会议和全国政协九届二次会议党员负责人会上发表讲话时,正式提出了"西部大开发"的战略思想。同年 9 月,江泽民同志在党的十五届四中全会的闭幕讲话中进一步指出,实施西部大开发,是关系我国经济和社会发展的重大战略问题,应该提上议事日程,进行全面调查研究,拿出方案,加紧实施。在这次全会上,实施西部大开发战略写入了《中共中央关于国有企业改革和发展若干重大问题的决定》。同年 11 月,中央经济工作会议从我国经济发展的实际出发,正式部署实施西部

---

① 曾培炎. 西部大开发决策回顾[M]. 北京:中共党史出版社,新华出版社,2010:18-19.

地区大开发战略，标志着西部大开发战略正式开始实施①。

二、西部大开发战略部署实施的政策落实

西部大开发战略正式启动之后，国家相继出台了多项政策规划，部署落实具体发展任务和重点工作。

2000 年 1 月 13 日，中共中央、国务院印发了《关于转发国家发展计划委员会〈关于实施西部大开发战略初步设想的汇报〉的通知》（中发〔2000〕2 号）。这一文件阐明了西部大开发战略的重大意义、指导思想、重点任务和政策措施。它是指导我国西部大开发的纲领性文件，为我国西部大开发战略的实施拉开了序幕。

2000 年 1 月 16 日，国务院印发了《关于成立国务院西部地区开发领导小组的决定》（国发〔2000〕3 号），正式明确了西部大开发的政府领导组织架构，国务院西部地区开发领导小组组长由时任总理的朱镕基同志担任，副组长由时任副总理的温家宝同志担任，其他组成人员包括国家计委、国家经贸委、教育部、科技部、国防科工委、国家民委、财政部、国土资源部、铁道部、交通部、信息产业部、水利部、农业部、文化部、中国人民银行、中央宣传部、国家广播电影电视总局、国家林业局、国家外专局等 19 个部门的主要负责同志。同年 6 月，领导小组成员增加至党中央、国务院 23 个部门的主要负责同志。西部地区开发领导小组的主要任务是：组织贯彻落实党中央、国务院关于西部地区开发的方针、政策和指示；审议西部地区的开发战略、发展规划、重大问题和有关法规；研究审议西部地区开发的重大政策建议，协调西部地区经济开发和科教文化事业的全面发展，推进两个文明建设。国务院西部地区开发领导小组下设办公室（即"西部开发办"），在国家计委单设机构，具体承担国务院西部地区开发领导小组的日常工作。其主要职责是：研究提出西部地区开发战略、发展规划、重大问题和

---

① 白永秀，何昊.西部大开发 20 年：历史回顾、实施成效与发展对策[J].人文杂志,2019(11):52-62.

有关政策、法规的建议,推进西部地区经济持续快速健康发展;研究提出西部地区农村经济发展、重点基础设施建设、生态环境保护和建设、结构调整、资源开发以及重大项目布局的建议,组织和协调退耕还林(草)规划的实施和落实;研究提出西部地区深化改革、扩大开放和引进国内外资金、技术、人才的政策建议,协调经济开发和科教文化事业的全面发展。

2000 年 1 月 19 日至 22 日,国务院西部地区开发领导小组在北京首次召开西部地区开发会议。会议提出了加快西部地区发展的基本思路、战略任务和工作重点,标志着西部大开发战略的初步实施迈出了实质性步伐[①]。

2000 年 10 月 11 日,党的十五届五中全会通过了《中共中央关于制定国民经济和社会发展第十个五年计划的建议》,其中第六条明确提出"实施西部大开发,促进地区经济协调发展"。建议指出,要坚持从实际出发,积极进取、量力而行、统筹规划、科学论证、突出重点、分步实施,力争用 5 ~ 10 年时间,使西部地区基础设施和生态环境建设有突破性进展,西部开发有一个良好开局。

2000 年 10 月 26 日,国务院印发了《关于实施西部大开发若干政策措施的通知》,提出应在扩大对外对内开放、改善投资环境、增加资金投入、发展科技教育和吸引人才等方面制定相关政策。通知明确了西部开发的政策适用范围,即包括重庆市、四川省、贵州省、云南省、西藏自治区、陕西省、甘肃省、宁夏回族自治区、青海省、新疆维吾尔自治区和内蒙古自治区、广西壮族自治区 12 个省(区、市)在内的西部地区。可以说,2000 年是我国西部大开发战略政策落地实施的元年。

"十五"规划期间,原国家计委、西部开发办于 2002 年 2 月 25 日联合发布了《"十五"西部开发总体规划》,制定了实施西部大开发的指导方针和战略目标,并明确了五年内的主要任务、重点区域和政策措施。这是我国西部大开发战略部署实施以来的第一个五年规划。

---

① 白永秀,赵伟伟.新一轮西部大开发的背景、特点及其措施[J].经济体制改革,2010(5):134-137.

2007 年 1 月 23 日，国务院批复同意了由国家发展和改革委员会（原国家计委）、西部开发办报送的《西部大开发"十一五"规划》，这是西部大开发战略部署落实的第二个五年规划。具体而言，包括 9 个重点方面：扎实推进社会主义新农村建设，继续加强基础设施建设，大力发展特色优势产业，引导重点区域加快发展，坚持抓好生态保护和建设、环境保护和资源节约，着力改善基本公共服务，切实加强人才队伍建设，积极扩大对内对外开放，以及建立健全西部大开发保障机制等方面内容。

2010 年以后，西部大开发进入新一轮的深入推进期。2010 年 6 月，中共中央、国务院发布了《关于深入实施西部大开发战略的若干意见》（中发〔2010〕11号）（以下简称《意见》）。《意见》指出，西部大开发第一个十年取得了良好开局、打下了坚实基础。针对新一轮西部大开发，《意见》提出了多方面的措施建议，具体包括：应加快基础设施建设、加强生态建设和环境保护、夯实农业基础、发展特色优势产业、强化科技创新、着力社会保障和改善民生、支持老少边穷地区发展统筹城乡发展以及扩大对内对外开放等。

依据《意见》和《中华人民共和国国民经济和社会发展第十二个五年规划纲要》，国家发展和改革委员会组织编制了《西部大开发"十二五"规划》，并于2012 年 2 月 13 日获得国务院批复同意正式出台。规划按照中央关于"到 2020年西部地区要实现综合经济实力上一个大台阶、人民生活水平和质量上一个大台阶、生态环境保护上一个大台阶"的总体要求，在综合经济、基础设施、生态环境、特色产业、公共服务、人民生活、改革开放等 7 个方面提出了西部大开发"十二五"时期的奋斗目标。主要包括：区域经济增速和城乡居民收入增速"双高于"全国平均水平，新增铁路营业里程 1.5 万千米，森林覆盖率力争达到 19% 左右，单位地区生产总值能源消耗下降 15% 左右，单位工业增加值用水量降低30%，九年义务教育巩固率达到 90% 以上，城镇化率超过 45%，等等。自 2013年起，国家发展和改革委员会连续发布西部大开发新开工的重点工程，并对上一年的工程进展进行公布。

三、西部大开发战略持续推进的新格局

2015年10月26日至29日,党的十八届五中全会在北京召开。全会听取和讨论了习近平总书记受中央政治局委托做的工作报告,审议通过了《中共中央关于制定国民经济和社会发展第十三个五年规划的建议》。全会提出了全面建成小康社会新的目标要求,并且强调,实现"十三五"时期发展目标,破解发展难题,厚植发展优势,必须牢固树立并切实贯彻创新、协调、绿色、开放、共享的发展理念。这是关系我国发展全局的一场深刻变革。以此为依据,国家发展和改革委员会编制了《中华人民共和国国民经济和社会发展第十三个五年规划纲要》(简称"十三五"规划),并于2016年3月16日经十二届全国人大四次会议审议通过。"十三五"规划提出,要把深入实施西部大开发战略放在实施区域发展总体战略的优先位置,更好地发挥"一带一路"建设对西部大开发的带动作用。

2017年,党的十九大确立了习近平新时代中国特色社会主义思想的历史地位,制定了决胜全面建成小康社会、夺取新时代中国特色社会主义伟大胜利的宏伟蓝图和行动纲领,具有重大现实意义和深远历史意义。同年,国家发展和改革委员会发布了《西部大开发"十三五"规划》,规划深入贯彻习近平总书记系列重要讲话精神和治国理政新理念、新思想、新战略,围绕多个重点方面对深入推进西部大开发做出了新要求,主要包括:构建区域发展新格局、筑牢国家生态安全屏障、增加公共服务供给、打赢脱贫攻坚战、促进创新驱动发展、坚持开放引领发展、完善基础设施网络、培育现代产业体系、大力发展特色优势农业以及推进新型城镇化等多个方面的规划措施。这标志着我国西部大开发战略的实施进入了新时代。

2019年3月19日,习近平总书记主持召开了中央全面深化改革委员会第七次会议,会议审议通过了《中共中央 国务院关于新时代推进西部大开发形成新格局的指导意见》。该《指导意见》经国家发展和改革委员会修改完善后,于

2020 年 5 月 17 日，经中共中央、国务院印发。《指导意见》指出，强化举措推进西部大开发形成新格局，是党中央、国务院从全局出发，顺应中国特色社会主义进入新时代、区域协调发展进入新阶段的新要求，统筹国内国际两个大局做出的重大决策部署。新时代继续做好西部大开发工作，对于增强防范化解各类风险的能力，促进区域协调发展，决胜全面建成小康社会，开启全面建设社会主义现代化国家新征程，具有重要现实意义和深远历史意义。意见还在总体要求上提出，到 2035 年，西部地区要基本实现社会主义现代化，其基本公共服务、基础设施通达程度、人民生活水平应与东部地区大体相当，要求努力实现不同类型地区互补发展、东西双向开放协同并进、民族边疆地区繁荣安全稳固、人与自然和谐共生的长远目标。

面向西部大开发战略的新格局，《指导意见》在六个重大方面做出了新的部署要求，包括：贯彻新发展理念，推动高质量发展；以共建"一带一路"为引领，加大西部开放力度；加大美丽西部建设力度，筑牢国家生态安全屏障；深化重点领域改革，坚定不移推动重大改革举措落实；坚持以人民为中心，把增强人民群众获得感、幸福感、安全感放到突出位置；加强政策支持和组织保障。

2020 年 10 月 29 日，党的十九届五中全会审议通过了《中共中央关于制定国民经济和社会发展第十四个五年规划和二〇三五年远景目标的建议》（即"十四五"规划）。"十四五"规划进一步从优化国土空间布局、推进区域协调发展和新型城镇化的角度，提出要推动西部大开发形成新格局，需要健全区域战略统筹、市场一体化发展、区域合作互助、区际利益补偿等机制，以更好地促进发达地区和欠发达地区共同发展。

第二节　西部大开发战略取得阶段性成效

2000 年 10 月，《中共中央关于制定国民经济和社会发展第十个五年计划的建议》提出："实施西部大开发战略，加快中西部地区发展，关系经济发展、民族团结、社会稳定,关系地区协调发展和最终实现共同富裕,是实现第三步战略目标的重大举措。"自 2000 年到 2021 年,西部大开发战略已持续 21 年时间,西部大开发作为我国重大区域发展战略,其根本目的在于促进西部地区经济社会全面发展,最终促进我国区域经济实现平衡发展。

西部大开发战略实施 21 年来,我国西部地区经济增长与社会发展取得显著的阶段性成效,党的十八大以来,在以习近平同志为核心的党中央的坚强领导下,我国西部地区,包括陕西、四川、重庆、甘肃、宁夏、青海、云南、贵州、新疆、广西、西藏、内蒙古 12 个省(区、市)以及湖南湘西、湖北恩施、吉林延边 3 个少数民族自治州,经济社会发展取得了显著成效:经济总量持续增长,产业结构在 2016 年实现了由第二产业主导到第三产业主导的标志性转变,人均可支配收入大幅提高,人民生活水平显著改善,城乡居民生活实现了由温饱不足到总体小康并向全面小康的快速迈进,工业化和城镇化水平不断提高,与全国平均水平差距不断缩小,脱贫攻坚任务取得显著成效,贫困人口逐年降低,已实现全面脱贫,基础设施不断完善,重大工程建设逐步完工,公路铁路网络和航空枢纽显著完善,国际国内航线不断开辟,退耕还林和生态环境建设持续跟进,"绿水青山就是金山银山"的发展道路逐步建成。

一、经济发展成效方面

(一)国内生产总值逐年增长

西部大开发战略实施以来,西部地区国内生产总值逐年增长,由图 2.1 可知,2000—2020 年 GDP 总量由 19 590.62 亿元增长到 217 881.98 亿元,增长约 11 倍;其中贵州省 GDP 增速最高,其 GDP 总量由 2000 年的 1 029.92 亿元增长到 2020 年的 17 826.56 亿元,增长约 17 倍;吉林延边朝鲜族自治州 GDP 增速最低,其 GDP 总量由 2000 年的 127.35 亿元增长到 2020 年的 727.30 亿元,增长近 6 倍。西部大开发战略实施以来,尽管受到金融危机和经济新常态的影响,GDP

增速出现大幅波动且逐渐放缓,但我国西部地区经济总量仍能够实现快速增长,四川、重庆、贵州等省市经济发展增速已超过全国平均水平。西部大开发战略实施以来,西部地区总体上实现了经济总量的加速增长,经济总量增速高于全国平均水平。

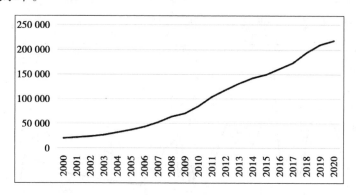

图 2.1 西部地区 2000—2020 年国内生产总值增长趋势图(单位:亿元)
数据来源:国家统计局网站

(二)经济发展质量与效益逐步提升

自 2000 年西部大开发战略实施以来,西部地区不仅在经济总量方面实现持续增长,在经济发展质量和效益方面也实现逐步提升。党的十八大以来,我国面临的国际环境不断发生变化,我国经济发展进入新阶段,西部地区深入推进经济体制改革,不断转变经济增长方式,探索新时代实现经济高质量发展的新思路,经济发展质量和效益得到大幅提升。自西部大开发战略实施以来,陕西、四川、重庆、贵州、云南等省(市)在经济发展质量与效益方面相较于西部其他省区提升显著,为西部地区整体经济实现高质量发展起到了重要作用。

(三)投入产出效益稳步提升

西部大开发战略的深入实施为我国西部地区经济社会发展提供了重大机遇,能源、化工、烟草、农产品加工等传统优势产业和特色优势产业实现跨越式发展。在传统优势产业和特色优势产业的带动下,我国西部地区工业投入产出效益显著提高。西部大开发战略实施以前,西部地区工业领域经济效益指标基本低于全国平均水平,但到 2020 年西部地区规模以上工业企业平均总资产贡献率已经超过东部地区;工业成本费用利润率已经超过全国和东部地区平均水平。由图 2.2 可以发现,西部地区国家级经济技术开发区规模以上工业总产值增速虽然趋于缓慢,但基本保持正向增长。西部大开发战略实施以来,西部地区经济效益不断提升,产业结构调整优化初见成效。

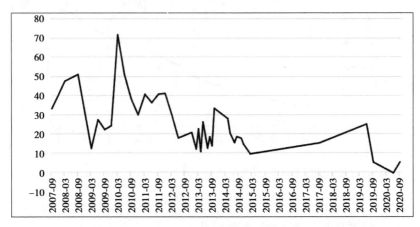

图 2.2 西部地区国家级经济技术开发区规模以上工业总产值增速(单位:%)

数据来源:国家统计局网站

(四)东西部地区相对差距趋于缩小

西部大开发作为我国重大区域经济发展战略,其长期目的在于通过政策优惠和基础设施建设等方式促进西部地区经济社会发展,缩小西部地区与东部地区的发展差距,促进我国区域实现均衡发展。自 2000 年西部大开发战略实施以来,西部地区与东部地区的城镇居民收入和农村居民收入的相对差距不断缩小,西部地区 GDP 增速已经超过全国和东部地区的增速,东中西部经济社会发展差距正在逐步缩小。可以说,西部大开发战略的深入实施重塑了我国区域发展格局,尤其是在党的十八大以来,我国区域经济逐步转变为相对均衡增长①。

---

① 魏后凯,蔡翼飞.西部大开发的成效与展望[J].中国发展观察,2009(10):32-34.

（五）经济社会发展活力不断增强

西部大开发战略实施以来，西部地区不断深化改革开放，经济社会发展活力不断增强。2000 年以来，西部地区把深化改革和扩大开放作为重大任务，国有企业改革深入推进，混合所有制经济发展成效明显。西部地区各级地方政府积极鼓励、支持、引导个体私营等非公有制经济发展，市场体系不断完善，投资环境显著改善，东西部地区合作和对外开放领域进一步拓宽。由图 2.3 可以发现，西部地区 PPP 项目由 2017 年的 677 件增长到 2020 年的 2 181 件，PPP 项目落地数稳步增加，说明西部地区吸纳投资的能力不断增强，经济社会发展活力逐渐增强。

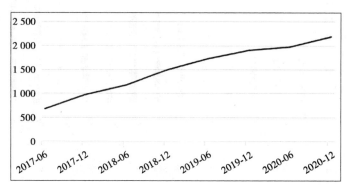

图 2.3　西部地区 2017—2020 年 PPP 项目落地数（单位：件）

数据来源：Wind 数据库

二、产业结构方面

（一）产业结构不断优化调整

自 2000 年西部大开发战略实施以来，我国西部地区第一产业的综合生产能力显著提升，现代化农业和特色农业取得实质性发展，第二产业的竞争力明显增强，工业化和信息化不断实现深度融合，先进制造业发展势头迅猛，第三产业发展持续壮大，现代服务业占 GDP 比重逐步提升，产业优化调整步伐明显加快。由图 2.4 可以发现，西部地区吸纳技术合同数由 2007 年的 28 046 件增加到 2019 年的 88 225 件,增长两倍多,西部地区吸纳科学技术的能力不断增强,工业和服务业领域的科技创新能力显著提升。党的十八大以来,我国西部地区充分利用资源优势,依靠科技进步不断优化产业结构,传统产业逐步实现转型升级,特色产业发展势头迅猛,现代产业体系的产业链条逐步完善,不断实现资源优势向经济优势的转化,农业生产条件差、工业和服务业发展水平低的面貌得到改善①。

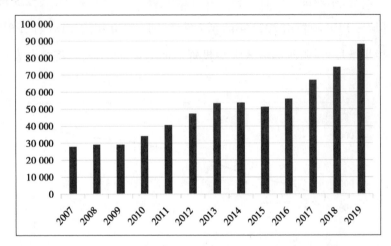

图 2.4　西部地区 2007—2019 年吸纳技术合同数量(单位:件)

数据来源:Wind 数据库

(二)民族地区产业结构发生明显变化

西部大开发战略实施以来,我国西部民族地区产业结构发生明显变化。2000 年以来,四川、重庆、贵州、陕西、宁夏、甘肃、青海、新疆、云南、广西、西藏、内蒙古 12 个省(区、市)和湖南湘西、湖北恩施、吉林延边 3 个少数民族自治州的第一产业占 GDP 比重逐年下降。与此同时,经过 21 年的发展,西部地区第二产业和第三产业 GDP 占比均有一定程度提升。在产业结构实现调整优化的同时,西部民族地区的劳动力逐渐由第一产业向第二产业和第三产业转移,其中部分地区第二产业和第三产业的就业人口比例高于全国平均水平,例如内蒙

①　白永秀,何昊.西部大开发 20 年:历史回顾、实施成效与发展对策[J].人文杂志,2019(11):52-62.

古部分民族自治地区第二产业和第三产业的就业人口比例高于全国平均水平①。

（三）现代产业体系基本形成

党的十八大以来,我国西部地区逐步建成了一批国家能源基地、装备制造业基地、战略性新兴产业基地和资源深加工基地,贵州大数据、四川健康养生、内蒙古旅游文创等新产业和新业态持续发展,新旧动能转换持续推进。截至2020年底,西部地区已初步形成新疆、川渝、陕甘宁等石油天然气生产基地,黄河上游、长江上游水电基地,陕北、蒙西、宁夏和云贵等煤电基地;甘肃、云南铅锌,四川钒钛,内蒙古稀土开发利用基地。四川、内蒙古等地商品粮,新疆优质棉,广西、云南、新疆糖料,云南烟草,四川、贵州名酒,陕西、新疆瓜果,内蒙古畜牧产品等生产加工逐步实现特色化、专业化,西安、成都等地的航空航天、装备制造、高新技术产业也逐渐实现规模化。

三、基础设施建设方面

（一）基础设施更加完善

基础设施建设是西部大开发战略的重要任务,国家和地方政府高度重视西部地区的交通、能源、水利、通信等领域。自2000年西部大开发战略实施以来,西部地区铁路、公路、水运网络和民航布局不断优化,水利建设、能源通道和信息基础设施不断强化完善,铁路路网密度和公路网络联通水平明显提高,河流航道和沿岸港口不断改造升级,信息化水平显著提升②。由图2.5可以发现,2003—2020年,西部地区交通固定资产投资累计值呈逐年增加趋势,反映出西部地区交通基础设施逐步完善。

① 马胜春.西部大开发以来民族地区经济发展的主要成效[J].北方民族大学学报,2020(3):45-49.

② 邓翔,李双强,袁满.西部大开发二十年政策效果评估:基于面板数据政策效应评估法[J].西南民族大学学报(人文社会科学版),2020,41(1):107-114.

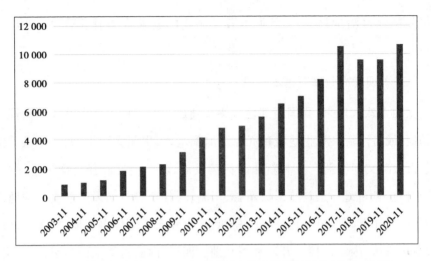

图 2.5　西部地区 2003—2020 年交通固定资产投资累计值(单位:亿元)

数据来源:国家统计局网站

(二)重点工程基本完工

西部大开发战略实施以来,我国重点实施了西部地区通道建设和路网完善、西南地区工程性缺水和西北地区资源性缺水等一系列重点工程。截至 2020 年底,西部地区已经实现送电到村、广播电视到村、沼气到户,农村人口饮水问题得到彻底解决。重大能源工程逐步竣工,例如西气东输和西电东送等工程,人口用电问题得到有效解决。特别是在党的十八大以来,西部大开发战略已经取得了重大成效。

四、工业化与城镇化方面

(一)工业化快速推进

自 2000 年西部大开发战略实施以来,西部地区工业增加值占 GDP 比重逐年提高,超过同期全国和东部地区增加值占比。由图 2.6 可以发现,2011—2020 年,西部地区规模以上工业增加值均呈正向增长。西部大开发战略实施以来,西部地区 12 个省(区、市)的第一产业增加值比重不断下降,超过同期全国和东部地区第一产业增加值比重,第二产业增加值比重也超过全国和东部地区的增长幅度。党的十八大以来,西部地区第二产业竞争力明显增强,工业化和信息化深度融合,制造业发展势头迅猛。西部地区通过不断调整优化产业结构,实现了传统产业的转型升级,产业链完整的现代产业体系初步建成。

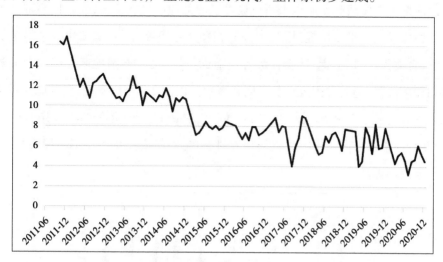

图 2.6 西部地区 2011—2020 年规模以上工业增加值当月同比(单位:%)

数据来源:国家统计局网站

(二)城镇化水平逐步提高

自 2000 年西部大开发战略实施以来,国家不断加大对西部地区的资金投入和政策倾斜力度,民族地区不断加快制度改革和科技创新,尤其是党的十八大以来,西部地区城镇发展逐步进入新阶段。城市功能不断完善,城镇数量显著增加,城镇建成区面积明显扩大,城镇化质量不断提升,城市人口占总人口比重不断上升,城市经济社会发展能力逐步增强。西部大开发战略实施以来,西部地区工业化与城镇化不断融合,城镇化率大幅提高,城镇化整体发展水平显著提升。

五、社会民生方面

（一）社会整体发展水平显著提高

西部大开发战略实施以来不仅促进了西部地区经济增长,而且使西部地区社会整体发展水平得以提升,基本公共服务体系不断完善,城镇化水平显著提高,教育文化、医疗卫生、社会保障等覆盖面持续扩大,贫困地区经济社会面貌得到显著改善,绝对贫困人口数量明显减少。由图2.7可以发现,西部地区对文化的财政投入呈现逐年增加的趋势。同时,基础设施的完善和产业结构的调整,使得西部城市吸引了一大批当地农村人口,农民市民化步伐不断加快,城镇化水平逐年提高。

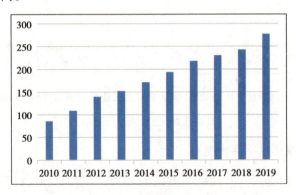

图2.7 西部地区对文化的财政投入情况（单位：亿元）

数据来源：国家统计局网站

（二）脱贫攻坚取得决定性进展

西部大开发战略和脱贫攻坚战形成了全党和全社会的合力,极大促进了民族地区脱贫事业的发展。党的十八大以来,西部民族地区不断完善脱贫攻坚政策体系,全面实施精准扶贫方略。尤其是2015年以来,西部民族地区脱贫攻坚取得显著成就,为促进民族地区经济社会和谐发展、民族团结和边疆稳定发挥了重要作用。2012—2019年,西部农村贫困人口由5 086万人减少到323万人,贫困发生率由17.5%下降到1.1%。截至2020年底,西部地区贫困县全部实现脱贫摘帽,贫困人口全部实现脱贫,西部集中连片特困地区的贫困问题得到明显改善,以西部大开发战略带动的脱贫攻坚为我国减贫事业做出了巨大贡献。

（三）居民生活水平明显改善

西部地区经过21年(2000—2021年)的开发,经济发展水平和社会发展水平显著提高,人民生活水平得到明显改善。由图2.8可以发现,西部地区农村和城镇居民人均可支配收入呈逐年提高趋势,2013年西部农村居民和城镇居民人均可支配收入分别为7 436元和22 362元,2019年西部农村居民和城镇居民人均可支配收入分别为13 035元和36 040元,均有较大幅度提升。截至2020年底,西部地区脱贫攻坚任务如期完成,现行标准下贫困人口全部实现脱贫,社会保障体系逐步完善。

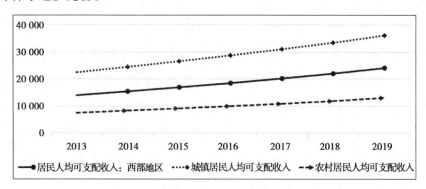

图2.8　西部地区农村和城镇居民人均可支配收入情况(单位:元)

数据来源:国家统计局网站

六、生态环境方面

（一）生态保护与建设方面成效显著

西部大开发战略实施以来,西部地区在生态保护和建设、环境治理、减少自然灾害等方面取得明显成效,有效推动了我国生态文明建设,国家生态安全屏障日益完善。自2000年西部大开发战略实施以来,西部地区相继启动退耕还林、退牧还草、风沙源治理等重点生态建设工程,生态保护和建设取得了显著成效。2000—2020年,西部地区退耕还林工程、退牧还草工程不断推进,天然林保护工程全面展开,退耕还林还草面积和森林覆盖率逐步增加,草原湿地等生态系统得到有效恢复,生态环境不断改善。我国西部地区耕地、湿地、森林等生态补偿机制逐步完善,重点流域水污染防治、水源保护、土壤治理不断实施,建立工业污染防治体系,综合整治农村环境,整体环境质量显著改善,矿产等资源集约利用不断加强,循环经济和绿色经济快速发展①。

(二)重点生态区综合治理扎实推进

自2000年西部大开发战略实施以来,西部各省份扎实推进重点生态区的综合治理,以退耕还草、退耕还林、天然林保护、土壤治理、水土保持、湿地恢复以及自然保护区生态保护等为代表的一系列生态重点工程深入推进。西部大开发战略以一系列重点措施对重点生态区进行综合治理,其中包括防风固沙、草原恢复、提高水源涵养能力、防治水土流失、恢复草地植被等保护措施,重点生态区综合治理扎实推进,其中包括以天山北麓、内蒙古草原、黑河流域等为主的西北草原荒漠化防治,以陕西北部,甘肃东中部、宁夏南部和青海东部为主的黄土高原治理,以西藏东北部,青海三江源、祁连山等为主的水源涵养区治理,以重庆东部、四川南部、云南东中部等为主的西南石漠化防治区治理,以云南西北部和四川西南部等为主的森林生态功能区治理。

七、对外开放方面

(一)对外开放水平显著提高

由图2.9可以发现,2006—2012年,西部地区2006年国家级经济技术开发区实际使用外资金额为7.7万亿元,2012年为31.4万亿元,西部地区国家级经济技术开发区实际使用外资金额逐年提高,吸引外资能力逐步增强。自2000

---

① 敖旭鹏,多文志.深入实施西部大开发战略 全面推进民族地区经济社会快速发展[J].前沿,2011
(9):18-22.

年西部大开发战略实施以来,广西、内蒙古、新疆、贵州、四川等省、自治区进出口增速均超过全国平均水平,西部地区实际利用外商直接投资年均增长率超过东部地区的平均增速,西部地区实际利用外商直接投资占全国比重也不断提升。党的十八大以来,西部地区不断深化改革,扩大对外开放领域,开放型经济发展取得阶段性成效,对外开放水平得到明显提高。

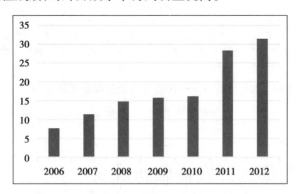

图 2.9　西部地区 2006—2012 年国家级经济技术开发区

实际使用外资情况(单位:亿美元)

数据来源:Wind 数据库

(二)东西部地区互动发展势头良好

自 2000 年西部大开发战略实施以来,西部地区以投资体制改革、财税体制改革、加大转移支付力度为重要手段,积极吸纳东部企业和外资企业到西部投资。随着我国进入新的发展阶段,西部地区经济发展质量和效益明显提高,东西部地区互动发展呈现出良好势头,西部地区累计实际利用外商直接投资逐渐增加。由图 2.10 可以发现,2018—2020 年西部地区企业投资景气指数一直处于较高水平,这说明在经济新常态下,我国西部地区吸纳投资额不断增加,企业投资吸纳能力不断提升。西部大开发战略实施以来,西部地区建立了一系列东西合作和吸引外资的平台,西部地区吸纳东部企业的数量逐年增加,投资总额不断提高。

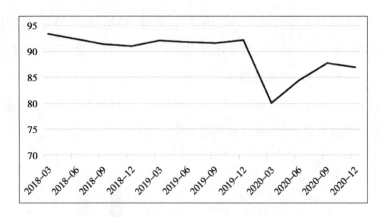

图 2.10　西部地区 2018—2020 年企业投资景气指数(单位:%)

数据来源:Wind 数据库

第三节　西部大开发面临新挑战

在新时代背景下,面临复杂的内外部环境,西部大开发在基础设施建设、科技发展、城市发展布局等方面出现了新的挑战。

一、西部地区基础设施建设面临新挑战

基础设施建设是西部大开发政策的核心内容之一,包括铁路(高铁)、公路、客运枢纽、货运枢纽、物流园区、航空口岸、机场等大型基础设施的建设即将提上日程,这对加快西部地区高速铁路的建设,促进区域交通基础设施建设、城镇民用基础设施的发展具有重要意义。根据《关于新时代推进西部大开发形成新格局的指导意见》,在水务环保方面,需要合理规划建设一批重点水源工程、江河湖泊骨干治理工程和大型灌区工程,并加强大中型灌区续建配套与现代化改造、中小河流治理和病险水库除险加固、抗旱水源工程建设和山洪灾害防治。因此,在未来一段时间里,西部大开发基础设施建设的主要着力点在路桥和水利。如何使西部地区的基础设施通达度在 2040 年与东部地区大体相当,是在

新时代西部大开发中所面临的巨大挑战。

　　不仅仅是水利和路桥，在城市用水、人均城市道路面积、城市绿化率、天然气普及率等方面，西部地区城市与东中部城市也存在着差异，这都是基础设施发展不完全不充分所导致的结果。三大产业的发展比例以及速度对西部地区能否实现在指导意见所提到的 2040 年与东部地区大体相当的目标息息相关。西部地区大多数省份的第三产业增加值比重已经高于第二产业增加值比重，除了陕西省第三产业增加值占比低于 50%，其他西部地区省（区、市）第三产业增加值均已超过第一、第二产业。这说明西部大开发战略实施以来，改变了西部地区以往以第一、第二产业为主的产业结构。以第二、第三产业结构为主，在很大程度上能够推进地区工业化的发展以及加速城市化进程。西部地区的三大产业结构逐步优化，但是产业在发展时所需要的基础设施、物流体系、产业配套能力等硬实力以及制度、金融行业、文化等软环境的支撑还未能实现推进地区经济良性循环的发展。

　　西部地区在"一带一路"倡议下，如何推动与沿线国家的基础设施互联互通，如何打通"一带一路"信息通道，如何使资金能够主要投入和倾向于国家新安排的西部地区重大基础设施建设项目，这都是在新时代下西部地区开发所遇到的新挑战。

二、西部地区科技教育发展面临新挑战

　　由于多种因素，西部地区在科技研发方面长期落后于东中部地区。不仅仅是"双一流"高校在数量上不具备优势，在人才培养以及人才流动过程中始终处于劣势地位。由于东西部地区经济发展水平存在差异，因此在教育的投入、高校教师待遇等方面存在着显著的差距，而显著的差距导致了西部地区人才流失的现象不断加剧，并且愈演愈烈。例如刚毕业的大学生在进行择业时，大多数的大学生不愿意留在西部地区继续发展，根据兰州大学就业质量报告，2020 年仅有 36% 的本科生选择留在甘肃省就业或升学。大多数的大学生选择了华东

地区以及中南地区。同时西部地区的用人单位缺乏相关的技术人员,就业现状亟须解决。

在国家财政性教育经费上,西部地区大多数省(区、市)与东中部地区存在着差异,根据国家统计年鉴的数据,只有四川、贵州、云南的国家财政性教育经费能够与中部地区大体一致,分别为 168 亿元、107 亿元、126 亿元,其余西部地区省(区、市)的国家财政性教育经费不足 100 亿元。国家财政性教育经费的缺失使得教师待遇、科技研发水平受到限制。

如何围绕西部特色领域开展东西地区科技创新合作,是在产业转移和承接中首先需要考虑的方向。例如,西部地区在科技上的发展水平与东部地区存在明显差异,如何保证国家在西部地区建立创新平台后,能够吸引东部先进技术长期注入,这是在科技领域所面临的挑战之一。西部地区特色优势领域的定义范围比较大,需要从不同的层次进行把握。关于打造优势产业这一项,在指导意见中"推动形成现代化产业体系"部分有所提及,提出西部地区利用好自然资源优势,打造节能环保型产业,在广阔的土地上实施先进装备制造业的发展,等等。

其次,西部地区高等院校的建设问题需要得到足够的关注。根据国家统计年鉴数据,西部地区只有四川省的高等院校数量超过 100 所,其余西部地区高等院校的数量都只有两位数,贵州省、云南省的高等院校数量分别为 72 所、81 所,但是上海市的高等院校就有 64 所,因此中部地区与西部地区的高等院校在数量上就存在着较大的差距。在完善高等院校建设上,如何实现教育资源的集中化,使得高等教育实现跨越式发展,是西部地区在科学教育上面临的挑战。

如何创建以政府投入为主、多渠道筹集教育经费的体制来促进教育与科技、经济的紧密结合,在社会上推广终身教育理念,发展中等、高等、职业、特殊教育体系,统筹推进各类人才队伍建设,实现人才数量充足、结构合理、整体素质和创新能力显著提升,满足经济社会发展对人才的多样化需求,这些都是在新时代下教育方面的新挑战。

三、西部地区城市布局面临新挑战

2012 年,党的十八大提出了以人为核心,构建以城市群为主体形态,推动大中小城市和小城镇协调发展的新型城镇化战略。为了更好地贯彻和落实党的十八大提出的新型城镇化战略,2013 年 12 月召开的中央城镇化工作会议提出,要优化城镇布局,根据资源环境承载能力构建科学合理的城镇化宏观布局,把城市群作为主体形态,促进大中小城市和小城镇合理分工、功能互补、协同发展。2014 年 3 月,《国家新型城镇化规划(2014—2020 年)》出台,提出要以城市群为主体形态,推动大中小城市和小城镇协调发展,要优化提升东部地区城市群,培育发展中西部地区城市群,建立城市群发展协调机制。2017 年,党的十九大提出要以城市群为主体构建大中小城市和小城镇协调发展的城镇格局。2019 年 2 月,国家发展和改革委员会印发的《关于培育发展现代化都市圈的指导意见》(发改规划〔2019〕328 号)中指出,城市群是新型城镇化的主体形态,是支撑全国经济增长、促进区域协调发展、参与国际竞争合作的重要平台。从系列政策可以看出,完善城市布局、加快城市群建设在西部地区战略发展中起着重要的作用,因此如何培育和发展西部地区城市群,建立城市群发展机制是西部大开发城市布局中一个重大的挑战。

随着重庆、成都、西安等城市的高速发展,加快了西部地区龙头城市的综合发展,这意味着重庆、成都、西安在国内城市版图中的地位上升了一个档次,将会继续聚集资源并做大,相应的建设机会和投资机会将会向这 3 个城市聚集。对于成都来说,将按照程序设立成都国际铁路港经济开发区,其有机会成为成都市新的国家级开发区,新的国家级开发区会产生大量的投资建设机会。西部地区面临的很大问题在于人口规模小、密度低,过于分散,经济难以形成规模。要想带动整个地区发展,就要使人口相对集聚,推动城市群高质量发展,促进形成特大城市,将其作为区域经济社会发展的"火车头""支撑点"。只有高度的人口聚集才能激发对各类农副业产品的需求、构成工业服务业的人口基础,同时还能节约公共交通、水处理等各方面资源,促进基础设施改善。

四、国内外形势变化所带来的新的挑战

我国沿海地区的经济依赖于欧美国家的消费和出口,欧美国家经济受到新冠肺炎疫情及贸易战的影响,西部的战略性地位进一步凸显,"建立东中西部开放平台对接机制,共建项目孵化、人才培养、市场拓展等服务平台,在西部地区打造若干产业转移示范区",表明东部的产能和人才向西部,特别是成渝地区流动成为一个战略性选择,很显然会给西部地区带来经济增量。对于创投来说,基于"产业+"战略,除了产业资源的针对性聚集,新产能和新企业落地西部,将会给西部地区带来区域发展和园区建设机会。如何把握新的机会以及如何吸收东部地区向西部地区的产业转移,在这百年未有之大变局下,对于西部地区来说无疑是一个重要的机遇与挑战。根据世界银行的估算,新冠肺炎疫情对我国的经济贸易、文化交流的影响至少会持续3年,而我国在疫情中做出的努力,能够有效降低新冠肺炎疫情所带来的负面影响。当世界上其他主要资本主义国家都处于经济相对停滞或者缓慢提升时,我国能够保持稳定且逐步加快的增长,就意味着我国能够把握住这一机会,实现自身经济又好又快的发展。不可否认的事实是外贸增加相对于以往年份的确是减少了,虽然每个季度的进出口额都在逐步回升。但是在以国内循环为主、国内国际双循环的大背景下,如果对外出口额下降的话,就应当更好地发挥内需的作用,实现经济平稳快速的增长,而西部地区应当更好地把握住机会。在后疫情时代以及"双循环"大背景下,如何利用好政策红利、找准经济发展着力点,把握住新时代下西部发展机会,这些都是在国内外形势变化中面临挑战时所需认真思考的问题。

3

求进：
新时代西部开启新征程

区域差异大、发展不平衡是我国的基本国情。推进区域协调发展,是我国现代化进程中必须面对的重大课题,是解决新时代影响人民日益增长的美好生活需要和不平衡不充分的发展之间的矛盾的重要抓手,也是 2035 年基本实现社会主义现代化、21 世纪中叶建成富强民主文明和谐美丽的社会主义现代化强国进程中坚持不懈的奋斗任务。

西部地区是我国重要的生态屏障和能源资源接续地,也是打赢脱贫攻坚战、全面建成小康社会的难点和重点,更是我国发展重要回旋余地和提升全国平均发展水平的巨大潜力之所在。西部地区是维护国家国防安全、生态安全、能源安全、产业安全的主战场,关乎国家发展大局,战略地位十分重要。

第一节　新时代西部大开发的战略意义

党中央、国务院高度重视西部大开发。自 2000 年党中央、国务院做出实施西部大开发战略重大决策部署以来,西部大开发取得了历史性成就:西部大开发的 21 年,是西部经济跨关口、上台阶的 21 年;也是西部乘势而上,发展步伐不断加快,综合实力显著提高的 21 年。

在新的历史时期,西部地区迎来了高质量发展、对外开放、生态建设与治理现代化的重要历史新机遇。擘画新时代西部大开发的宏伟蓝图,事关区域协调可持续发展总体战略,事关全面小康社会建设,事关基本实现社会主义现代化,事关建成富强民主文明和谐美丽的社会主义现代化强国,具有重大意义。

党的十八大以来,习近平总书记多次到西部地区考察调研,发表系列重要讲话,为新时代西部大开发指明了方向。习近平总书记指出,要深入实施西部大开发战略,加快边疆开放开发步伐,拓展支撑国家发展的新空间,塑造要素有序自由流动、主体功能约束有效、基本公共服务均等、资源环境可承载的区域协调发展新格局。

新时代推进西部大开发,对于巩固西部发展良好态势,开创西部大开发新局面,确保与全国同步基本实现社会主义现代化,促进我国经济社会持续健康发展具有重要而深远的意义。要从统筹推进"五位一体"总体布局、协调推进"四个全面"战略布局的角度去把握,瞄准方向、保持定力,扬长避短、发挥优势,一以贯之、久久为功,形成对国家发展战略的坚强支持。

一、西部地区是我国经济社会发展的重要战略支撑

放眼全球,我们正面临百年未有之大变局。如何提升经济增长的质量,开拓更广阔的国际、国内发展空间,使我国在转入中速增长阶段能有新的续航动力,成为制定宏观政策首先需要考虑的问题。加快不发达地区建设、缩小区域差异,促进区域协调发展,既是拓展市场、扩大内需、稳定经济增长的现实需要,也是共享发展成果、实现共同富裕的必然选择。

西部地区疆域辽阔,除四川盆地和关中平原外,绝大部分地区是我国经济欠发达、需要加强开发的地区。西部地区地域辽阔,自然条件、资源禀赋和经济社会发展情况差异显著。截至 2019 年底,西部地区土地面积 687.64 万平方千米,占全国总面积的 71.17%;人口 3.82 亿,占全国总人口的 27.27%,是最具潜力的内需市场。

西部地区与蒙古国、俄罗斯、塔吉克斯坦、哈萨克斯坦、吉尔吉斯斯坦、巴基斯坦、阿富汗、不丹、尼泊尔、印度、缅甸、老挝、越南 13 个国家接壤,陆地边境线长达 1.8 万余千米,约占全国陆地边境线的 91%;与东南亚许多国家隔海相望,有大陆海岸线 1 595 千米,约占全国海岸线的 1/11,是无可替代的国家安全防线。

西部地区资源丰富,是我国大江大河的主要发源地,是森林、草原、湿地和湖泊等集中分布区,生态地位极为重要又十分脆弱,是国家重要的生态安全屏障。

西部地区的发展在全国的区域发展战略中举足轻重,也是最值得浓墨重彩的美丽篇章。可以说,中国发展的最大潜力在西部。没有西部的发展,就不可

能实现全国的发展。只有把西部发展所缺的课补上了，中国的发展才会走向更高的水平。

二、推进新时代西部大开发是实现"两个一百年"奋斗目标的重要举措

我国幅员辽阔，地区间经济社会发展不平衡不协调的问题较为突出。特别是在西部地区，革命老区、民族地区、边疆地区、贫困地区等的基础设施和公共服务设施依然较为薄弱，发展压力较大。

党的十八大提出：在中国共产党成立一百年时全面建成小康社会，在新中国成立一百年时建成富强民主文明和谐的社会主义现代化国家。实施新时代西部大开发、缩小区域发展差距，是全面建成小康社会、顺利实现第一个百年奋斗目标并向第二个百年奋斗目标迈进的必然要求，也是促进可持续发展的现实需要。

改革开放 40 多年来，尤其是实施西部大开发战略 20 多年来，西部地区持续发力，综合经济实力大幅提升，东部地区"一马当先"的增长格局逐渐被打破，2007 年西部地区经济增速首次超过东部地区。近些年，西部的 GDP 增速表现十分抢眼：2019 年，西部区域 GDP 增长均速为 6.88%，位于四大区域板块第一位；2020 年，区域 GDP 增长均速为 3.89%，仍位于四大区域板块第一位。同时，对比同期全国 GDP 增长均速，领先幅度也有所提高（表 3.1）。

尽管西部地区的发展增速已超过东部地区，然而西部地区整体经济实力依然较弱，与东部地区相比，差距仍然较大。从人均 GDP 排名情况看，以 2019 年人口数据计算，北京、上海人均 GDP 分别为 167 640 元、159 385 元，稳居全国前列；有 10 个省市人均 GDP 超过全国平均水平，其中西部地区的重庆市位列第八，为 80 027 元，不足京沪的 1/2；值得注意的是，排名最前和最后的北京市和甘肃省人均 GDP 相差 4.92 倍，差距连续两年加大。

全面建成小康社会后，将开启全面建设社会主义现代化国家新征程，要继

续实施西部大开发,突出抓重点、补短板、强弱项,做好精准脱贫攻坚战与乡村振兴的有机衔接,促进各地区协同推进现代化建设,努力实现全体人民共同富裕。

表 3.1　四大板块经济数据及占比全国情况

地区	2020 年			2019 年		
	GDP /亿元	占比全国 /%	GDP 增速 /%	GDP /亿元	占比全国 /%	GDP 增速 /%
全国(不含港澳台)	1 015 986	—	2.3	986 515	—	6.0
东部	525 733.03	51.75	2.83	511 112.61	51.81	6.17
中部	261 760.81	25.76	1.91	256 788.05	26.03	6.88
西部	173 753.5	17.10	3.89	166 483.44	16.88	6.94
东北	51 124.82	5.03	1.33	50 180.7	5.09	4.17

资料来源:国家统计局

三、推进新时代西部大开发是贯彻新发展理念的必然要求

中国特色社会主义进入新时代,我国现代化事业也进入新的发展阶段。以创新、协调、绿色、开放、共享为内涵的新发展理念,是我国经济由高速增长阶段转向高质量发展阶段的重要指导理念。中国特色社会主义事业"五位一体"总体布局、"四个全面"战略布局,体现了我们对发展认识的不断深化。实施新时代西部大开发、推进区域协调发展是在中国特色社会主义进入新时代,以习近平同志为核心的党中央紧扣我国社会主要矛盾变化,按照高质量发展的要求提出的重要战略举措。

四、推进新时代西部大开发是建设现代化经济体系的重要举措

区域经济是国民经济体系的重要组成部分。当前,我国经济已由高速增长

阶段转向高质量发展阶段,区域经济发展必须加快转变发展方式、优化经济结构和转换增长动力。党的十九大报告提出了建设现代化经济体系的目标,并将实施区域协调发展战略作为重要举措之一。实施新时代西部大开发战略,有利于推动各区域充分发挥比较优势,深化区际分工;有利于促进要素有序自由流动,提高资源空间配置效率;有利于缩小基本公共服务差距,使各地区群众享有均等化的基本公共服务;有利于推动各地区依据主体功能定位发展,促进人口、经济和资源、环境的空间均衡,进而实现各区域更高质量、更有效率、更加公平、更可持续的发展,对提高我国经济发展质量和效益、建设现代化经济体系发挥重要支撑作用。

五、推进新时代西部大开发有利于维护国土安全、打造生态安全屏障

西部地区面积约占我国国土面积的 2/3,是我国大江大河的主要发源地和上游地区,维系着全国乃至亚洲生态安全命脉,在全国生态安全格局中具有举足轻重的地位。如青海作为生态大省和资源大省,是三江之源、"中华水塔",拥有世界最大面积的高原湿地、高寒草原、灌木丛和森林等生态系统,在生物多样性保护、水源涵养、气候调节等方面的生态服务功能巨大。青海全省辖区面积的 90% 都被划为国家重点生态功能区,纳入生态保护红线管控范围、承担了重要的生态服务功能,生态环境敏感脆弱以及其他有必要严格保护的各类自然保护地,约占省域国土面积的 42%。保护好三江之源、"中华水塔",筑牢国家重要生态安全屏障、夯实中华民族永续发展的生态根基,既是新时代推进西部大开发形成新格局的目标任务和必然选择,也是自身可持续发展的内在需要。这里的一草一木对人类生存的价值,远远超过其作为资源要素或生产资料参与经济开发的价值。

第二节　新时代西部大开发的战略背景

一、准确把握"百年未有之大变局"的深刻内涵

当前,国际国内形势变化复杂,国际社会呈现出前所未有的变化:全球化进程、世界经济格局、国际权力格局和全球治理体系变化等,都在发生历史性变化;我国经济社会的发展也进入新的历史发展阶段。在此背景下,以习近平同志为核心的党中央以敏锐的洞察力对当今国际格局与发展趋势科学分析,结合中国发展历史方位,提出"百年未有之大变局"这一重要战略论断。

2017 年 12 月 28 日,习近平总书记在接见回国参加驻外使节工作会议的全体使节的讲话中指出:"放眼世界,我们面对的是百年未有之大变局。新世纪以来一大批新兴市场国家和发展中国家快速发展,世界多极化加速发展,国际格局日趋均衡,国际潮流大势不可逆转。"①这是中央首次明确提出"百年未有之大变局"。在 2018 年 6 月召开的中央外事工作会议上,习近平总书记进一步指出:"当前,我国处于近代以来最好的发展时期,世界处于百年未有之大变局,两者同步交织、相互激荡。"

党的十九大报告指出:"世界正处于大发展大变革大调整时期,和平与发展仍然是时代主题。世界多极化、经济全球化、社会信息化、文化多样化深入发展,全球治理体系和国际秩序变革加速推进,各国相互联系和依存日益加深,国际力量对比更趋平衡,和平发展大势不可逆转。"②

党的十九届五中全会通过的《中共中央关于制定国民经济和社会发展第十四个五年规划和二〇三五年远景目标的建议》,以中央文件形式对"百年未有之

---

① 习近平接见 2017 年度驻外使节工作会议与会使节并发表重要讲话[N].人民日报,2017-12-29(1).
② 习近平.决胜全面建成小康社会　夺取新时代中国特色社会主义伟大胜利:在中国共产党第十九次全国代表大会上的报告[R].北京:人民出版社,2017:58.

大变局"的内涵做了全面、系统的论述:"当今世界正经历百年未有之大变局,新一轮科技革命和产业变革深入发展,国际力量对比深刻调整,和平与发展仍然是时代主题,人类命运共同体理念深入人心,同时国际环境日趋复杂,不稳定性不确定性明显增加,新冠肺炎疫情影响广泛深远,经济全球化遭遇逆流,世界进入动荡变革期,单边主义、保护主义、霸权主义对世界和平与发展构成威胁。"①对于中华民族而言,在走向国际舞台的艰难历程中,越是向"舞台中心地带"进发,面临的风险和挑战越大,越需要准确把握"百年未有之大变局"的深刻内涵。

二、中国的快速发展,成为形塑"百年未有之大变局"的重要力量

自中华人民共和国成立以来,中国国际地位和国际角色有了大改变、大提升,特别是自 1978 年改革开放以来,中国主动融入经济全球化浪潮,利用自身庞大的市场和丰富的人力资源等优势吸引外资、引进国外先进技术、承接国际产业转移,在 40 多年时间内保持 GDP 年均 9.5%的高增长率,经济发展的动力不断增强,综合国力持续提升,创造了第二次世界大战以来世界经济增长的"中国奇迹"。2010 年,中国的经济总量超过日本,成为世界第二经济大国;2019年,中国经济总量占全世界的比重提高到 16%,人均 GDP 第一次超过 1 万美元,达到 10 276 美元,总体上开始步入中等发达国家阶段。

中国是经济全球化的受益者,更是全球可持续发展的贡献者。作为世界第二大经济体、第二大对外投资国、第一大贸易国、第一大外汇储备国和第一大工业国,近年来中国对世界经济增长的贡献率持续保持在 30%左右。中国综合国力和国际地位提高、科技与军事硬实力与文化软实力持续快速提升,国际影响力不断增强,中国因而成为推动国际秩序变革与新科技革命的重要力量,中国的发展成为推动国际力量对比格局朝向更加平衡的方向发展的重要因素。中国已经成为世界经济增长的主要稳定器和动力源。

---

① 中共中央关于制定国民经济和社会发展第十四个五年规划和二〇三五年远景目标的建议[N].人民日报,2020-11-04(1).

中国的"一带一路"倡议向纵深发展，积极倡导世界各国携手构建人类命运共同体，承诺在力所能及的范围内为国际社会，特别是为广大发展中国家提供更多种类、质量有保证的公共产品，为国际秩序朝向更为公平、合理的方向发展做出了积极的贡献。短短 8 年时间，"一带一路"倡议得到越来越多国家的积极响应，成为范围最广、规模最大的国际合作平台和最受欢迎的国际公共产品。目前，172 个国家和国际组织与中国签署了 200 多份共建"一带一路"合作文件，推动建立了 90 多个双边合作机制。8 年来，"一带一路"沿线国家基础设施联通不断深化，国际互联互通水平持续提升，一大批合作项目落地生根，逐步构建起以"一带一路"为纽带的利益共同体和命运共同体。中国的快速发展是形成"百年未有之大变局"的重要推动力量，标志着中国已经拥有可以影响甚至塑造世界格局的巨大力量①。

三、把握"双循环"的时代机遇，推动西部地区高质量发展

首先，中国持续快速发展，是实现中华民族伟大复兴的宏伟目标的坚实基础。

"经过新中国成立以来特别是改革开放 40 多年的不懈奋斗，我们已经拥有开启新征程、实现新的更高目标的雄厚物质基础"②。这是实现中华民族伟大复兴目标最大的优势和机遇。

其次，构建以国内大循环为主体、国内国际双循环相互促进的新发展格局，是加快西部地区发展的重要历史机遇。

---

① 黄金辉，黄杰.理解"百年未有之大变局"深刻内涵的三个向度[J].思想理论教育导刊,2021(3):12-19.

② 习近平在省部级主要领导干部学习贯彻党的十九届五中全会精神专题研讨班开班式上发表重要讲话强调 深入学习坚决贯彻党的十九届五中全会精神 确保全面建设社会主义现代化国家开好局[N].人民日报,2021-01-12(1).

推动形成"双循环"新发展格局，是党中央基于国际、国内形势变化做出的重大决策。改革开放以来，东部沿海地区凭借区位优势深度参与国际产业分工，率先崛起；而西部内陆地区则长期参与不足。随着国际格局的演变，中国经济由高速增长阶段转向高质量发展阶段，为形成以国内大循环为主体、国内国际双循环相互促进的新发展格局提供有力保障。

形成西部大开发新格局，是我国既定的战略安排，在党的十九大报告中就已经写入。新冠肺炎疫情的冲击成为国际格局与国际秩序结构性变化的加速器，使得我们推进西部大开发更加迫切。

把握"双循环"的时代机遇，对加快形成西部大开发新格局、推动西部内陆地区高质量发展具有重大意义。

首先，"双循环"格局的形成，意味着我国经济循环方式面临重大调整，有利于我国充分利用国内空间纵深，使西部地区深度参与到全国乃至国际生产、分配、流通、消费经济循环链当中，解决西部发展中内需不足、产业培育、转移和升级等一系列问题，从而摆脱过去主要依靠资源、能源参与区域产业分工的路径依赖，我国的规模市场优势和内需潜力巨大的优势将得以展现。

其次，面对百年未有之大变局，"安全"已上升到更高的层级，由以往主要强调"发展"转向兼顾"发展"与"安全"双目标。我们要加强应对贸易战、金融战、科技战、信息战等平战一体、战和一体的无边界总体战的备战应战能力，需要充分发挥发展战略回旋空间大的优势，形成战略腹地，形成战略缓冲机制，西部大开发为我国发展与安全提供了重要的战略支点。

最后，面对百年未有之大变局，我们对外开放的格局也要相应做出调整。西部大开发为推动新型全球化、加快推进"一带一路"建设提供了重要战略支撑。

第三节　新时代西部大开发的总体要求

党的十八大以来，在以习近平同志为核心的党中央坚强领导下，西部地区经济社会发展取得重大历史性成就，为决胜全面建成小康社会奠定了坚实的基础，也扩展了国家发展的战略回旋空间。与此同时，西部地区发展不平衡不充分问题依然突出，与东部地区发展差距依然较大，维护民族团结、社会稳定、国家安全任务依然繁重，仍然是全面建成小康社会、实现社会主义现代化的短板和薄弱环节。

强化举措，推进西部大开发形成新格局，是党中央、国务院从全局出发，顺应中国特色社会主义进入新时代、区域协调发展进入新阶段的新要求，统筹国内国际两个大局做出的重大决策部署。2020 年 5 月，《中共中央 国务院关于新时代推进西部大开发形成新格局的指导意见》发布，擘画了新时代西部大开发的更高目标。

《指导意见》明确提出了新时代推进西部大开发的总体要求、战略定位、主要任务、工作重点和政策措施。要求：新时代西部大开发以习近平新时代中国特色社会主义思想为指导，全面贯彻党的十九大和十九届二中、三中全会精神，统筹推进"五位一体"总体布局，协调推进"四个全面"战略布局，落实总体国家安全观，坚持稳中求进工作总基调，坚持新发展理念，坚持推动高质量发展，坚持以供给侧结构性改革为主线，深化市场化改革、扩大高水平开放，坚定不移推动重大改革举措落实，防范化解推进改革中的重大风险挑战。强化举措抓重点、补短板、强弱项，形成大保护、大开放、高质量发展的新格局，推动经济发展质量变革、效率变革、动力变革，促进西部地区经济发展与人口、资源、环境相协调，实现更高质量、更有效率、更加公平、更可持续的发展，确保到 2020 年西部地区生态环境、营商环境、开放环境、创新环境明显改善，与全国一道全面建成小康社会；到 2035 年，西部地区基本实现社会主义现代化，基本公共服务、基础设施通达程度、人民生活水平与东部地区大体相当，努力实现不同类型地区互补发展、东西双向开放协同并进、民族边疆地区繁荣安全稳固、人与自然和谐共生。这些要求可以从以下几个方面来认识。

一、围绕新目标谋划新定位

《指导意见》提出，把推动高质量发展作为目标，形成新时代西部大开发的"大保护、大开放、高质量发展"的新格局。

高质量发展是为了应对复杂的内外环境、破解当前的发展难题，在全面判断时代环境、充分发挥制度优势的基础上，优化经济结构、转换发展模式、提升发展动力。高质量发展，立足根本、着眼未来，是能够满足人民日益增长的美好生活需要的发展，是体现新发展理念的发展，是创新成为第一动力、协调成为内生特点、绿色成为普遍形态、开放成为必由之路、共享成为根本目的的发展。

推进西部地区高质量发展，意味着形成以创新、协调、绿色、开放、共享为核心，推动经济建设、政治建设、文化建设、社会建设、生态文明建设五位一体；意味着发展方向、发展目标和发展格局的创新。

实现新时代西部大开发的高质量发展，在发展思路上要统筹兼顾，既要着力破解难题、补齐短板，又要考虑巩固和厚植原有优势。对内要培育新动能，构建西部地区现代化的经济体系；对外要实施高水平的开放，推动西部地区开放开发向更大范围、更高水平、更深层次、更多领域发展。要始终坚持扩大内需这个战略基点，加快培育完整内需体系，把实施扩大内需战略同深化供给侧结构性改革有机结合起来，畅通国内大循环、促进国内国际双循环，以创新驱动、高质量供给引领和创造新需求。

党中央、国务院对新时代西部大开发在深入分析国内外形势，进一步判断西部区情的基础上，对西部大开发提出了明确要求：第一阶段，到 2020 年，确保西部地区生态环境、营商环境、开放环境、创新环境明显改善，与全国一道全面建成小康社会；第二阶段，在此基础上，争取再用 15 年左右时间，也就是到 2035

年,西部地区基本实现社会主义现代化,基本公共服务、基础设施通达程度,人民生活水平与东部地区大体相当,努力实现不同类型地区互补发展、东西双向开放协同并进、民族边疆地区繁荣安全稳固、人与自然和谐共生。这一要求与党的十九大提出的宏伟目标相呼应,不仅要求西部地区加快实现第一个百年奋斗目标,全面建成小康社会,而且要乘势而上,开启全面建设社会主义现代化新征程,向第二个百年奋斗目标进军。

二、立足新阶段解决新问题

进入新发展阶段,国内外环境的深刻变化既带来一系列新机遇,也带来一系列新挑战。经过持续奋斗,西部地区经济社会发展取得重大历史性成就,然而西部地区经济社会发展依然相对落后;西部地区发展不平衡不充分问题依然突出,区域内发展分化问题比较突出,巩固脱贫攻坚成果的任务依然艰巨,经济发展内生动力不足,民生领域还有不少短板,与东部地区发展差距依然较大。推进西部大开发、实现高质量发展,要统筹中华民族伟大复兴战略全局和世界百年未有之大变局,深刻认识我国社会主要矛盾发展变化带来的新特征新要求,深刻认识错综复杂的国际环境带来的新矛盾、新挑战,增强机遇意识和风险意识,准确识变、科学应变、主动求变,坚持供给侧结构性改革这个战略方向,扭住扩大内需这个战略基点,使生产、分配、流通、消费更多依托国内市场,提升供给体系对国内需求的适配性,形成需求牵引供给、供给创造需求的更高水平动态平衡,努力实现更高质量、更有效率、更加公平、更可持续、更为安全的发展。

三、落实新理念探索新路径

党的十九大报告指出,"发展必须是科学发展,必须坚定不移贯彻创新、协调、绿色、开放、共享的新发展理念"。创新、协调、绿色、开放、共享的新发展理念,相互贯通、相互促进,是具有内在联系的集合体。创新发展注重解决发展动力问题,协调发展注重解决发展不平衡问题,绿色发展注重解决人与自然和谐共生问题,开放发展注重解决发展内外联动问题,共享发展注重解决社会公平正义问题。《指导意见》将新发展理念贯穿形成西部大开发新格局的全过程。要求在加快形成西部大开发新格局中,创新、协调、绿色、开放、共享要协同发力、形成合力,不能畸轻畸重或者以偏概全。推进西部地区高质量发展,意味着形成以创新、高效、节能、环保为核心,以质量为主导数量为导向,推动产业不断升级,推动经济建设、政治建设、文化建设、社会建设、生态文明建设五位一体全面可持续发展,意味着发展格局的创新。

(一)"创新"成为形成新时代西部大开发新格局的第一动力

要把握创新发展主动权,以创新能力建设为核心,使创新在全社会蔚然成风,以创新动力培育新的增长活力,形成新发展路径。加强创新开放合作,完善国家重大科研基础设施布局,支持西部地区在特色优势领域优先布局,建设国家级创新平台和大科学装置。加快在西部具备条件的地区创建国家自主创新示范区、科技成果转移转化示范区等创新载体。支持国家科技成果转化为引导基金在西部地区设立创业投资子基金。加强知识产权保护、应用和服务体系建设,支持开展知识产权国际交流合作。

(二)"协调"成为新时代西部大开发新格局的内在要求

着力拓展区际互动合作;推动西部地区积极对接京津冀协同发展、长江经济带发展、粤港澳大湾区建设等重大战略;依托陆桥综合运输通道,加强西北省份与江苏、山东、河南等东中部省份互惠合作;加快珠江—西江经济带和北部湾经济区建设,鼓励广西积极参与粤港澳大湾区建设和海南全面深化改革开放;推动东西部自由贸易试验区交流合作,加强协同开放。加强西北地区与西南地区合作互动,促进成渝、关中平原城市群协同发展,打造引领西部地区开放开发的核心引擎;推动北部湾、兰州—西宁、呼包鄂榆、宁夏沿黄、黔中、滇中、天山北坡等城市群互动发展;支持南疆地区开放发展;支持陕甘宁、川陕、左右江等革命老区和川渝、川滇黔、渝黔等跨省（区、市）毗邻地区建立健全协同开放发展机制；加快推进重点区域一体化进程。

（三）"绿色"成为新时代西部大开发新格局的底色

加大美丽西部建设力度，筑牢国家生态安全屏障。深入实施重点生态工程，按照全国主体功能区建设要求，坚持在开发中保护、在保护中开发。保障好长江、黄河上游生态安全，保护好冰川、湿地等生态资源；稳步开展重点区域综合治理；加大水土保持、天然林保护、退耕还林还草、退牧还草、重点防护林体系建设等重点生态工程实施力度，开展国土绿化行动，稳步推进自然保护地体系建设和湿地保护修复，展现"大美西部"新面貌；加快推进国家公园体系建设；落实市场导向的绿色技术创新体系建设任务，推动西部地区绿色产业加快发展；实施国家节水行动以及能源消耗总量和强度双控制度，全面推动重点领域节能减排；大力发展循环经济，鼓励探索低碳转型路径。

（四）"开放"成为推进形成新时代西部大开发新格局的必由之路

进一步加大西部地区开放力度，支持西部地区积极参与和融入"一带一路"建设，强化开放大通道建设，构建内陆多层次开放平台，加快沿边地区开放发展，发挥优势，多方位打造内陆开放高地、开发开放枢纽、国际门户枢纽城市等，提高面向毗邻国家的次区域合作支撑能力，提升区域开放合作水平。推动西部地区对外开放由商品和要素流动型逐步向规则制度型转变。落实好外商投资准入前国民待遇加负面清单管理制度。

（五）"共享"成为新时代西部大开发新格局的根本目的

坚持以人民为中心，把增强人民群众获得感、幸福感、安全感放到突出位置。提升医疗服务能力和水平，完善多层次广覆盖的社会保障体系，健全养老服务体系，加快推进养老保险省级统筹，推进落实城乡居民基本养老保险待遇确定和基础养老金正常调整。支持教育高质量发展，强化公共就业创业服务。

第四节　新时代西部大开发的重点任务

西部地区与东部地区还有差距需要弥补,意味着其还有很多成长空间需要探索。顺应西部地区仍然十分迫切的发展要求,推进新时代西部大开发,有利于缩小地区差距、促进东中西部协调发展;东部地区的基础设施和产业发展相对成熟,而西部地区还有很多产业空白,西部地区各种要素的成本较低,继续推进西部大开发,将为我国经济增添新的活力;西部地区大多与"一带一路"沿线国家毗邻,更加直接地受益于"一带一路"沿线国家的发展,对"一带一路"的支撑作用也更加明显。

形成新时代西部大开发新格局,对内要培育新动能,构建西部地区现代化的经济体系。对外要实施高水平的开放,推动西部地区开放开发向更大范围、更高水平、更深层次、更多领域发展。十九届五中全会明确提出,"坚持扩大内需这个战略基点,加快培育完整内需体系,把实施扩大内需战略同深化供给侧结构性改革有机结合起来,以创新驱动、高质量供给引领和创造新需求"。扩大内需的关键在于形成强大的国内市场,而形成国内市场的关键又在于畅通国内大循环、促进国内国际双循环、全面促进消费、拓展投资空间。

一、推进形成西部现代化产业体系新格局

在社会主要矛盾发生变化的大背景下,亟待通过加快现代化产业体系建设来破解结构性矛盾、实现西部全面发展。

一是明确现代产业新体系重点建设领域。充分发挥西部地区比较优势,按照党的十九大报告提出的"优化存量资源配置,扩大优质增量供给"的要求,对产业选择进行精准定位。

二是充分发挥西部地区比较优势,推动具备条件的产业集群化发展,在培

育新动能和传统动能改造升级上迈出更大步伐,促进信息技术在传统产业广泛应用并与之深度融合,构建富有竞争力的现代化产业体系。完善承接产业转移的合作机制,促进政府间合作、企业间合作、政府与企业之间合作、非政府组织(国际组织或行业协会)与政府之间合作。

三是重点发展战略性新兴产业。积极发展大数据、人工智能和"智能+"产业,大力发展工业互联网,推动"互联网+教育""互联网+医疗""互联网+旅游"等新业态。持续抓好航天航空、新能源装备等高端装备制造和新材料、新一代信息技术等已有基础的新兴产业;强力推进成长性好、极具发展前景的产业,形成优势产业集群。

四是优化区域产业布局。继续推进国内产业梯度转移,加大西部地区"新基建"的投入力度,加强城市圈内部以及各城市圈之间的互联互通;调整西部各经济区域内产业布局,鼓励城市间依托自身要素禀赋开展差异化竞争,合理布局产业链。

五是重点发展现代服务业。大力发展"互联网+"、现代金融、现代物流、文化和现代旅游等产业,推动生产性服务业向专业化转变、向价值链高端延伸,推动生活性服务业加快向精细化和高品质提升。

六是推动农村一、二、三产业深度融合,促进农牧业全产业链、价值链转型升级。

七是支持西部地区发挥生态、民族民俗、边境风光等优势,深化旅游资源开放、信息共享、行业监管、公共服务、旅游安全、标准化服务等方面国际合作,提升旅游服务水平。

二、推进形成新时代西部城市化发展新格局

当前,我国西部地区和东部地区发展的差距依然存在,西部地区各城市之间的发展差距也依然存在。西部地区中心城市(省会城市)辐射带动力不足,是西部地区内部发展不均衡的重要原因。这既是需要尽快破除的现实障碍,也是

更好推动区域协调发展的重要突破口。截至 2019 年,我国城镇化率超过 60%。相较于东部地区,西部地区的城镇化率偏低,仍处于高速城镇化阶段,还有较大的上升空间。

形成西部大开发新格局、实现东中西部地区协调发展,加强城市群(都市圈)建设是重要抓手。加强城市之间的联系和互动,特别是以城市群(都市圈)高质量建设,带动西部地区经济社会发展再上台阶,是加快构建新发展格局的重要一环。

我国东中西部地区在发展水平、发展阶段上的差距,可在一定程度上保持产业发展梯度、形成市场需求级差,为产业在国内实现梯度转移创造了条件。但区域间城镇化、信息化,以及交通物流、教育科技等软硬件条件的差距明显,也导致西部地区的消费和投资需求未能得到充分挖掘和有效满足,制约了宏大顺畅的国内经济循环的形成。

大力发展城市群(都市圈)、降低对中心城市的过度依赖,将有助于更好地促进中心城市优质资源向外辐射,推动西部地区经济社会协调和均衡发展。随着西部地区城镇化水平的不断提升,大规模的城市公共服务需求将被释放,这将带动数万亿元的基础设施等方面的投资。

具体任务如下:

一是充分发挥中心城市的辐射带动作用。依托中心城市,破解行政区划对要素流动的制约,形成具有西部特色的城市圈建设示范模式与路径。

二是推动城市群高质量发展和大中小城市网络化建设,因地制宜优化城镇化布局与形态,提升并发挥国家和区域中心城市功能作用。在关中、川南、渝西、黔中、滇中、宁夏沿黄、北部湾等有条件的地区,培育壮大一批城市群。积极发展和壮大中小城市,培育发展一批基础条件好、发展潜力大、吸纳人口能力强的中心镇,培育中小城市和特色鲜明的小城镇。适当扩大人口规模和容量,因地制宜推动小城镇整合,形成层次分明、结构合理、互动并进的城镇化发展格局。

三是加强重点城市新区的建设,优化城市布局,拓展发展空间。

四是考虑在西部地区培育综合性国家科学中心,建设全球领先的重大科学装置,培育国家创新中心城市;支持西部地区中心城市举办国家级对外交流活动,打造对外开放新窗口。

三、推进形成新时代西部地区"大保护"新格局

坚定贯彻"绿水青山就是金山银山"的理念,按照全国主体功能区建设要求,坚持在开发中保护、在保护中开发。

一是以深入实施"大保护"为引领,在细化开发单元的基础上,按照各自禀赋差异和功能定位,明确保护目标,打破行政界域约束,以水系为抓手,以流域为载体,推进国土空间均衡开发,筑牢生态保护屏障,塑造绿水青山,提高生态承载力,保障好长江、黄河上游生态安全,保护好冰川、湿地等生态资源。

二是稳步开展重点区域综合治理。大力推进青海三江源生态保护和建设、祁连山生态保护与综合治理、岩溶地区石漠化综合治理、京津风沙源治理等。

三是落实市场导向的绿色技术创新体系建设任务,加快推进西部地区绿色发展。

四是注重制度创新。加快推进国家公园体系建设。探索建设全流域综合保护开发体系,完善市场化、多元化的全流域生态补偿制度,积极推进生态产品价值实现机制试点,建立健全生态产品价值核算指标体系、试点建设工作体系、价值转化政策体系、价值实现考评体系,探索编制包含文化资源在内的生态资源资产负债表,努力把绿水青山蕴含的生态产品价值转化为金山银山。

四、推进形成新时代西部地区"大开放"新格局

十八大以来,随着中国全方位对外开放的深入推进和"一带一路"、长江经济带、西部陆海新通道建设等战略的实施,特别是随着"双循环"新格局的加速

构建,以新亚欧大陆桥联通欧亚、以西部陆海新通道联通"一带"和"一路"、以长江经济带联通西部地区和海上丝绸之路的大通道骨架基本建成,西部地区逐渐成为对外开放的门户和桥头堡,西部大开发的可利用空间拓宽至国内中、东部,并向外延伸至中亚、东盟、欧洲等地。西部在中国版图上扮演的角色正在从"大后方"向"新中心"转变。

一是把西部开发与向西开放结合起来,促进西部地区高水平的开放。始终坚持对内开放、对外开放并重的基本方向,实施更加积极主动的开放战略;坚持把深化沿海开放与拓展内陆开放、沿边开放和沿陆桥开放结合起来,加快形成各具特色、优势互补、分工协作、均衡协调的区域开放新格局;坚持把向发达国家开放与向发展中国家开放结合起来,扩大各方利益交汇点;坚持把引进外资与对外投资结合起来,拓展经济发展的新空间。

二是对内开放与对外开放并重。充分利用东部地区充足的资金、先进的生产技术和管理经验,结合西部地区丰富的资源和亟待转型升级的产业,促进东西部在产业转移与承接、技术转让等方面实现合作共赢。

三是积极参与和融入"一带一路"建设。支持新疆加快丝绸之路经济带核心区建设,形成西向交通枢纽和商贸物流、文化科教、医疗服务中心。支持重庆、四川、陕西发挥综合优势,打造内陆开放高地和开发开放枢纽。支持甘肃、陕西充分发掘历史文化优势,发挥丝绸之路经济带重要通道、节点作用。支持贵州、青海深化国内外生态合作,推动绿色丝绸之路建设。支持内蒙古深度参与中蒙俄经济走廊建设。提升云南与澜沧江—湄公河区域开放合作水平。

四是强化开放大通道建设。积极发展多式联运,加快铁路、公路与港口、园区连接线建设。强化沿江铁路通道运输能力和港口集疏运体系建设;依托长江黄金水道,构建陆海联运、空铁联运、中欧班列等有机结合的联运服务模式和物流大通道;打造具有国际竞争力的港口群;优化中欧班列组织运营模式,加强中欧班列枢纽节点建设。

五是进一步完善口岸、跨境运输和信息通道等开放基础设施,加快建设开放物流网络和跨境邮递体系。

五、推进形成新时代西部地区基本公共服务新格局

坚持以人民为中心，把增强人民群众获得感、幸福感、安全感放到突出位置，做到发展为了人民、发展依靠人民、发展成果由人民共享。

一是支持教育高质量发展。大力培养培训贫困地区幼儿园教师，加强普惠性幼儿园建设。有序增加义务教育供给，逐步普及高中阶段教育。发展现代职业教育。支持西部地区高校"双一流"建设，着力加强适应西部地区发展需求的学科建设。

二是提高医疗卫生水平。加强西部地区县级医院综合能力建设，完善城乡卫生服务网络，改善医疗基础设施和装备条件，加快基层医疗卫生机构标准化建设。探索利用人工智能、互联网等开展远程医疗服务。

三是加大对在西部地区就业的扶持力度。着力强化公共就业创业服务。做好高校毕业生、农村劳动力、城镇职工就业分流安置工作，加大力度支持灵活就业和新就业形态。完善城乡劳动者终身职业技能培训政策和组织实施体系。

四是完善社会保障体系。加快推进覆盖城乡居民的社会保障体系建设，整合城乡居民养老保险制度。

4

筑基：推动形成现代化产业体系

推进西部大开发形成新格局，是党中央、国务院顺应中国特色社会主义进入新时代以及区域协调发展进入新阶段的新要求。党的十八大以来，西部地区经济社会发展取得了重大成就，但西部地区发展不平衡不充分问题依然突出，与东部地区发展差距依然较大，仍然是全面建成小康社会、实现社会主义现代化的薄弱环节。新时代继续做好西部大开发工作，对促进区域协调发展，决胜全面建成小康社会，开启全面建设社会主义现代化国家新征程，具有重要的现实意义和深远的历史意义。

《中共中央 国务院关于新时代推进西部大开发形成新格局的指导意见》指出，要推动西部地区形成现代化产业体系，充分发挥西部地区比较优势，推动具备条件的产业集群化发展，在培育新动能和传统动能改造升级上迈出更大步伐，促进信息技术在传统产业广泛应用并与之深度融合，构建富有竞争力的现代化产业体系。新时代加快形成西部大开发新格局，推动西部地区高质量发展，要以促进西部地区形成现代化产业体系为纲领，大力发展传统优势产业，夯实现代制造业基础，推动发展战略性新兴产业，加快发展现代服务业，促进能源产业转型，促进西部地区经济实现高质量发展。

第一节 大力发展传统优势产业

一、西部地区传统优势产业发展现状

（一）成效

自 2000 年西部大开发战略实施以来，西部地区各省（区、市）的产业体系逐步建立，西部各地区依托自然资源和竞争优势建立了完善的工业体系，例如陕西和内蒙古的农产品深加工、新疆的现代加工业和重工业。随着我国经济进入新常态，西部各地区的传统优势产业面临下行压力较大，出现下滑趋势，但整体上稳中有进,保持回升态势,尤其是煤炭、电力、化工、有色金属、烟酒等传统行业。由图 4.1 可知,对贵州省有色金属冶炼及压延加工业增加值进行研究,其增加值自 2004 年 12 月以来,一直处于波动状态,到 2015 年逐渐趋于稳定,2020 年 12 月贵州省有色金属冶炼及压延加工业增加值当月同比为 27.2%,可以发现贵州省有色金属冶炼及压延加工业发展趋势持续向好,实现了稳步扩张。

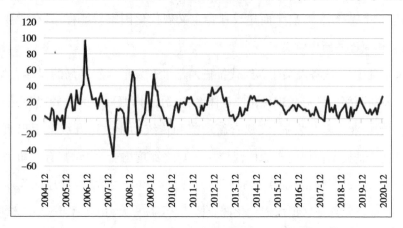

图 4.1　贵州省 2004—2020 年有色金属冶炼及压延加工业增加值当月同比(单位:%)

数据来源:Wind 数据库

(二)问题

现阶段西部地区的产业结构仍以传统产业为主,一类是以煤炭钢铁、有色金属、石油化工等为代表的重工业,另一类是以食品生产加工、纺织等为代表的轻工业。由图 4.2 可知,2000—2020 年西部地区 12 个省、自治区(不包含三个少数民族自治州)、直辖市第二产业占比依然维持在较高的比例。由于产业发展沿袭等原因,重工业和轻工业仍然是西部地区经济发展的重点,我国西部地区严重依靠资源环境的产业发展模式使得生态问题不断凸显[①]。面临资源紧缺和环境约束的双重压力,西部地区产业发展模式必须融入生态文明建设,积极

---

① 王海刚,衡希,王永强,等.西部地区传统产业生态化发展研究综述[J].生态经济,2016,32(5):121-126.

推进传统产业生态化发展。西部地区传统产业的生态化改造,必须以自然生态系统为基础,促进传统产业与自然生态系统实现协调发展,这是我国西部地区传统产业迫切发展需要解决的问题①。从当前西部地区产业结构来看,西部地区传统优势产业发展还受产业链和配套设施不完善,一、二、三产业协调发展水平低,科技创新型人才短缺、技术基础差等突出问题的影响。因此,促进西部地区经济社会实现高质量发展,要加快传统产业调整转型和结构优化。

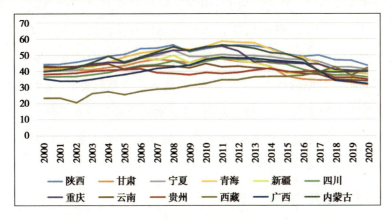

图 4.2　西部地区 12 省(区、市)2000—2020 年第二产业占 GDP 比重(单位:%)

数据来源:国家统计局网站

二、西部地区传统优势产业发展的影响因素

(一)资源要素禀赋

要素禀赋是产业发展的基础,也是产业升级发展最直接的影响因素。生产要素理论从单要素论逐渐演变为多要素观,配第提出土地和劳动生产要素的二元论,斯密提出劳动、土地和资本的三要素观,马歇尔将企业家才能作为第四种生产要素,提出包括企业家才能的四要素观②。随着经济社会的发展,不断有新的生产要素出现,传统产业作为我国西部地区经济发展过去和现在的主导产

---

① 刘文丽.西部产业结构调整方向的探讨[J].知识经济,2015(19):14.
② 王小明.外生动力视角下区域传统优势产业升级发展研究[J].财经问题研究,2017(6):30-34.

业,其发展对资源要素禀赋具有较高程度的需求和依赖。

（二）市场环境

欧美国家发展经验告诉我们,市场力量有助于推进传统产业优化升级,市场环境对产业转移和升级具有直接影响,良好的市场能够培育出健康的产业。从当前国际产业分工来看,我国中小企业依托产业集群和成本优势,以生产商的角色直接参与国际产业竞争,但从国际产业布局来看,我国企业大多处于产业链的底层[1]。20世纪80年代以来,东西部地区经济发展差距逐渐扩大,这与西部地区产业结构具有很大关系,西部地区产业结构与经济发展脱节,导致工业化发展受阻。其原因在于:一方面,西部地区经济基础薄弱,市场需求有限,内需无法支撑本地工业发展;另一方面,西部地区产业发展水平落后,无法直接与国际产业分工衔接,使得西部地区产业发展和工业产品与海外市场严重脱节。

（三）科技创新

科技创新是传统优势产业发展升级的主要动力,是影响产业升级的核心要素,对传统产业优化升级主要具有四个方面的影响:一是丰富传统产业的表现形式;二是提高传统产业的技术含量;三是拓展传统产业的发展方向;四是促进传统产业的转型升级。科技创新能够促进传统产业的改造和战略性新兴产业的形成,推动传统产业优化升级,从提高资源要素质量层面提升传统优势产业的自主创新能力,延伸和完善产业链,引领产业生产经营方式不断优化[2]。

（四）产业政策

产业政策具有促进资源优化配置、弥补市场失灵、完善产业结构以及增强产业竞争力等作用,产业政策能够帮助地方产业在全球竞争中趋利避害、保障区域经济安全,而且对区域传统优势产业优化升级具有促进作用。产业政策的

---

① 兀晶.西部民族地区传统产业升级路径研究[J].贵州民族研究,2016,37(7):158-161.
② 邱薇.新经济下的西部地区产业发展与结构升级[J].时代金融(中旬),2015(1):84-85.

作用机理主要表现在对生产要素流动的影响上,具有政策优势的产业能够吸引更多的生产要素,相对而言,存在政策限制的产业将会挤出生产要素,从而影响资源要素流动,进而影响产业优化升级。近年来,我国发布了《国务院关于当前产业政策要点的决定》《中国制造 2025》等一系列产业政策文件,对西部地区传统优势产业优化升级起到巨大的推动作用。

(五)人才储备

改革开放以来,我国东部地区经济保持高速发展,巨大的虹吸效应使东部地区尤其是东南沿海地区成为全国生产与人口的聚集区域,吸引了西部地区大量人力资源。相对于东部地区,西部地区收入水平较低,对本地经济要素和人力资源产生了巨大推力。在东部吸引力和西部推力的双重作用下,西部地区优质人才大多流向了东部地区。有学者研究发现,西部地区存在科技型人才闲置情况,部分科技工作者没有"人尽其才",较多的专业技术人才没有在合适的科技岗位上就业。总体来说,当前西部地区人才短缺十分严重,尤其是科技创新型人才。此外,技术人才供求结构性矛盾凸显,对西部地区经济发展形成制约①。

三、西部地区传统优势产业的发展路径

(一)提升传统优势产业升级发展能力

传统优势产业升级发展是主体、多因素相互作用的复杂过程。一是增强区域自生能力。鼓励与引导区域产业主体在引进吸收国内外先进技术的基础上,通过学习实现能力内化,形成可持续的内生能力。二是增强区域产业链集成发展能力。西部地区要积极进行核心技术攻关,完善产业链条,促进各个环节集成发展。三是提高区域产业主体协同发展能力。推进市场机制创新,保障产业主体利益的协同融合,不断增强区域协同融合发展能力。四是整合区域资源提升竞争力。鼓励产业主体"走出去",实施并购和合作创新,积极引进我国东部

---

① 张惠琴.区域传统优势产业与战略性新兴产业协同融合发展探讨[J].产业创新研究,2020(10):26-28.

地区和国外产业主体,将其"引进来"进行投资和建立研发机构,支持产业联盟和行业协会等参与产业标准规则制订,进一步整合利用全球产业资源。

(二)构建传统优势产业科技创新体系

国外技术源的获取与整合是我国西部地区传统优势产业科技创新体系构建的关键。一是西部地区地方政府要创造条件,广泛利用国外先进技术帮助西部地区产业主体通过并购、合作、人才引进等方式获取国外先进技术。二是西部地区地方政府要引导区域产业主体,挖掘与整合国内产业技术源,建立创新服务示范平台、工程技术研发中心、技术孵化平台以及产学研技术联盟等,向传统优势产业有效注入先进技术。此外,要主动参与新技术的研究开发,为西部地区传统优势产业发展升级奠定坚实基础。

(三)完善传统优势产业升级发展基础设施配套

现代化的基础设施配套是我国西部地区传统优势产业发展升级的有力支撑。一是搭建产业发展平台。产业发展平台建设周期长、风险大,但对区域产业调整升级至关重要,需要政府主导规划基础平台、研发平台和重大配套设施等,满足传统优势产业升级发展需要。二是完善产业服务体系。产业升级的很多环节都需要技术、管理等信息和服务支持,信息和服务支持需要持续跟进,将其作为产业升级发展的基础。完善区域内信息、物流等基础设施,逐步引导服务平台向产品设计、物流配送等领域延伸,整合科技评估、成果孵化、科技咨询服务等以提升服务水平,完善产业发展平台共享服务机制,为传统优势产业优化升级创造配套的基础设施。

(四)加强传统优势产业品牌建设

品牌建设是提升传统优势产业竞争力和附加值的重要渠道。一是建设品牌推广平台。西部地区要培育一批具有影响力的品牌推广中心,鼓励传统优势产业走出国门。二是加大品牌培育力度。西部地区要为品牌培育创造良好的社会和市场环境,对已有优势品牌给予重点扶持,对质量好、规模大的产品要重点培育,争创国内乃至世界名牌,例如贵州和四川的酒业品牌。鼓励企业争创特色品牌,对实施品牌战略的企业在资金补助和财政贴息等方面给予倾斜。三是促进产品竞争向品牌竞争转变。西部地区要完善品牌建设激励机制,鼓励品牌的传播推广,运用现代营销手段和专业推广渠道对企业品牌进行宣传推广,提高品牌的影响力,提升西部地区传统优势产业的品牌知名度。

(五)实施传统优势产业人才战略

西部地区应主要从高端人才和战略性人才引进培养等方面构建传统优势产业人才供给体系,加强科研人才和技术工人两支人才队伍的建设。一是建立人才引进和激励机制。创造条件吸引海外优秀人才和东部地区技术人才到西部创业和从业,提高落户人才的薪资待遇,加大传统优势产业人才特别是科技创新型人才引进力度。二是建立人才长效培养机制。促进高等教育、职业技术教育协调发展,培养具有大专以上学历并掌握现代技术的高级蓝领产业人才生力军,为传统优势产业优化升级提供保障。三是提高人力资本配置效率。积极营造有利于人才成长发展的自由空间和良好环境,充分发挥人力资本的技术创新和管理创新能力,引导人力资本向传统优势产业流动。

第二节　夯实现代制造业基础

一、西部大开发战略实施前后的西部地区制造业发展情况

我国制造业分布广泛,西部地区是我国制造业分布的重要地区之一,在转变经济发展方式中发挥着重要作用[1]。西部大开发战略实施以来,西部地区制造业总体发展速度不断加快,专业化程度显著提高,制造业技术结构水平明显

---

[1] 毛中根,武优勋.我国西部地区制造业分布格局、形成动因及发展路径[J].数量经济技术经济研究,2019,36(3):3-19.

提升,中间产品和资本品部门占制造业的比重大幅提高①。但从制造业增长方式来看,西部地区制造业增长方式仍以"内向型""粗放型""投资驱动型"为主;从产业发展来看,虽然西部地区制造业生产能力显著提升,与中部地区差距逐渐缩小,但仍与东部地区差距明显,西部地区制造业总体水平落后于东部地区②。

自西部大开发战略实施以来,西部地区制造业全国占比呈上升态势,西部地区制造业产品全国占比有较大提升,其中,高端类制造业产品产量全国占比也有较大幅度提升,但整体高端类制造业产品产量全国占比份额仍偏小。由图4.3可知,贵州省规模以上的计算机、通信与其他电子设备制造业增加值逐年增加。党的十八大以来,特别是我国经济进入新常态之后,西部地区制造业转型升级发展进程加快,使传统制造业逐步向先进制造业转型。

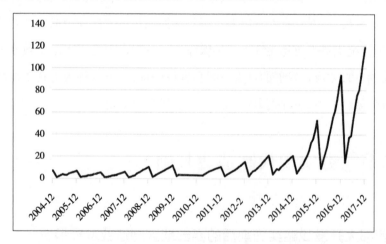

图 4.3　贵州省 2004—2017 年规模以上计算机、通信与其他电子设备

制造业增加值当月同比(单位:%)

数据来源:国家统计局网站

---

① 岑丽娟.论西部制造业禀赋特征及其优化途径[J].新西部(理论版),2012(C4):15,8.

② 郭韶伟,唐成伟.区域分工、制造业发展与地区经济增长:以西部地区为例[J].东南学术,2012(6):31-39.

二、夯实现代制造业基础的重要意义

（一）加快发展现代制造业是建设现代化产业体系的重要支撑

现代制造业是实体经济的核心和技术创新的主战场，也是促进经济实现高质量发展的关键领域。发达国家和先进省份的经验表明，现代制造业在经济高质量发展的过程中具有"定海神针"和"顶梁柱"的重要作用[①]。制造业从低端向中高端迈进升级，是支撑我国实现工业化和现代化的重要力量，更是西部地区实现经济高质量发展的核心支撑。作为制造业的高级形态，现代制造业能够促进现代化产业体系建设。相比中东部地区，西部地区产业基础薄弱，发展水平相对较低，制造业尤其是现代制造业对西部地区经济发展更为重要。新时代推进西部地区现代化产业体系建设，要把发展现代制造业放在更加突出的位置。

（二）现代制造业是建设制造强国和推动制造业高质量发展的必由之路

现代制造业的核心在于使用现代制造发展理念和模式构建制造业生态体系，重点强调生产方式的升级换代、组织方式的高级化，从供求着力点来看，现代制造业强调扩大有效供给，重点聚焦解决西部地区经济发展不平衡不充分的效益问题。相比传统制造业，现代制造业产业结构合理、科技水平较高、产业融合度深、经济效益佳。通过对传统制造业的优化升级，现代制造业应用现代制造方式高标准建设和完善产业链，可以说，因地制宜鼓励西部地区发展现代制造业，是支撑我国建设制造强国，促进制造业高质量发展的重要工作。

（三）现代制造业在西部大开发中发挥着巨大作用

党的十八大以来，深入推进我国区域协调发展，东中西部产业转移步伐显著加快，西部地区新的经济增长极不断形成，制造业发展也不断迈向新台阶。随着"一带一路"及西部陆海大通道建设的深入推进，西部地区在我国开放格局

---

① 曹慧泉.以建设现代制造业基地引领构建现代产业体系[J].新湘评论,2019(24):12-14.

中的重要地位进一步凸显,现代制造业发展迎来战略机遇期。在新时代推进西部大开发的过程中,现代制造业在整个产业体系中占据核心地位,相比传统制造业而言,现代制造业能够促进发展模式向绿色集约方向转型,促进西部地区传统发展模式转型升级,优化生产要素配置,促进西部地区经济发展质量变革、效率变革、动力变革,为高质量推进新一轮西部大开发、促进我国区域协调发展提供强有力的支撑。

(四)现代制造业能够创造具有高度关联性的产业链

产品制造是通过实践把理论转化为物质财富的基本方式,在此过程中的知识转化以及形成的最终产品构成了现代社会的物质基础,其经济效益和社会效益是其他社会活动所无法比拟的。西方发达国家普遍把现代制造业作为技术创新的核心领域,原因在于现代制造业一方面能够促进制造业实现转型升级,另一方面能够创造与其具有高度关联性的产业链,同时吸纳很多传统职业,例如管理、财务和培训服务等;还可以创造全新的就业机会,例如零售业、电子商务、物联网、运输业等,支持和扩大教育与智力服务等工作[①]。

三、夯实现代制造业基础的基本路径

(一)注重多学科深度融合研究和关键技术,推动产学研深度融合

首先,发展现代制造业要以多学科深度融合研究为关键引擎。要依据地方制造业发展的需求,充分发挥高校和科研机构在自动机械和控制信息等领域的科研优势,政府要给予充足的科研经费作为投入保障,积极构建合作平台,鼓励企业与高校和科研院所加强合作,突破关键知识产权和重要技术标准。其次,高度重视发展现代制造业所需要的关键技术。制造业尤其是现代制造业是西部地区提升经济发展能力的关键。随着基础设施不断完善,西部地区应该重点

---

① 李光明,刘震昆,郑丽璇.多学科深度融合研究是支撑现代制造业转型升级的关键引擎[J].产业与科技论坛,2019,18(6):10-12.

支持制造业解决制约其发展的关键技术,推动先进制造技术产业化。最后,建立产业技术支撑体系,推动产学研一体化。一方面,真正确立企业的创新主体地位;另一方面,加强推动科技成果产业化的驱动力,推进产学研深度合作,为研发、转化到产业化建立完善的技术支撑体系。

（二）提升区域产业分工水平，形成良好的制造业区域分工格局

区域分工水平和分工格局对制造业尤其是现代制造业发展具有重要影响。西部各地区要根据自身产业基础,立足于资源优势和地区特色,在承接和发展东部地区转移的制造业基础上,促进与东部地区以及在本地区内形成良好的产业分工,形成良好的产业链分工,这样既可以利用东部的先进技术和经验,也可以加强与东部地区的联系,避免"植入式"产业布局的形成。在提升区域产业分工水平的基础上,政府应该营造良好的外部环境,重点鼓励专业化生产和服务,这是产业分工的基础,为企业尤其是制造业企业提供基础设施、信息、制度规则等方面的服务,与此同时,欠发达地区政府要为制造业企业加大制度供给,实现对地区经济发展有效的制度支持。

（三）优化制造业发展环境和营商环境，推动西部地区创新发展

首先,促进制造业尤其是现代制造业发展要优化制度环境,理顺政府和市场关系。西部地区各级地方政府要精简审批环节,提升审批效率,打造公共服务网络平台,加快转变政府职能,坚持资源配置市场导向,强化政府监管职能,维护公平高效的市场秩序。其次,不断优化营商环境。现代制造业的发展离不开良好的营商环境。西部地区各级地方政府要做好制造业企业服务,解决制造业企业融资贵、融资难等问题,帮助制造业企业突破发展瓶颈。最后,加快绿色产业发展。西部地区要加强对传统制造业的升级改造,建立产业可持续发展机制,严格监管高污染高耗能制造业项目,淘汰传统产业落后产能,提高制造业增长质量和效益。

（四）"引进来"与"走出去"相结合，提升西部地区制造业竞争力

首先,西部地区要承接我国东部地区制造业产业转移。不断以政策优势吸

引承接我国东中部地区高端制造业,逐步改善产业配套设施和法律制度环境,深化市场机制改革,充分发挥市场配置资源的决定性作用,加强工业园区和产业集群建设,发挥制造业产业集聚作用,加强交通路网建设,降低产品运输成本,提升高端制造业和现代制造业产业承接能力。其次,拓展制造业国际合作空间,鼓励优势制造业走出国门。西部地区要培育一批具有优势的制造业企业,在制造业产业链各个环节培育领军企业和上下游配套企业。鼓励支持本土制造业企业到国外设立分支机构和实施并购,构建西部地区制造产品国际品牌,提升制造业国际竞争力。用好一批平台。以新一轮西部大开发为契机,吸引国内外领军企业和人才到西部投资创业。

第三节　推动发展战略性新兴产业

一、西部地区战略性新兴产业发展现状

党的十八大以来,国家层面逐步重视产业转型发展,西部地区也逐渐把发展战略性新兴产业作为经济发展的中心。事实上,西部地区自然地理和人文环境差异较大,各省(区、市)在选择战略性新兴产业上会存在较大的差异性。战略性新兴产业是以技术创新为基础,实现技术创新突破的同时也是战略性新兴产业的发展目标。近年来,西部地区在规划战略性新兴产业发展时已将支持技术创新放在重要位置,技术创新也成为西部地区产业发展的重点方向。与战略性新兴产业发展领域相关的技术创新,西部地区地方政府给予政策扶持,涉及财政、金融、法律等多个门类。由此可见,我国西部各地区对战略性新兴产业的重视程度与日俱增,并逐步将其作为经济发展的重点项目推进①。由图4.4可

---

① 董冠华.西部新兴产业竞争力经济学分析:基于波特钻石模型[J].经济研究导刊,2017(21):36-37,100.

知,西部地区吸纳科学技术成交金额不断增长,从 2007 年的 249.75 亿元到 2019 年的 3 553 亿元,数量上实现了突飞猛进,在高增长的成交金额背后可以折射出我国西部各地区对战略性新兴产业的重视程度不断增强。从政府宏观调控和顶层设计以及各方面给予的支持来看,战略性新兴产业在西部地区的发展环境良好。

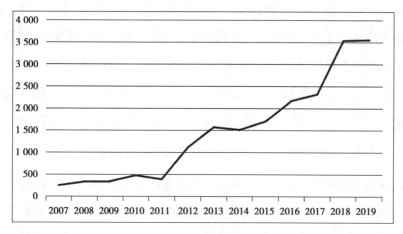

图 4.4 西部地区 2007—2019 年吸纳技术成交金额(单位:亿元)

数据来源:Wind 数据库

由于自然条件、地理位置、历史沿袭等原因,西部地区经济社会和科技创新一直与东部地区存在较大的差距。我国西部地区在区域政策、产业布局的影响下,工业发展一直以高耗能、低产出的粗放型增长方式为主导①。近年来,西部地区传统的经济发展模式逐渐被国内大环境的经济增长所淘汰,但西部地区战略性新兴产业发展还是和东部地区存在不小的差距。总之,西部地区各省(区、市)逐步认识到战略性新兴产业的重要地位,地方政府层面不断加大支持力度,抢占西部战略性新兴产业的制高点,力求追赶东部地区发展步伐②。

---

① 杨增强.浅议西部战略性新兴产业发展机遇、挑战[J].经济视角(中旬),2011(10):113-114.

② 苏多杰.培育西部民族地区战略性新兴产业[J].青海民族大学学报(社会科学版),2011,37(4):95-99.

二、西部地区发展战略性新兴产业存在的问题

（一）不同地区存在同质化竞争的现象

党的十八大以来，我国战略性新兴产业逐步进入发展的上升期。战略性新兴产业在我国具有广阔的发展空间，不断改善的社会发展环境为不同地区因地制宜发展战略性新兴产业提供了有利条件。但是在缺乏总体规划的前提下，各地为了赢得产业项目，对优势产业项目存在明显的盲目竞争，这在一定程度上加大了同类企业的经营风险。例如西部三大城市重庆、成都、西安，随着电子信息业的升温，同时竞争富士康项目，同质化的竞争导致了不必要的高成本。

（二）传统产业基础与战略性新兴产业选择缺乏衔接

地区优势是地区经济发展的基础。丰富的自然资源和人力资源，让西部地区在西部大开发战略中赢得了先机，获得了很好的发展机会。如川渝陕等地凭借资源优势大力发展了能源化工及金属冶炼产业。经验证明，在发展战略性新兴产业的机遇中，要大力发挥地区优势，因地制宜规划好发展途径①。但就目前来看，西部地区虽然紧密结合国家战略性新兴产业规划，高度重视战略性新兴产业发展，但与地域优势结合的程度还不够，对传统工业基础的利用不足，战略性新兴产业发展缺乏良好的基础和平台。近年来，西部地区高新技术产业园区不断成立，但这些所谓的"新技术"产业大多是将东部已有的成功模式复制过来，并没有与西部地区优势相结合，但西部地区存在资金和技术方面的弱势，复制移植的高新企业缺乏存活的土壤。

（三）政府干预过多

战略性新兴产业发展初期存在基础薄弱等情况，政府扶持是关键因素。西部地区发展战略性新兴产业起步晚，短时间内难以与传统企业竞争，政府可以

---

① 习树江.西部地区战略性新兴产业发展路径优化研究[J].改革与战略,2016,32(1):101-104.

适当引导资源配置,出台优惠政策帮助其发展。但是,部分省区市在扶植战略性新兴产业上,不仅出台产业政策,甚至直接参与企业的发展经营。政府的强势介入虽然可以让战略性新兴产业迅速成型,避免来自市场的冲击,降低企业成本,但从长远角度考虑,这些企业因为缺乏市场竞争,难以在市场上实现长久发展。同时,政府直接参与的企业多为国企,会对民间资本的介入形成间接影响,从而对整个市场均衡发展形成阻碍。

(四)不重视战略性新兴产业的资源成本

近年来,国家层面高度重视产业发展对资源环境的影响,西部地区也逐渐意识到传统产业转型升级的必要。随着战略性新兴产业的落地,西部经济发展存在一个新的误区,即凡是战略性新兴产业都具有能耗低、污染少的特点,迫不及待将项目落地。事实上,很多战略性新兴产业的发展是以污染环境为代价的。例如四川、重庆等地大力发展的多晶硅战略性新兴产业和电子信息制造业等对生态环境具有很大的污染①。研究发现,多晶硅产业属于高污染、高能耗的行业,在多晶硅的生产过程中会产生有毒的、污染环境的四氯化硅,而且电子信息产品的衍生物电子废弃物给土地和水源带来的环境污染是难以恢复的。

三、西部地区战略性新兴产业发展路径优化

(一)强调特色定位,推动差异化竞争和合作

就目前西部地区战略性新兴产业的发展来看,应充分发挥其地域特色优势,在分工合作的基础上开展有差异化的产业竞争。首先,西部地区要充分发挥本地优势。西部地区显著的比较优势是土地与资源,各省(区、市)需要以战略眼光逐步挖掘更多的比较优势,对本地占据比较优势的领域进行分析,为发展战略性新兴产业奠定基础。其次,西部各地区要明确战略性新兴产业的发展

---

① 胡新华.西部战略性新兴产业取向比较与优化路径[J].重庆大学学报(社会科学版),2014,20(4):10-15.

方向,通过明确地区比较优势提升资源的利用率。例如,内蒙古拥有丰富的煤气资源,重庆拥有机电领域优势,应大力开发,提高利用率。再次,西部各省(区、市)要重视产业链的构建,避免特色产业孤立发展。集聚相关产业形成产业链能够创造更大的竞争优势。西部各省(区、市)可以聚合上下游产业,打造特色产业群体。最后,西部各省(区、市)要加强合作,减少不必要的成本投入。通过区域性合作减少产业同质化倾向,避免资源浪费,增强产业的综合竞争力。

(二)推动新旧产业融合以及协同发展

战略性新兴产业和传统产业是相辅相成的,例如电商就是传统商业的互联网化,不仅如此,战略性新兴产业的存在在很大程度上是以传统产业为基础的。西部各省(区、市)要重视引导战略性新兴产业和传统产业融合发展,促进传统产业和战略性新兴产业两者互补,实现双赢。第一,要坚持在传统产业的基础上规划战略性新兴产业。西部地区具有扎实的传统产业基础,这为战略性新兴产业的发展提供了很好的铺垫,在传统产业的基础上发展战略性新兴产业,一方面可以促进传统产业的升级改造,另一方面也为战略性新兴产业的发展提供了适宜的土壤。第二,协调战略性新兴产业和传统产业共同发展。明确战略性新兴产业作为未来发展的关键,为传统产业发展提供技术保障;推进传统产业发展转型,凭借其强大的基础解决就业等地方发展难题,为战略性新兴产业发展提供必需的基础。

(三)充分发挥市场配置资源的决定性作用

一方面,政府要转变角色。政府应充当引路人,在政策导向、体制机制方面给予战略性新兴产业优惠,对重点战略性新兴产业给予财税支持,将优势资源引入战略性新兴产业中。同时,搭建中介平台实现传统产业与战略性新兴产业相结合。当战略性新兴产业体系成熟时,政府应转变为保障者,监督战略性新兴产业严格履行政策法规,完善基本公共服务,保障市场环境公平公正。另一方面,市场要充分发挥主体作用。在产业发展中,政府要做的是顶层设计,管理好环境,市场才是真正的主体。西部各省(区、市)政府要学会发挥市场配置资源的决定性作用,借助价格机制和竞争机制优化资源配置,促进战略性新兴产业的健康发展。

（四）大力发展本土新兴企业

首先,加强本地企业和引进企业的合作交流。加强本地企业与外来企业的联系,政府可以通过税收等手段激励本地企业纳入外来企业集群中,引导本地企业与外来企业合作,促进本地企业的转型升级。其次,借助外来企业为本地培养优秀人才。根据战略性新兴产业发展目标,西部各省(区、市)政府可以为高校制订人才培养计划,为本地产业发展提供丰富的人力资源。最后,扶持本地新兴中小企业。本地企业能够扎根于地方经济发展,此类企业形成网络集群对本地产业发展具有促进作用。在具体实践中,一方面,地方政府应出台政策鼓励创业,并给予政策等方面的帮扶;另一方面,政府要做好服务工作,建立供企业交流的创新平台,引导本土企业和引进企业进行良性竞争,实现合作交流。

（五）发展环保优先、生态安全的战略性新兴产业

首先,战略性新兴产业依然存在高能耗和高污染问题。西部地区囊括了长江和黄河的上游,一旦受到污染将会是全国性的环保问题。所以,西部各省(区、市)在发展战略性新兴产业的同时,要将环境保护放在首位,加强对生态环境的监控力度。其次,建立健全环境评估体系。在战略性新兴产业项目落地之前,要对项目进行环境评估,把对生态环境的保护放在发展战略性新兴产业之前,避免走传统的"先污染后治理"的老路。对现存的高能耗高污染企业要进行评估分类,一部分限制其发展,一部分具有重大影响的企业要配套严格的环境治理机制,督促这些企业减少资源消耗,降低环境污染。

第四节 加快发展现代服务业

一、西部地区现代服务业发展现状

纵观发达国家的经济发展历史,发达经济体在工业化发展后期基本上都出现过服务业占 GDP 比重迅速提高的过程。我国已经开始进入服务业快速发展的工业化后期,知识密集型和消费导向型的现代服务业发展逐步迎来快速上升期。发达国家的产业结构普遍存在"两个 70%"现象,即服务业占 GDP 的 70%,生产性服务业占服务业的 70%,而我国服务业总体发展水平落后,整体占比约为 50%,服务业增加值比重和就业比重不仅明显低于美、英等发达国家,也低于印、俄等发展中国家[1]。我国西部地区在整体上更是低于全国平均水平。

近年来,我国西部地区各省(区、市)服务业增加值逐年提高,由图 4.5 可知,2010—2018 年西部地区 12 省(区、市)服务业营业收入呈逐年增加趋势。但客观事实是,西部地区服务业增加值占 GDP 比重与全国服务业增加值占 GDP 比重相比,无论是经济贡献率还是吸纳就业人口比例都低于全国平均水平,与东部发达地区存在不小差距。虽然西部地区服务业发展取得了明显成效,但与东部地区相比,存在总量不足、结构不优、竞争力不强等问题,仍然存在市场化改革缓慢、体制机制改革滞后等深层次制约因素。大力发展现代服务业对促进西部地区经济发展,增强西部地区综合竞争力具有重要意义。

---

① 方小强.西部欠发达地区现代服务业发展研究:以四川省达州市为例[J].现代商业,2016(26):40-42.

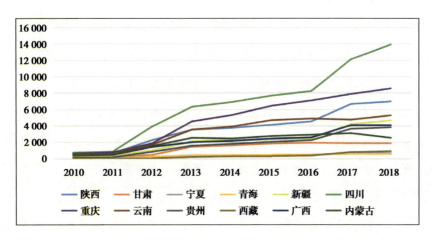

图 4.5 西部地区 12 省(区、市)2010—2018 年服务业营业收入(单位:亿元)

数据来源:国家统计局网站

二、发展现代服务业对西部地区经济发展的重要意义

(一)发展现代服务业可以加快西部地区追赶东部发达地区的步伐

西部地区经济基础薄弱,吸引外资投资难度大,发展动力不足。近年来,工业园区的建设加快了西部地区工业化进程,随着工业生产规模和市场范围的扩大,企业的业务流程、组织架构不断调整,服务在产品价值链中的重要性不断凸显,现代服务业的产业地位不断提升。西部地区投资和生活环境不断改善,经济发展中存在的优势不明显、对外来资金吸引力不足、赶超困难等问题正逐步得到解决,与先进地区的差距在逐步缩小。事实上,提高投资水平,改善生活环境,减少政府行为也会吸引外资到西部地区投资。

(二)发展现代服务业有利于西部地区产业结构的调整

产业结构优化升级的标志是服务业产值及就业比重的提高。西部地区的产业以石化、煤炭、冶金、钢材等高耗能的传统产业为主,战略性新兴产业发展严重滞后。产业结构不合理是西部地区经济发展面临的重要问题。西部地区应从传统产业改造和资源的再投入着手,在促进传统行业改造升级的同时,完成传统产业与现代化产业对接和产业结构调整,形成向科技含量较高、知识含量高、附加值高的新兴行业的投资转移,是西部地区实现经济高质量发展的关键[①]。

(三)发展现代服务业有利于西部地区经济发展方式的转变

金融、物流、信息服务、商务服务等现代服务业发展潜力巨大、资源环境压力小、需求收入弹性高,在一定程度上能够降低资源消耗在制造业中间投入的比重,充分激活和优化配置制造领域中的各类产业要素。近年来,西部地区经济发展过度依赖资源要素,经济增长过度依赖资金和资源环境投入。大力发展现代服务业,就是要根据西部地区各省(区、市)的要素禀赋和区域优势,利用劳动者素质和技术进步构建先进的产业体系,成为生产力跨越发展的重要载体和途径,进而促进区域经济社会的跨越发展[②]。

(四)发展现代服务业可以为西部地区优势产业提供低成本支撑

发达国家经验表明,生产性服务业越发达,对工业制造业的支撑作用就越明显,企业经营发展成本越低,综合竞争力越强。研发设计是制造业的灵魂,现代物流是制造业的骨骼,市场营销是制造业的血脉,缺少现代服务业支撑,制造业发展无法摆脱高成本和低竞争力的境况。随着西部地区各省(区、市)传统制造业的不断发展,商贸物流、信息咨询、商务服务等现代服务业不断从工业分离出来。换言之,西部地区现代服务业的快速发展,也为其传统优势产业的发展奠定了良好的基础。

(五)发展现代服务业可以为西部地区城市现代化拓宽多元化就业空间

现代服务业就业弹性系数大、就业方式多样化,能够直接为化解城镇就业矛盾开辟就业空间。西部地区人口较多,每年净流出人口也较多。近年来,西部地区现代服务业加速发展,在促进经济社会发展的同时,也创造了更多的就业机会,有利于转移农村剩余劳动力和扩大城市就业容量。由于城市居民生活

① 罗羿寒.西部地区现代服务业影响因素研究[J].全国流通经济,2018(34):81-82.
② 罗羿寒.西部地区现代服务业发展的创新路径研究[J].科技资讯,2018,16(31):223,225.

水平得到大幅度提升,农村剩余劳动力回乡就业创业意愿高涨。所以,大力发展现代服务业,逐步完善城市工业发展配套服务设施,既可增加就业岗位,改善人民生活水平,有效提升城市对工业化的集聚和承载能力,也能够为城市化健康发展创造更广阔的空间。

三、西部地区现代服务业发展的主要制约因素

(一)产业优势不足,特色服务资源利用程度不足

西部地区人口相对于中部和东部地区较少,发展现代服务业,单纯依靠地区内的人口消费是难以实现跨越式发展的,吸引更多的中部和东部人口甚至是海外人口来消费才是西部地区发展现代服务业的有效出路。但是,西部地区缺乏特色的现代服务业发展,很难实现对其他地区人口的吸引。例如,广西建设面向东盟的区域性国际航运中心、商贸物流中心,打造国家养老服务业综合改革试验区,构建全球知名的国际旅游目的地,具有得天独厚的优势。然而现阶段,广西的服务业发展仍处于较低水平,规模小,层次低。这是西部地区现代服务业普遍存在的问题,相对于工业的高速发展,服务业处于低水平发展状态,对现代服务业发展升级形成阻碍。

(二)物流发展水平低,区域服务业发展受限制

我国供给侧结构性改革的主要任务之一就是优化物流业发展区域布局。西部地区物产丰富,很多地区都有特色产品。目前,西部地区产品销售多是通过物流运输到各地的代售点,随着电子商务的深入发展,产品生产制造商需要借助物流平台扩大销售。事实上,西部地区在物流信息平台、快递服务业、快递集散中心规划建设上发展水平较低,现代流通聚集区建设水平落后,现代物流技术和区域物流环境与东中部地区差距较大。

(三)发展路径缺乏创新,影响城市化进程加速

加快城市化进程对于西部地区城市来说是服务业发展的一大机遇。以云南省为例,云南在加快推进城市化进程时,可以依托现代服务产业,创新城市发

展道路。但现代服务产业不是简单的旅游和娱乐,还涉及定价权和贸易额。以红茶为例,中国是红茶的生产大国,但交易中心却在斯里兰卡、印度,因为上述国家在这一领域的现代服务业做得更好。我国边境省份,如广西、云南,现代服务业发展路径缺乏创新,与东部地区现代服务业发展差距较大。

四、西部地区加快发展现代服务业的基本路径

(一)加快产业转型,大力发展旅游经济

近年来,出现了旅游业收入增速快于 GDP 增速的现象。其中,东南亚和东亚是旅游业增加值增长较快的区域。旅游经济作为现代服务业的一种,也是西部地区现代服务业的发展方向之一。西部地区具有独特的文化资源,拥有丰富多样的人文景观、历史古迹,包括陕西秦始皇陵兵马俑、云南丽江古城、西藏布达拉宫等,具有浓厚的民族特点和文化特色,可以成为新时代旅游资源的重要开发地。西部地区将旅游经济作为主要的发展方向进行开发,对促进西部地区产业转型具有积极效应。

(二)完善物流服务体系,促进服务水平升级

新时期,物流业的发展打通了众多行业发展的关键环节,西部地区可以借助物流体系的完善,提升现代服务业发展水平,积极探索物流体系构建的有效途径。回顾西部地区的经济发展历程,正是由于高速铁路的发展和"一带一路"倡议的全面展开,铁路运输再次展现出重要的支撑和引导作用,西部地区的物流体系构建将获得更加有利的条件。西部地区应将现代物流作为发展重点,积极畅通物流运输大通道,加快建设物流园区大平台,大力培育物流支柱大企业,作为西部地区现代服务业快速发展的重要根基。

(三)发展服务业集聚区,助力现代服务业腾飞

建设现代服务业集聚区,是推动服务业快速发展的重要抓手,也是促进服务业创新和提升服务业竞争力的重要途径。近年来,现代服务业集聚发展的趋势日益凸显,各地顺应这一趋势,加快服务业集聚区建设,使一批产业特色鲜

明、服务功能健全的集聚区脱颖而出。西部地区现代服务业要大发展，也必须走集聚发展之路，通过集聚发展模式，建设一批自治区级现代服务业集聚区，推动服务业快速发展和产业转型升级，推动各省（区、市）现代服务业发展迈上新台阶。

（四）提高"互联网+"对现代服务业的贡献率

"互联网+"时代围绕居民日常生活等领域，聚焦消费细分市场，加大特色产品研发和供给，开发新需求，形成消费新增长点。首先，西部地区应进一步放宽服务消费领域市场准入，引导社会力量进入旅游、文化、体育、健康、养老服务、家政服务等居民需求旺盛的服务消费领域，支持社会力量提供更多高品质的服务供给，以重点产业发展带动现代服务业整体水平提升。其次，西部地区应围绕服务"一带一路"倡议，以推动产业结构转型升级、促进居民消费升级的主线，发展生产性服务业、升级生活性服务业，推进服务业与农业、制造业及服务业不同领域之间的深度融合，逐步提升区域竞争力。

第五节 促进能源产业转型

一、西部地区能源产业转型的现状

全球化视角下，环境保护和节能减排的绿色经济发展模式已成为世界各国的共识。我国西部地区传统能源产业存在诸多问题，例如过去曾经给西部发展带来福利的煤炭行业，如今却成了遏制西部经济发展的因素。我国经济发展正在迈向高质量发展阶段，经济发展不仅要讲究效率，更要讲究质量。西部地区高耗能、高污染、高碳排放的产业格局与国家整体经济发展趋势严重不符，甚至激化了资源供需的矛盾，对西部地区乃至全国的能源安全构成巨大威胁。

过去一段时间，西部地区长期依靠能源产业拉动经济增长，虽然在生产技术方面具有雄厚的基础，但也导致了西部地区缺乏引进新能源、开发新技术的动力。从西部地区发展趋势来看,虽然传统的能源产业仍居主导,但与能源领域相关的技术创新、清洁能源的开发正显示出蓬勃的生命力,所以西部地区的经济发展不可能长期依靠传统的能源和技术。目前,我国西部地区面临的经济发展困局日益严峻,寻找出一条可以实现西部经济可持续发展的道路迫在眉睫。一方面,可以运用新能源、新技术对传统的能源工业部门进行优化升级;另一方面,必须加大产业转型的力度,弱化传统能源行业的经济推动作用,促使西部地区经济产业结构向均衡方向发展①。由图4.6可知,从2007年以来,贵州省6 000千瓦及以上水电发电设备容量一直处于上升趋势,说明西部地区能源产业正处在转型期。

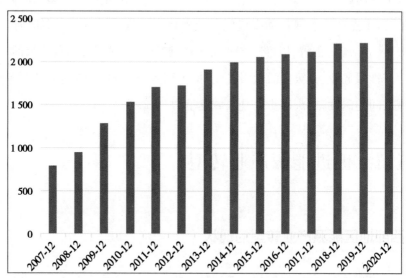

图4.6　贵州省2007—2020年6 000千瓦及以上水电发电设备容量(单位:万千瓦)

数据来源:Wind数据库

我国西部地区具有丰富的能源产业种类,例如煤炭、石油、核能、水电、风能等,但目前总体利用水平和集约化发展水平较低。改革开放以来,国家在西部地区重点部署了电子信息、航天工业、新材料工业以及科研机构、国家重点实验室等,建成了产学研一体、工业门类齐全的产业基地,在技术层面上为西部地区

① 王凡.我国绿色新能源产业转型升级的战略取向研究[J].中国物流与采购,2018(22):75-76.

促进能源产业转型铺垫了基础①。要改变西部地区长期处于"欠发达"的境地，发展新能源产业是西部地区发扬自身优势、实现跨越式发展的重要突破口。

二、西部地区能源产业转型的主要问题

（一）西部地区能源产业结构不合理，资源配置没有实现最优状态

改革开放以来，西部地区能源产业结构随着我国社会经济的发展不断变革，并朝着合理化的方向发展。但由于受生态环境、市场环境等众多因素的制约，西部地区能源产业结构仍存在较多问题，例如煤炭产量比重过大，重油轻气的思想严重，电力产业缺乏有效的调峰运行机制，天然气所占比例的增长缓慢，一次能源转换为电能的比例较低等。以煤为主的西部能源产业结构正面临着严峻的挑战：一是来自燃煤排放的废气对大气环境造成严重污染；二是不适应需求结构的升级换代。同时，其挑战也为西部能源产业结构调整带来了机遇，为合理配置西部能源资源创造了有利条件②。

（二）西部各区域之间与中、东部能源开发互补发展缺乏统筹安排

我国资源分布和经济发展的现实，决定了电力工业发展必须实施"西电东送、南北互供、全国电网互联"的发展战略。由于缺失输电通道，西北大量富余电量无法外送，东、西、中部资源无法实现互补优化。西北火电企业设备闲置，小时利用率下降，企业经济效益严重下滑，在西北电力大量富余的同时，华东、华南和华中等省市出现缺电现象。从地方政府层面分析，东西部互动积极性显然较弱，部分东部地方政府认为企业西进是经济资源和财富的流失，会影响本地的经济发展，因而推动力度不够，更多把东西互动视为政治任务或扶贫措施；而部分西部地方政府缺乏根据市场经济规律承接东部企业转移的能力，服务意识不强，政策稳定较差，还存在地方保护和市场封闭等倾向，不利于生产要素的

---

① 张代谦.西部地区能源产业优化配套发展的现状、主要问题及对策研究[J].经济体制改革,2010(3)：143-147.
② 闫磊,王海燕.西部地区新能源产业市场化转型的制度配套研究[J].生产力研究,2014(9)：65-67,88.

跨区域合理流动①。

（三）西部能源开发与环境保护和社会发展的矛盾日趋突出

资源开发与利用过程中不可避免地面临着对环境的破坏和给社会带来不利影响，如何最大限度地减少西部能源开发与利用对环境的破坏和给社会带来的不利影响，是西部能源产业优化发展中面临的一个不可回避的重要问题。西部地区能源资源占我国总量的 2/3，同时生态脆弱县数量也占我国近半数。西部地区的生态环境相当脆弱，水土流失和植被退化严重，土壤侵蚀面积较高，工业废气和二氧化硫排放占全国比重远远超过 GDP 和工业增加值占比。由于多数西部能源企业环保投入不足，"三废"排放普遍超标，致使能源开发利用与环境保护和社会发展的矛盾日趋突出②。与此同时，水电建设涉及的生态、环境和移民问题日益引起社会关注。我国西部能源资源基地大部分处于少数民族聚居的地区，如果不充分考虑当地人民群众的利益，有可能对民族团结和国家稳定产生不利影响。

（四）地区创新体系建设的意愿与能力差距大

西部大开发以来，陕西、四川、重庆等西部地区的主要省市均制订了高新技术发展计划，建立起多个国家级高新区，以此为破解西部地区资源环境约束难题、加快促进能源产业转型的对策。但由于发展基数较小，目前西部高新区经济总量占全国的比重仍然很小，高新技术产业发展基础薄弱，对地区创新体系建设的支撑能力有限，主要问题在于科技与产业的脱节问题比较严重。企业是科技成果转化的主要环节，西部地区的科技成果主要源于高等院校和科研机构，大中型企业大多数不设研发机构，科研、生产独立运行的体制和机制导致了科技与产业相脱离的现象。尽管西部在许多产业领域拥有一定技术优势，但由于科技成果产业化渠道不畅，以致科技优势在能源产业转型的过程中得不到应有的发挥。

---

① 朱凯，王娜.西部地区新能源产业自我发展能力研究[J].当代经济管理,2012,34(11):66-72.
② 杜雅男."生态+"视域下新能源产业绿色发展的转型路径[J].市场研究,2020(7):31-32.

三、促进西部地区能源产业转型的对策建议

（一）推动绿色新能源产业重大技术创新

首先，围绕现代新能源新材料等关键核心领域设立一批产业技术研发机构。构筑以龙头企业和研发机构为核心的绿色新能源产业创新网络，攻克对新能源产业发展有实质帮助的关键技术。其次，加强技术创新，培育生态型新能源产业体系。技术水平滞后、创新动力匮乏是当前新能源产业发展中面临的关键问题。技术创新可以有效解决新能源产业发展中存在的成本高、环境污染、发电消纳等问题，是提高新能源产业核心竞争力的关键。一是需要政府构建创新环境，为新能源技术创新提供生长的沃土，打造以新能源产业需求为导向的集绿色技术研发、成果转化于一体的技术创新园区，推动新能源产业技术创新的实现。二是充分运用绿色产业发展的政策红利，推动新能源产业绿色转型升级，深入推进新能源产业工艺流程和技术的低碳、绿色、可持续性改造，努力打造以绿色新能源产业为核心的生态型产业体系。

（二）培育一批绿色新能源龙头企业，促进企业间平等竞争

首先，龙头企业是带动绿色能源产业提质增效的中坚力量。西部地区应加强对研发平台建设、产业技术联盟构建、重大新能源科技项目实施等方面的支持，开展重大技术研发布局，打造一批具有国际竞争力的绿色新能源产业龙头企业。其次，市场导向的平等竞争是新能源产业持续发展的生命线。新能源企业以小企业为主，小企业和传统大企业竞争，无论在市场份额、资金支持乃至科研技术方面都具有很大的困难，因此要考虑不同规模企业的竞争，以及中小型企业的发展。市场导向的平等竞争能够给各类企业提供充分的发展机会，从而促进西部地区能源产业转型升级。

（三）构建完善的新能源价格机制

由全球油气格局引导的国际石油价格影响因素非常复杂，既有传统的供求、市场结构等因素，也有新兴的石油金融、低碳发展机制等新因素的作用。新

能源发展规模及其结构升级,中国油气资源产业经过几次改革选择了上下游一体化的国家公司经营模式,这一模式运行的结果表明,对迅速提高油气企业规模和产业升级发挥了积极作用。但少数企业的上下游一体化经营带来的弊端明显,扭曲了市场价格和供求关系,成为油气供求矛盾加剧和价格居高不下的构成性因素。这就要求我国西部地区必须从供给侧结构性改革入手,实施市场化运作,发挥油气资源市场化配置的决定性作用。通过供给侧结构性改革,稳定市场价格,平衡供求关系,解决供求矛盾,完善能源产业转型的市场机制,为能源产业转型升级提供市场保障。

(四)强化金融政策支持能源产业转型升级

首先,进一步发挥好能源产业创业投资引导基金作用。西部地区应设立能源产业创业投资子基金,提高国家级引导基金的出资比例,统筹安排基金规模与存续期。牵头设立绿色新能源产业转型升级股权基金,主要用于能源联动性重大项目的开发和建设,各省(区、市)财政应为绿色新能源产业转型升级提供雄厚的资金支持。其次,鼓励绿色经济服务于能源行业,健全绿色金融体系。鼓励太阳能、风能、生物质能等新能源领域产业发展,将绿色资金真正投资于能源高效生产和利用、增效节能技术等领域,促进能源结构转型。一是要加大对节能减排项目、绿色建筑项目和绿色消费的支持力度,以价格优势倒逼落后的产能转型,对生产工艺落后、污染大的企业减少金融服务,对规模大、产量大的企业进行产品工艺优化和生产技术升级。二是支持新能源企业项目的发展,比如支持可再生能源、清洁能源项目和新能源汽车项目,扩大其市场需求,带动新能源企业长足发展。

5

协同：优化西部地区空间格局

第一节　西部地区空间发展格局之困

西部大开发战略自 1988 年被邓小平同志提出后,作为我国区域战略发展的重要战略目标之一,对快速提高西部地区经济社会发展有着重要作用。2006年 12 月 8 日,国务院常务会议审议并通过了《西部大开发"十一五"规划》,提出要实现西部地区又好又快的发展目标;不断提高人民生活水平;在基础设施的建设以及生态环境建设取得新成就、新突破;在医疗、教育、卫生等基本公共服务上的均等化取得成效。在中国共产党第十八次全国代表大会提出了全面建成小康社会的目标之后,中国的发展进入了新阶段,从由高速增长转向高质量的发展,在转变经济发展方式、产业结构调整、新旧动能转化上提出了新的要求。2020 年 5 月,印发了《中共中央 国务院关于新时代推进西部大开发形成新格局的指导意见》,其中提到党的十八大以来,在以习近平同志为核心的党中央坚强领导下,西部地区经济社会发展取得重大历史性成就,为决胜全面建成小康社会奠定了比较坚实的基础,也扩展了国家发展的战略回旋空间。但同时,西部地区发展不平衡不充分问题依然突出,巩固脱贫攻坚任务依然艰巨,与东部地区发展差距依然较大,维护民族团结、社会稳定、国家安全任务依然繁重,仍然是全面建成小康社会、实现社会主义现代化的短板和薄弱环节。新时代继续做好西部大开发工作,对增强防范化解各类风险能力,促进区域协调发展,决胜全面建成小康社会,开启全面建设社会主义现代化国家新征程,具有重要的现实意义和深远的历史意义①。

---

① 中共中央 国务院关于新时代推进西部大开发形成新格局的指导意见[N]. 人民日报, 2020-05-18(1).

中国的西部地区涉及 12 个省（区、市），包括重庆市、四川省、陕西省、云南省、贵州省、广西壮族自治区、甘肃省、青海省、宁夏回族自治区、西藏自治区、新疆维吾尔自治区、内蒙古自治区。其中土地面积共 687.64 万平方千米，约占全国总面积的 71.17%。中国的西部地区在自然条件上充满了复杂性、多样性，同时在社会环境条件方面由于基础薄弱，经济发展较缓慢。

一、自然禀赋劣势

（一）生态地形因素

西部地区以高原为主，包括大面积的戈壁沙漠。如黄土高原、青藏高原、内蒙古高原及云贵高原，海拔都在 1 000 米以上。山地部分占据西部土地面积的90%，而平原和盆地仅占 10% 左右。大面积的荒漠和戈壁沙漠地区意味着生态环境较为脆弱，土壤贫瘠，不利于农业的发展。虽然西南地区丘陵以及山地较多，降水与光热也相对充足，但是由于土层较薄，在土壤耕作层被侵蚀破坏时，容易产生水土流失、土地肥力日渐衰竭等问题。

（二）水资源因素

根据水利部公布的《中国水资源公报（2019 年）》，由表 5.1 可知，全国水资源总量约为 29 041.0 亿立方米，其中地表水资源总量为 27 993.3 亿立方米，地下水资源总量为 8 191.5 亿立方米，地下水与地表水资源不重复量为 1 047.7 亿立方米。西南诸河区与西北诸河区水资源总量为 6 766.0 亿立方米，其中西南诸河区水资源总量为 5 312.0 亿立方米，西北诸河区水资源总量为 1 454.0 亿立方米，约占全国水资源总量的 23.3%[1]。

---

① 中华人民共和国水利部. 中国水资源公报（2019）［M］. 北京：中国水利水电出版社，2020.

表 5.1　2019 年各水资源一级地区水资源量

水资源 一级地区	降水量 /毫米	地表水 资源总量 /亿立方米	地下水 资源总量 /亿立方米	地下水与 地表水资源 不重复量 /亿立方米	水资源 总量 /亿立方米
全国	651.3	27 993.3	8 191.5	1 047.7	29 041.0
北方六区	346.0	4 713.0	2 563.7	897.8	5 610.8
南方四区	1 192.3	23 280.3	5 627.8	149.9	23 430.2
松花江区	603.4	1 935.I	628.4	288.1	2 223.2
辽河区	557.9	305.7	195.1	101.9	407.6
海河区	449.2	104.5	190.4	117.0	221.4
黄河区	496.9	690.2	415.9	107.2	797.5
淮河区	610.0	328.1	274.8	179.0	507.2
长江区	1 059.8	10 427.6	2 580.5	122.1	10 549.7
其中:太湖流域	1 261.8	204.2	44.1	21.6	225.8
东南诸河区	1 844.9	2 475.0	542.0	13.6	2 488.5
珠江区	1 627.5	5 065.8	1 198.4	14.2	5 080.0
西南诸河区	1 013.6	5 312.0	1 307.0	0.0	5 312.0
西北诸河区	183.2	1 349.4	859.2	104.7	1 454.0

数据来源:《中国水资源公报(2019)》

　　西部地区不仅降水量在空间上分布不均,在时间上也存在相同问题。西南地区以亚热带季风气候以及温带大陆性气候为主,2019 年年平均降水量为 1 013.6 毫米,占西部地区降水量的 80% 以上,而西北地区以温带大陆性气候以及高原气候为主,2019 年年平均降水量为 183.2 毫米。其中黄土高原的人均水资源占有量仅为 630 立方米,低于全国平均降水量的 1/4,宁夏人均水资源 187 立方米,特别是在甘肃定西地区,缺水问题相当严重[①]。日常饮水靠水窖储水。随着全球气候变暖,水资源匮乏的问题越来越严重,湖泊萎缩以及江河断流的现象层出不穷,湿地生态系统严重退化,地下水水位降低,等等。这样的问题在青藏高原也层出不穷,现青藏高原上有超过30%的湖泊变为盐湖或者干盐湖。

(三)森林植被因素

中国林地分布不均,主要集中在中国东南部,而西北地区偏少。土地面积占全国32.2%的西北地区,森林面积仅占全国的11.2%,活立木蓄积量为全国的7.7%。其中,甘肃省森林面积510万公顷,增加2万公顷,森林覆盖率为11.33%;西藏自治区森林面积1 491万公顷,增加19万公顷,森林覆盖率为12.14%;新疆维吾尔自治区森林面积802万公顷,增加104万公顷,森林覆盖率为4.87%[②]。

2018年我国森林面积达2.08亿公顷,森林覆盖率为23.0%,森林积蓄量为175.6亿立方米,其中,天然林蓄积增加量占63%,人工林蓄积增加量占37%。从整体上看,我国仍是一个缺林少绿、生态脆弱的国家,森林覆盖率远低于全球31%的平均水平,人均森林面积仅为世界人均水平的1/4,人均森林蓄积只有世界人均水平的1/7,森林资源总量相对不足、质量不高、分布不均的状况仍未得到根本改变,林业发展还面临着巨大的压力和挑战,中国西部地区情况更为严峻。

(四)土地沙漠化因素

中国荒漠化土地总面积262.37万平方千米,占国土总面积的27.33%,主要分布在北方及西部地区。如新疆、内蒙古、西藏、甘肃、青海5省区,面积分别为107.12万平方千米、61.77万平方千米、43.27万平方千米、19.21万平方千米和19.14万平方千米,5省区荒漠化土地面积占全国荒漠土地总面积的95.48%,其

① 祖钰博.西部地区生态农业发展研究:以贵阳为例[D].长沙:湖南农业大学,2013.

② 国家林业局.国家林业局关于公布北京等6省(区、市)2016年森林资源清查主要结果的通知[J].国家林业局公报,2017(1):29-30.

余 13 省（区、市）占 4.52%。中国西部地区由于长期缺水、过度放牧等因素，使得沙漠化区域面积不断扩大，沙尘暴灾害频繁发生已经严重影响该地区经济社会的发展。

（五）自然灾害因素

自然灾害频发。西部地区生态环境十分脆弱，风沙、水土流失严重，泥石流、洪水、干旱等灾害每年频发。比如黄土高原、陇南山区、藏东及贵州、云南等地每年发生 6 万余次泥石流，分布较广、危害较重。西部地区地质灾害的频繁发生，造成人民群众的生命和财产损失巨大，同时也严重制约了经济社会的快速发展①。

二、社会环境劣势

（一）交通路线密度小

西部地区处于中国内陆地区，由于地形地势等原因，高铁、铁路密度相比东部、中部地区都较小。国家统计局发布的《中国统计年鉴》显示，截至 2019 年 12 月底全国各省（区、市）高速铁路密度排行榜，西藏、青海、新疆、内蒙古排名后四位，分别为 0 千米/万平方千米、3.7 千米/万平方千米、4.3 千米/万平方千米、4.9 千米/万平方千米。同一时期铁路密度最高的是天津、北京、上海，分别为 280.5 千米/万平方千米、213.7 千米/万平方千米、207.9 千米/万平方千米。在铁路方面，西藏、青海、新疆、甘肃、云南铁路密度位列后五位，分别为 6.4 千米/万平方千米、29.4 千米/万平方千米、32.9 千米/万平方千米、74.9 千米/万平方千米、76.1 千米/万平方千米。同一时期铁路密度最高的是天津、北京、上海，分别为 859.2 千米/万平方千米、764.7 千米/万平方千米、738.1 千米/万平方千米。由于十分劣势的交通条件，西部地区空间发展格局十分受限。

---

① 祖钰博. 西部地区生态农业发展研究：以贵阳为例[D]. 长沙：湖南农业大学，2013.

（二）信息产业发展滞后

西部地区交通不便,信息产业发展滞后。《中国统计年鉴(2020)》数据显示(表 5.2),2019 年西部地区的邮政业务总量为 1 325.9 亿元,占全国邮政业务总量的 8.2%,仅占东部地区的 1/5。2019 年西部地区的电信业务总量为 30 505.5亿元,占全国电信业务总量的 28.6%[①],相比过去 5 年,电信业务在西部地区有了一定的发展,但是相比于东部地区还具有一段很长的距离。信息产业建设发展的滞后制约了西部地区发展现代化信息产业的能力。

表 5.2　2019 年邮政和电信业务量

地区	邮政业务总量/亿元	电信业务总量/亿元	函件/亿件	包裹/万件	报刊期发数/万份	订销报纸累计数/万份	订销杂志累计数/万份
北京	460.11	2 681.99	1.87	187.1	400.5	62 662.6	2 279.6
天津	148.80	1 194.60	0.22	26.1	101.1	15 870.3	693.1
河北	557.38	4 741.94	0.42	141.4	482.7	72 882.2	3 259.2
山西	116.35	2 375.20	0.12	17.2	342.4	58 100.6	1 877.0
内蒙古	50.37	2 075.81	0.06	35.1	207.2	32 469.1	1 132.4
辽宁	202.70	2 723.21	0.34	48.3	394.1	48 999.8	2 707.7
吉林	94.55	1 769.31	0.10	21.7	157.7	27 632.6	929.3
黑龙江	114.68	1 732. 45	0.20	30.5	244.7	33 452.0	2 314.8
上海	770.04	2 240.43	4.57	210.9	469.3	72 369.4	1 938.1
江苏	1 426. 94	7 545.40	2.10	123.0	830.2	137 548.6	5 136.3
浙江	3 177.67	6 717.01	1.82	145.1	662.6	107 552.8	3 679.5
安徽	440.76	4 006.72	0.41	41.1	462.2	61 156.6	3 240.9

---

① 国家统计局. 中国统计年鉴(2020)[M]. 北京:中国统计出版社, 2020.

续表

地区	邮政业务总量/亿元	电信业务总量/亿元	函件/亿件	包裹/万件	报刊期发数/万份	订销报纸累计数/万份	订销杂志累计数/万份
福建	646.01	3 235.45	0.48	59.6	444.0	68 132.1	2 351.4
江西	230.18	2 838.50	0.17	43.6	301.1	50 969.1	1 981.0
山东	717.99	5 786.39	0.63	175.1	920.6	111 410.7	6 146.6
河南	590.45	5 999.12	0.95	110.2	836.2	108 107.3	3 717.2
湖北	458.51	3 370.84	0.65	54.9	371.9	62 449.8	2 441.7
湖南	321.79	4 248.82	0.21	24.6	481.5	62 946.5	3 818.1
广东	4 403.44	12 046.36	4.56	156.1	544.1	67 515.6	4 920.1
广西	159.44	3 587.75	0.23	38.4	284.8	32 591.9	2 318.0
海南	25.37	873.99	0.03	13.9	79.0	15 141.8	482.7
重庆	166.31	2 603.00	0.15	22.2	278.6	26 719.0	2 882.6
四川	447.76	5 164.95	0.26	78.9	735.0	104 620.3	3 818.7
贵州	76.05	3 874.72	0.61	5.8	200.0	37 814.3	1 795.6
云南	118.32	4 185.22	0.19	23.8	240.8	43 187.1	1 470.4
西藏	4.79	301.37	0.01	38.3	73.0	14 272.9	417.0
陕西	193.12	3 366.91	0.13	69.7	272.3	45 547.0	1 690.2
甘肃	38.63	1 958.88	0.07	71.0	186.7	30 372.2	1 116.7
青海	8.10	636.98	0.03	40.9	51.4	10 761.9	306.0
宁夏	19.98	743.92	0.03	10.6	48.5	6 932.8	383.7
新疆	43.02	2 006.00	0.08	90.2	324.9	50 519.3	1 751.6
不分地区		177.46					

注:本表数据不含港澳台地区

数据来源:《中国统计年鉴(2020)》

（三）产品市场体系不完善

西部地区的农业在发展模式上依旧处于传统农业发展模式，在进行农业生产时，以毁林开垦等破坏自然生态的行为为主要方式，对自然环境造成了十分严重的破坏。农业生产方式的不可持续发展，掠夺式的资源开采方式，造成了农业生产结构与现代化经济发展模式不匹配、不协调的局面。西部地区的农村集体通过依靠少量未承包到户的集体机动地获得收入。而土地绝大多数承包到户，机动性一般不高，获得的收入微薄。同时，西部地区的市场经济尚未得到大力发展，依旧存在于政府干预市场经营的行为，使得西部地区的经济发展状况在很大程度上依赖于政府的支持，不利于形成现代化农业经营体制机制。

第二节　完善西部城镇化战略布局

一、培育壮大西部地区城市群

城市群是城市现代化发展形成的产物，首次以"城市群"来命名城市集中发展现象的是国际著名地理学家戈特曼。城市群不仅是大城市不断发展、不断扩大外延所形成的，同时也是在特定区域所形成不同数量、不同发展程度、不同等级规模的城市"集合体"。城市群是城镇化发展到高级阶段的空间组织形式，是一个或者一个以上的中心城市为主核心，由一定数量的大城市或都市圈为构成单元，依托互联互通程度较高的基础设施网络所形成的各城市功能定位较为明确、城市间产业分工与协作体系较为完备和区域一体化程度较高的城镇密集区域[1]。按照城市群是否跨越省级行政区域，可将城市群分为跨省域城市群和省域内城市群两种类型。其中，跨省域城市群通常是由一定数量的都市圈所构成的。例如，我国长三角城市群内部就存在一定数量的都市圈，分别是南京都市

---

[1]　李妍. 基于多源数据的中原城市群城市发展水平评价与分析[D].郑州:郑州大学，2018.

圈、杭州都市圈、合肥都市圈、苏锡常都市圈和宁波都市圈等。而省域内城市群通常是由一定数量的大城市所构成的,因此省域内城市群在一定程度上也可以认定为一个都市圈①。

中国西部地区自古以来就存在着城市集中布局的现象,例如西北的关中地区,有着"八百里秦川"之称,包括西安、宝鸡、咸阳、渭南等 27 个县市;西南的四川盆地,在古代又称"蜀"地,天府之国,为兵家必争之地,现如今依旧是中国西部地区城市群的中心、带动经济发展的"领头羊"城市。而滇、黔、藏、青等省区,无论是在历史上还是千年后的今天,城市空间的布局相对比较稀散。

随着城市化进程不断加快,区域一体化程度不断深化,国家对城市发展战略进行科学部署与规划,城市群开始出现并被确立为我国新型城镇化战略的主体形态。2005 年 10 月,中共十六届五中全会通过了《中共中央关于制定国民经济和社会发展第十一个五年规划的建议》。2006 年 3 月,第十届全国人民代表大会第四次会议审议通过了《国民经济和社会发展第十一个五年规划纲要》,纲要中提出要把城市群作为推进城镇化的主体形态,若干城市群为主体,其他城市和小城镇点状分布,永久耕地和生态功能区相间隔,高效协调可持续的城镇化空间格局。具备城市群发展条件的区域,要加强统筹规划,以特大城市和大城市为龙头,发挥中心城市作用,形成若干用地少、就业多、要素集聚能力强、人口分布合理的新城市群。人口分散、资源条件较差、不具备城市群发展条件的区域,要重点发展现有城市、县城及有条件的建制镇,成为本地区集聚经济、人口和提供公共服务的中心②。2012 年,党的十八大提出了以人为核心,构建以城市群为主体形态,推动大中小城市和小城镇协调发展的新型城镇化战略。为了更好地贯彻和落实党的十八大提出的新型城镇化战略,2013 年 12 月召开的中央城镇化工作会议提出,要优化城镇布局,根据资源环境承载能力构建科学

---

① 陈鹏. 城市群协调发展问题研究:基于纵向府际整合治理的视角[D]. 上海:华东政法大学, 2020.
② 本书选编组. 中华人民共和国国民经济和社会发展第十一个五年规划纲要学习参考[M]. 北京:中共党史出版社, 2006.

合理的城镇化宏观布局,把城市群作为主体形态,促进大中小城市和小城镇合理分工、功能互补、协同发展。2014年3月,《国家新型城镇化规划(2014—2020年)》出台,提出要以城市群为主体形态,推动大中小城市和小城镇协调发展,要优化提升东部地区城市群,培育发展中西部地区城市群,建立城市群发展协调机制。2017年,党的十九大提出要以城市群为主体构建大中小城市和小城镇协调发展的城镇格局。2019年2月,国家发展和改革委员会印发的《关于培育发展现代化都市圈的指导意见》(发改规划〔2019〕328号)中指出,城市群是新型城镇化的主体形态,是支撑全国经济增长、促进区域协调发展、参与国际竞争合作的重要平台。

其中,国家还专门出台了关于西部地区城市群建设的规划和意见。2016年3月30日,国务院常务会议通过《成渝城市群发展规划》,目的是强化重庆、成都辐射带动作用,以创新驱动、保护生态环境和夯实产业基础为支撑,建设引领西部开发开放的城市群,形成大中小城市和小城镇协同发展格局而制定的法规。培育出成渝城市群,对西部地区的新型城镇化以及现代化建设十分有益,对推进西部大开发重大战略契合互动,释放中西部巨大内需潜力,拓展经济增长新空间具有重要战略意义。

2018年2月22日,《国务院关于兰州—西宁城市群发展规划的批复》是国务院做出的关于兰州—西宁城市群发展规划的批复。2018年2月5日,《国务院关于呼包鄂榆城市群发展规划的批复》是国务院就内蒙古自治区、陕西省人民政府,国家发展和改革委员会《关于报送呼包鄂榆城市群发展规划(送审稿)的请示》下发的批复。新的"西部地区三角经济圈"包括三个城市群:以成都重庆为中心的成渝城市群、以西安为中心的关中城市群、以兰州为中心的西兰银城市群。要加快提升西部城市群的整体功能,以中心城市辐射城市群范围,将城市群划分为核心区和拓展区,促进形成核心城市、重点城市和特色功能性节点城市优势互补、功能错位、协同发展的簇群式格局,构建多层次协同合作的城市群治理机制。

  城市群建设过程中应注重各个城市之间的系统协调搭配，不仅在人口数量和城市规模上对地区城市群进行简单的划分，更应从每个城市的特色产业、资源情况、生态环境出发，进行多方面、宽领域、深层次的思考。城市的人口数量和城市规模在一定程度上会决定城市的主体功能，每个城市的功能不同也决定了该城市在区域城市群所扮演的角色不同，明确各类型城市的功能定位对城市群协调发展目标的实现非常重要。城市群的中心城市作为城市群的核心，承载了城市群空间绝大多数的生产要素，在城市群的发展过程中起着增长极的作用，城市群中心城市的综合实力及其对城市群内部其他城市带动力的强弱和辐射力的大小，直接关系到该城市群竞争力的强弱。

  各个不同单元城市的协调程度直接影响着该地区城市群的发展状况。一个或者少数几个主要的核心城市能够把城市优势辐射给周围单元城市，促进整个地区经济循环发展。例如，西北地区的兰西城市群，由两个省会城市以及多个地市（自治州）所组成，即以甘肃省省会兰州市、青海省省会西宁市为中心，主要包括甘肃省定西市和青海省海东市、海北藏族自治州等 22 个地州市的经济地带。发展兰西城市群是沿黄河经济带开放的先锋地区。采用城市簇群圈层发展模式，以兰州市为核心，实施都市圈的市外扩容提升中心城区，打造榆中生态创新城；强化兰州市周边地区的联动，红古区以打造新材料和发展现代化物流产业为主打目标；临洮县位于古丝绸之路要道，产业特色鲜明，以花卉养殖为主攻点，负责推广休闲旅游产业；永靖县，拥有丰富的旅游资源，如炳灵寺石窟、刘家峡水电站、黄河花堤、甘肃刘家峡恐龙国家地质公园、炳灵石林，被评为 2018 畅游中国 100 城，可推广商业旅游产业；定西市具有重要的交通战略意义，处于兰西城市群、关天经济区、成渝经济区的战略腹地，承东启西、连接南北，贯通"一带"与"一路"。构建环兰州城市群的发展战略，区域统筹，协调发展，打造"米"字形创新服务中枢走廊。依托中心城市沿线集聚的优势，深化改革开放，优化营商环境，强化城市综合服务质量和集成商功能，提高对创新发展和高质量发展的服务能力，提升融合创新、生产和市场的集成功能。把西北部城市群建成资源配置效率高、经济活力强、具有较强竞争力和影响力的国家级城市群需要合力推动城市群主轴建设，依托综合性交通通道，以兰州、西宁、海东、定西等为重点，加强沿线城市合作开发建设，重点建设甘青宁区域（红古—民和）合作示范区。顺应兰西城市群一体化融合加快发展态势，以黄河流域生态环境跨省一体化保护、中心城区同城化发展、通道资源整合协作、跨省公共服务合作共享、省际交界地区合作机制创新 5 个方面先行示范为抓手；加快推进省级交界民族交融地区经济互融，建设成为甘青民族团结进步的"样板区"，为全国省际交界地区合作提供"西北经验"。

在发展西部地区城市群（都市圈）时，要把握系统的思想，切忌"一刀切"行为。例如，直接根据相邻的城市布局把距离相近的城市划分为同一个城市群内，而未曾调研过城市的主导产业以及城市特色资源和发展模式。实际上，只有在充分地实地调查，通过数据总结而得出城市的发展方向的系列结论才具备一定的科学性，只有科学地统筹布局，才能更好地建立起产业相互补充、资源相互利用、城市共同发展的局面。

二、培育西部地区中小城市

随着中国经济的高速发展，城镇化过程不断地加速，但随之而来的区域城市发展问题也逐渐增多，西部地区的中小城市慢慢走向衰弱并逐渐被边缘化。在西部地区的省会城市，由于城市人口规模较大，基础设施较好、国家政策偏向、医疗、教育、卫生等因素，使得省会城市的发展速度一直能够跟上全国整体城市的发展水平。而西部地区的中小城市却没有那么好的发展条件，发展动力不足、基础设施水平落后、产业羸弱等。在中共中央、国务院发布《关于全面推进乡村振兴加快农业农村现代化的意见》中，提到要加快县域内城乡融合发展。推进以人为核心的新型城镇化，促进大中小城市和小城镇协调发展。把县域作为城乡融合发展的重要切入点，强化统筹谋划和顶层设计，破除城乡分割的体制弊端，加快打通城乡要素平等交换、双向流动的制度性通道。统筹县域产业、基础设施、公共服务、基本农田、生态保护、城镇开发、村落分布等空间布局,强化县城综合服务能力,把乡镇建设成为服务农民的区域中心,实现县乡村功能衔接互补。壮大县域经济,承接适宜产业转移,培育支柱产业。加快小城镇发展,完善基础设施和公共服务,发挥小城镇连接城市、服务乡村的作用。推进以县城为重要载体的城镇化建设,有条件的地区按照小城市标准建设县城。积极推进扩权强镇,规划建设一批重点镇。开展乡村全域土地综合整治试点。推动在县域就业的农民工就地市民化,增加适应进城农民刚性需求的住房供给。鼓励地方建设返乡入乡创业园和孵化实训基地。

但是,中国的西部地区中小城市发展存在着以下几个问题:

第一,西部地区城市数量相对东中部地区而言较少。2019 年,全国共有省级、副省级、地级市及县级城市 656 个,平均每个省份有 21 个城市,但西部地区仅有 184 个,均分下来每个省份仅有 15 个城市,与东中部地区城市相比数量较少。其次,从行政级别构成的角度来分析,东部 10 省(市)共有 3 个直辖市、8 个副省级城市、78 个地级市以及 127 个县级市,而西部 12 省(区、市)共有 1 个直辖市、2 个副省级城市、89 个地级市以及 92 个县级市。除了地级市数量占全国的 32.25% 稍微高于东部 10 省,其余行政级别数量城市都低于东部地区。

第二,大多数西部中小城市规模较小,相对分散无法产生规模效应。西部地区 1 000 万以上人口的城市数量为 2 个,600 万~1 000 万人口的城市数量为 10 个,这两类城市人口规模相对较小,分别占全国同类城市总数的 20% 和 13.16%。但东部地区 1 000 万以上人口的城市数量有 24 个,600 万~1 000 万人口的城市数量有 60 个,这两类城市人口规模分别占全国同类城市人口总数的 53.3% 和 63.16%,分别是西部地区的 2.7 倍和 4.8 倍。因此,西部地区的城市规模较小,城市的规模优势难以发挥,导致西部地区的城市发展不充分①。

第三,中国西部城市之间经济发展差距扩大。城市的首位度系数可以衡量

① 国家统计局城市社会经济调查司. 中国城市统计年鉴(2020)[M]. 北京:中国统计出版社,2021.

一个区域内部第一大经济城市与第二大经济城市经济规模的比例。而成都市的首位度系数最大，高达6.7，位列全国省会城市首位度系数榜首。不仅仅是西南地区的成都市，位于西北地区的西安、兰州等城市的首位度系数也位列全国前列。城市之间发展的不协调，使得区域内部发展不平衡的状态加剧，更加不利于区域的可持续发展。

第四，西部中小城市之间没有形成良好的生产协作体系，城市之间的经济联系相对较少，产业布局要么雷同要么毫无关联。规模较大的中部城市尚未发挥好作为核心城市的作用，没有形成核心城市向周边县域地区扩散和传递的网络效应。资金、人才、劳动、信息等各种生产要素无法在区域内自由流动，地区之间人为设立的法规、贸易壁垒使部分城市被锁定在低水平发展陷阱中，体会不到外在竞争压力的刺激。

第五，西部中小城市人才流失、产业创新动力不足的问题十分严重。西部地区的高校数量本来就少，更别说"双一流"高校，西部中小城市的高校数量本来就少且科技转换程度略低，无法形成支持本地区科技产业的力量，对工业增加值的贡献更是少之又少。目前，西部地区的工业品以煤炭、水泥、有色金属等高耗能产品为主，产业层次低，附加值不高，招商引资能力较弱。人才流失严重，以四川省剑阁县为例，截至2017年，该县共招收硕士研究生和选调生95人，目前已有30人流失；2013年以来，县教育局以年均80人的规模公开招录，已聘教师却以15~20人/年的速度流出县外。大量教师和学生外流，带走了优质教育资源①。

为了更好地发展中国西部地区中小城市的发展，本节提出以下几点建议：

第一，适当增加城市的数量并提升城市行政规格，完善城市结构体系。针对西部地区城市数量相对东中部地区城市数量而言较少的问题，其中一个解决办法就是发展小城市和县级市，由于西部地区城市相对分散的特点，可以使得

①　刘立峰.西部中小城市发展难题及对策[J].中国经贸导刊,2018(28):55-57.

农业人口就地城镇化。西部地区的一些省区县级市很少,如甘肃、陕西、青海、宁夏、西藏分别只有 4 个、3 个、2 个、2 个、1 个县级城市①。针对行政规格不高的现状,应提升中心城市的行政级别,扩展其辐射范围。同时要注重提高中心城市的内在核心特色。"一带一路"倡导将西北地区的城市笼络进来,如果能将兰州提升为副省级城市,和西安一起形成西北双核,共同辐射西北 5 省区,将能够更好地发挥它们处于丝绸之路黄金经济段的优势。

第二,适度扩大中小城市规模。由于西部地区的城市规模较小,城市的规模效应优势难以发挥。各个城市的自然要素禀赋不同,在进行生产的过程中,所需要的条件也不一,因此各个地区特色产业需要不断扶持,以便在城市一体化加速后,中小城市的规模可以与相邻的县级市及周边地区合并组成,当城市之间的经济联系变得更加密切,经济合作也会逐渐增多。无论是通过何种方式扩大中小城市的规模,一定要把握系统的观念,只有城市之间能够协调发展,才能不断地提升城市发展的水平和质量。

第三,形成良好的产业体系。政策制定者要认识到不同等级、不同规模的城市在城市群中所扮演的角色,要清楚地把握各类型的城市和城镇在城市群发展中的功能定位,以此来推动城市群内部各地区之间形成较为合理的产业分工与协作体系。从国家层面来说,应该给予地方政府较大的自主权以及改革空间,对核心城市应当给予当地政府一定的土地管理权以及收入分配权。例如,给予乡镇政府一定比例土地出让收入分成,允许部分农村用地转让给城镇居民,当地城镇居民出资共建新城镇的局面。从地方层面来说,应当实行差别化的产业政策。不同的城市都会有其独特的产业特色,符合国家产业政策的项目,地方政府应当积极配合以及向上申报以便在规划布局和政策方面获得优惠;有市场、有潜力的石油天然气炼化等深加工项目应尽可能在当地布局建设;在对口援建中,建立产业转移跨区域合作机制,与东部沿海地区合作共建产业

① 刘伯霞,刘东洋.转型中的西部城市发展策略[J].城乡建设,2018(15):46-48.

园区；支持发展较好的中小城市省级开发区升级为国家级开发区和高新区；引导基本公共服务均等化配置，当地政府应当积极主动联系"双一流"高校，合作建立实验室或者分校，利用当地的土地和政策优惠吸引高校办学；同时应当积极建立职业技术学院以及推广成人教育，不断提高当地人的科学文化素养以及职业素养。西部地区的中小型城市的产业体系可以从土地、教育、医疗等要素着手①。

第四，完善交通网络。铁路和公路对城市发展的重要性不言而喻，城市与城市之间的联系也是通过交通网络不断加深的。一个地区只有交通网络通达性好，交通基础设施比较完善，才能够实现地区经济的快速发展和资源要素的快速流动。以成渝双中心为例，外围城市的交通手段包括公路、铁路、水运、航空，各种方式都发挥着特殊职能。因此，在中小城市完善各类交通手段成为西部地区快速发展必不可少的一步。

三、培育特色鲜明的小城镇

特色小镇是一种新型的地域空间组织形式，是新型城镇化建设的重要模式，区别于一般定义的行政区划分，也不是产业园区。特色小镇的发展需要有特定的产业支撑，良好的基础设施建设以及舒适的人文居住环境。特色小镇的"特色"体现在文化、生态、旅游及产业方面。产业是支撑特色小镇发展的核心力量，同时以具有地方风味的项目为载体，以完善生活功能区为保障，按照"城、产、文、人"角度进行城镇规划和功能定位。打造的产业不仅特别而且强大、城镇功能不仅全部具备而且多样化、城镇环境不仅干净而且美丽。当地居民的人均收入不断提高且持续优化生产力，带动周边地区的经济发展，形成一种辐射效应。特色小镇是政府推动城乡协调发展，激发城乡投资新活力的重要引擎，将有效化解我们城市化进程中的痼疾，为使用有限资源、获取最大化生产力布

局提供有效的解决方案。

在《国民经济和社会发展第十三个五年规划纲要》中提出,要加快发展中小城市和特色镇,因地制宜发展特色鲜明、产城融合、充满魅力的小城镇,提升边境口岸城镇功能①。"特色小镇"这一概念最早在中国浙江取得成功实践。2014年,杭州云栖大会上首次提出"特色小镇"这一概念,2015年6月第一批浙江省37个特色小镇创建名单公布,接着2016年10月,住房和城乡建设部公布了第一批127个特色小镇名单。同月,国家发展和改革委员会发布《关于加快美丽特色小镇(城)建设的指导意见》。2017年12月,四部委联合印发《关于推动特色小镇和特色小城镇建设的若干意见》。2018年8月,国家发展和改革委员会发布《关于建立特色小镇和特色小城镇高质量发展机制的通知》。中国的特色小镇建设经历了从探索阶段到推广阶段再到规范化建设阶段②。

现有的特色小镇的种类繁多,随着中国特色小镇化建设的不断推进,新的类型也在不断涌现。特色小镇主要可分为以下10种:

①历史文化型。这类特色小城镇以特色鲜明的文化内涵为主推点,具备清晰的历史脉络,尊重并且延续历史传统,如平台古城、永年太极小镇。

②城郊休闲型。这类特色小城镇与主城区的距离比较近,并且在基础设施水平上差距并不明显,在发展的过程中充分依托城市群里的需求,以休闲度假为主推点,如临安颐养小镇、丽水长寿小镇。

③新兴产业型。这类特色小城镇所在的区域发展水平较高,具有创新发展能力,能够承担起创新产业发展的需求,具备新兴产业的基础。它以互联网等新兴产业为主,充分发挥集群效应,如西湖云栖小镇、秀洲智慧物流小镇。

④特色产业型。这类特色小城镇具有新、奇、特的特点,虽然整个城镇规模较小,但是对某一个产业具备特而精的技术,如平阳宠物小镇、文港笔都工贸小镇。

---

① 国家发展和改革委员会.《中华人民共和国国民经济和社会发展第十三个五年规划纲要辅导》读本[J]. 全国新书目, 2016, 857(5):10.

② 夏兰兰. 文化创意特色小镇建设中农房改造研究:以大兴区魏善庄镇半壁店村为例[D].北京:北京建筑大学,2018.

⑤交通区位型。这类特色小城镇基本上位于枢纽区,旨在联动周边地区的资源从而实现资源合理利用的效果,如博尚茶马古道小镇、千年敦煌月牙小镇。

⑥资源禀赋型。这类特色小城镇具有天生的自然资源禀赋,并且通过不断挖掘自身资源优势去培养特色产业,具有较好的市场前景,如双阳梅花鹿小镇、仙居杨梅小镇。

⑦生态旅游型。这类特色小城镇具备良好的生态环境,产业绿色发展,倡导低碳、节能、循环的可持续性发展,它以生态观光和休闲养生为主,这一特色小镇对于现代都市的年轻人来说具备强大的吸引力,如武义温泉小镇、廊下田园小镇。

⑧高端制造型。这类特色小城镇具备高端、精确、顶尖的特点,具有吸引高素质人才,突出"智造"特点的小城镇,如宁海智能汽车小镇、新昌智能装备小镇。

⑨金融创新型。这类特色小城镇位于区域经济快速发展的核心区,并且具有广阔的市场和投资空间,以金融科技为小镇助力发展,如乌镇互联网小镇、富阳硅谷小镇。

⑩时尚创意型。这类特色小城镇具备时尚、潮流的特点,始终能够把握住时尚界风口浪尖的风向,以文化为深度、时尚为广度,实现产业的融合发展,如余杭艺尚小镇、杨宋中影视基地小镇。

2016 年 10 月,住房和城乡建设部印发了《关于公布第一批中国特色小镇名单的通知》,将 127 个行政建制镇认定为"中国特色小镇";2017 年 8 月,住房和城乡建设部印发了《关于公布第二批全国特色小镇名单的通知》,将 276 个行政建制镇认定为"中国特色小镇"。截至 2018 年底,全国共有特色小城镇 403 个,省级特色小镇 996 个。从第一批、第二批特色小城镇省市分布情况来看,主要以沿海省市居多,其中浙江、江苏、山东分布数量最多,分别为 23 个、22 个和 22 个①。

---

① 曾国军,陈旭,余构雄. 中国特色小镇研究报告(2019)[R]. 北京:社会科学文献出版社,2020:35.

通过对全国 31 个省(区、市)特色小镇产业规划的汇总分析可以发现,到 2020 年特色小镇总规划建设 2 698 个,远远超过三部委规划的 1 000 个。2019 年中国特色小镇研究报告提到,西部地区的特色小镇不仅现有的数量较少,而且在总规划建设中的数量也较少,规划投资的金额力度也不大。甘肃、青海、宁夏的规划数量分别为 18 个、20 个和 40 个,规划投资金额分别为 180 亿元、200 亿元和 400 亿元。

特色小镇是衔接都市圈、城市群的平台,也是都市圈产业关系的纽结点,核心城市与特色小镇在亲缘上血脉相连,在文化上地缘相近、文脉相连,因此也是核心城市产业转移的重要战略扩散地[1]。作为衔接都市圈产业关系的纽结点,特色小镇的发展因其可以将特色产业聚集,促使生产要素高效率流动,大大降低了都市圈的人口、产业以及各种流通要素的大进大出,并通过要素协调以及资源导入,从根本上逆转同心圆模型下城乡二元问题。

对中国西部地区建设特色小城镇,本书提供以下几个思考路径:

第一,深度挖掘、重点培育小城镇特色。特色产业择优发展是根据比较优势原理而产生的,目的是实现优胜劣汰,使特色小镇对当地发展的产业进行择优选择。特色产业的发展带动特色小镇的发展,促进产业的转型升级。中国西部地区拥有悠久的历史痕迹和独具特色的文化习俗,通过深度挖掘,形成本土特色的小城镇并非一道难题。

第二,"品质"与"质量"共同发力。特色小镇的定位应当聚焦为一个经济和社会文化综合体的生活空间,在这个空间里能够把产业与人文结合起来。并且能够通过系列政策红利吸引人才,使得人才能够聚集到小镇上的同一个产业,增加产业的创新力量,促进小镇产业的转型升级。发展智慧城市建设,助力信息系统融入西部地区。西部核心城市积极参与未来科技城打造,与周围小城镇联动发展,依托核心科技城打造智慧产业,不仅使得科技技术融入核心城市,

---

[1] 李国英.构建都市圈时代"核心城市+特色小镇"的发展新格局[J].区域经济评论,2019(6):117-125.

更让核心技术通过中心城市辐射到周边小城镇,方方面面渗入市民生活与城市发展中。

第三,以幸福产业来塑造特色品牌。幸福产业包括旅游、文化、健康、生态、养老等产业。西南地区的自然景区拥有天然的自然禀赋,更有优势发展人与自然和谐相处的发展模式。在小城镇中发展幸福产业,促进形成品牌效应,从而加大推广力度,使得消费者在特色小镇扩大消费,进一步提升小镇的知名度。

第三节　构建西部农业战略布局

农业是国民经济发展的基础,农业、农村、农民作为"三农"的三大主题,在全面建成小康社会的过程中是绝不能忽视的。我国自古以来就是一个农业大国,无论是在先秦统一六国时期,还是新中国建设时期,如何发展农业的问题始终是我们关注的重点领域。

一、我国西部地区农业发展现状

我国西部地区的总面积为 687.64 万平方千米,约占据全国总面积的71.17%。我国国土资源公报数据显示,全国共有农用地64 545.68 万公顷,其中耕地13 499.87万公顷（20.25 亿亩）,园地 1 432.33 万公顷,林地25 299.20 万公顷,牧草地 21 942.06 万公顷;建设用地3 859.33 万公顷,含城镇村及工矿用地3 142.98万公顷。我国西部地区是一个国土资源比较丰富的地区,农用地面积为 44 036.6 万公顷,约占全国农用地的 67%。国土资源公报数据显示的是整个西部地区的 12 个省（区、市）。实际上西南西北地区的各个内部地区,实际的土地面积相差较大①。"十三五"时期,在国家政策的大力支持下,我国在保障粮

---

① 杜飞轮,杜秦川.未来 30 年我国资源环境趋势及促进绿色发展的建议[J].中国经贸导刊, 2018(8):
13-22.

食安全,促进农业产业进行结构转型,农村的一、二、三产业有序发展,农民个人收入不断增长等方面均取得了显著成效,农村全面小康建设扎实稳步推进,脱贫攻坚目标任务已接近完成。

"十四五"时期是我国经济社会发展的重要转折时期,也是实现全面建成小康社会目标后向全面建成社会主义现代化强国迈进的承上启下的关键时期。在这一时期,我国农村发展形势将呈现出新的特点①。

2021 年《中共中央 国务院关于全面推进乡村振兴加快农业农村现代化的意见》全文发布,明确提出了 2021 年农业农村的重点工作,为"十四五"开局第一年乡村振兴和脱贫攻坚衔接指明了具体路径。西部各省(区、市)也逐步发出地方政府报告,明确了"十四五"发展目标和 2021 年工作重点。例如,四川作为在西南地区中 GDP 总量最大的省份,2020 年农业农村重点工作在于保障粮食和生猪等重要农产品供给和产业园建设。陕西作为西北地区 GDP 总量最大的省份,农业农村工作重点在于打造优质农产品品牌。依托杨凌农业高新技术产业示范区,建成上海合作组织农业技术交流培训示范基地,举办杨凌农业高新科技成果博览会②。重庆、云南、广西是西南地区省(区、市),均聚焦特色农业产业发展。其中,重庆培育发展十大产业集群,现代山地特色高效农业综合产值达到 4 500 亿元,20 个重点现代农业产业园区、20 个乡村振兴示范镇村建设取得积极成效③;云南依托丰富的旅游资源和民族特色产品,大力发展乡村旅游和农村电商,2020 年电商进农村示范县数量居全国前列,农产品出口逆势增长,新增 9 个国家级文旅品牌;广西建成蔬菜、优质家畜等 6 个千亿级特色农业产业集群。甘肃、宁夏、青海、西藏 4 省区,均位于偏远地区或人口、面积体量较小,除均重点聚焦决战脱贫攻坚外,在农业农村方面各具特色。2020 年,甘肃重点发展的"牛羊菜果薯药"六大特色产业增加值达到 753 亿元,占农业增加值的

① 《中国农村发展报告 2020》发布[J].新西部,2020(C3):128.
② 韩雪冰. 人口结构与住房需求结构关系研究:以陕西省为例[D].西安:西安建筑科技大学,2017.
③ 李建明. 乡村振兴的关键是产业振兴[J].西部大开发,2019(7):93.

60.9%，戈壁生态农业发展加快。宁夏特色优势产业占农业的88%；青海以其良好的生态环境，重点发展绿色有机农畜产品和旅游业；西藏青稞产量和牦牛出栏量比"十二五"末分别增长12.2%和25.2%，有效支持了农民增收。

2020年全国GDP增速除湖北外，均为正增长，疫情防控工作取得良好成效，企业的复工复产使得经济发展充满活力，地方经济呈现全面恢复、回升向好的态势。其中西部地区城市的增长速度高于大多数东部和中部地区，例如西藏自治区，GDP增速达到7.8%，贵州省也高于4%。从全国角度来看，西部地区的增速普遍高于东部、中部地区，而这些地区具有鲜明的农业发展特色，并且有着向特色化、品牌化方向发展的态势。西南地区的西藏、贵州、云南虽然属于高原地区，但它们的主导产业中包含了农业特色产业，如西藏大力发展高原生物产业，贵州发展烟草产业，云南发展烟草业、旅游业等。西北地区的宁夏、甘肃等省区，主导产业重点聚焦汽车等工业产业和新能源、信息技术、新材料等高技术产业，同时特色农业、农产品加工也是这些西部地区的主导产业之一，如宁夏发展绿色食品、葡萄酒、枸杞等，甘肃发展中药材产业、文旅产业等。

在全国农业农村现代化全面推进的过程中，出现了比较明显的特点：中西部地区农业产业发展快于东部地区，特色农业发展快于大宗粮食种植。根据产业经济发展速度报告中的数据，从第一产业增加值占第一、二、三产业总增加值的比例分析可以看出。广西、贵州的第一产业占比增加值超过15%，同时宁夏、西藏的第一产业增加值占比接近10%。这些地区的农业发展战略以发挥特色农业产业优势为主打方向，以脱贫攻坚为主要出发点。从农林牧渔业总产值的增长率来看，大致呈现东部地区农林牧渔业的发展慢于中部地区和西部地区，发展最快的地区分布在西南地区的云南和中部地区的湖南，重庆、甘肃、广东、广西、青海、吉林、山西、江西、安徽、河南农林牧渔业增长率也较快，这些地区农业产业各具特色；而农林牧渔业增长率较缓的地区，多为大城市和粮食种植大省区，如黑龙江、江苏、河北、内蒙古等。

二、我国西部地区农业发展中所遇到的问题

虽然在国家政策的大力支持下,我国西部地区的农业发展已经出现了翻天覆地的变化,但是和发达国家相比,在某些领域还存在着较大的差距。这种差距并不是在短时间内能够解决完成的,而是需要用系统、长远的眼光识别并做出连续性、因地制宜的政策方针去鼓励、支持西部地区农业的发展。差距产生的原因有很多,主要分为自然因素和社会人文因素。

(一)自然因素

第一,农业地区土地资源和水资源丰富,但是分布却不均匀。

我国西部地区的农用面积较广,可以将其分为西北和西南地区,西北地区的内蒙古、甘肃、宁夏、新疆的人均耕地面积均在 2 亩以上,特别是内蒙古的人均耕地面积可达 7.15 亩,但是西南地区四川的人均耕地面积仅有 1.12 亩,广西和云南的人均耕地面积分别为 1.28 亩和 1.54 亩。根据水资源的公报数据,我国的水资源总量为 29 041.0 亿立方米,比多年平均值偏多 4.8%,西部地区水资源总量为 16 328.2 亿立方米,约占全国水资源的 56%。2019 年,西藏水资源总量最多,为 4 658.2 亿立方米;其次是四川,水资源总量为 2 952.6 亿立方米;相比之下,宁夏、内蒙古的水资源总量分别为 10.8 亿立方米、309.9 亿立方米。由此可以得出,西部地区水资源分布在区域内差异很大,西南六省(区、市)水资源约占西部地区水资源总量的 82.7%,而西北六省区,尽管土地面积占西部地区总面积的 62%,但水资源所占比例仅 17.3%。事实上,西北地区的缺水问题十分严重,常年干旱,年降雨量仅 100~200 毫米[1]。而西南地区尽管水资源丰富,但由于地形多为山地和高原,也难以开发利用。

第二,生态环境脆弱,自然灾害频发。虽然中国西部地区自然资源相对丰

---

① 冉杨斯特. 我国水电上市公司投资前景研究[D]. 成都:四川省社会科学院,2020.

富,也是我国大江大河的发源地,但是由于过去在农业上使用的粗放型生产方式(如大量使用农药、化肥、过度开垦、过度放牧等),使西部地区的生态环境遭到了系列破坏。根据《中国环境统计年鉴》数据,1991—2017 年,中国西部地区的化肥、农药和农用塑料薄膜消耗的年均增长率分别为 5.55%、3.17% 和 21.95%,同时期全国年均增长率分别为 3.15%、3.02% 和 11.91%,从数据可以看出,西部地区农资消耗速度明显更快。从农资消耗绝对数额在全国所占的比例来看,2019 年西部地区化肥施用量约为 1 662.1 万吨,占全国总量的 35%;农药施用量约为 29.6 万吨,占全国总量的 26%;农用塑料薄膜施用量约为 95.8 万吨,占全国总量的 39%。有研究表明,我国化肥的使用效率只有 40%,农药在土地中的残留率达 60%~70%,农膜残留率约为 40%[①]。西部地区的农业面源污染状况呈现出明显的增长趋势。不仅如此,西部地区水土流失也十分严重,2017 年,全国水土流失治理面积达 120 412.3 千公顷,其中超过 50% 的治理面积发生在西部地区,特别是陕西、甘肃、内蒙古、云南、贵州和四川六省区水土流失尤为严重。东部地区的水土流失治理情况得到了部分改善,但是西部地区的水土流失问题依旧严重。从本年新增水土流失面积的数据可以看出,近年来西部地区需要治理的面积越来越大,西北地区的内蒙古本年新增水土流失治理面积约为 619.7 千公顷,为全国之最。陕西本年新增水土流失治理面积约为 460 千公顷,位列全国第二。西南地区的四川和云南本年新增水土流失治理面积分别约为 470 千公顷、472.9 千公顷。生态环境一旦被破坏,往往牵一发而动全身。十分脆弱的生态环境极易引起自然灾害。2019 年西部地区农业遭遇各类自然灾害面积达 12 660.1 千公顷,约为全国受灾面积的 47%。西部地区农业耕作存在着不合理的方式:如化肥的使用量大,直接导致水体富营养化,并造成江河和塘库水体的污染及部分地区水源的水质恶化;同时不合理的施肥还造成土壤表层板结、土壤酸化等严重问题。目前,农村点污染与面源污染并存、生活污

① 马静.简论西部地区农业自我发展能力[J].农业经济,2017(1):50-52.

染与工业污染叠加、各种新旧污染与二次污染相互交织,工业及城市污染向农村转移日益突出。

(二)社会人文因素

第一,现代农业生产技术与发达国家存在差距。在新品种研发培育实用技术、病虫害防治与田间管理的生物实用技术、土壤污染防治与改良实用技术、测土配方分析实用技术、农产品品质检验检测实用技术、新产品新工艺新流程设计开发实用技术上,虽然相比改革开放前有了飞跃的发展,但是相对于发达国家而言,还有一段路需要走[①]。

第二,现代农业管理技术与发达国家存在差距。主要表现在:缺少现代组织管理理念与技术、缺少现代市场营销(特别是大数据营销)理念与技术、缺少现代市场研究预警分析理念与技术、缺少现代质量管理理念与技术、缺少绿色发展理念与技术、缺少品牌管理理念与技术。

三、现代农业产业战略发展路径

(一)现代农业发展需要农业土地制度创新

农业土地要素市场化改革是实现农业土地制度创新必不可少的一步。加快修改完善《土地管理法实施条例》,完善相关配套制度,制订出台农村集体经营性建设用地入市指导意见。建立公平合理的集体经营性建设用地入市增值收益分配制度。建立公共利益征地的相关制度规定。鼓励盘活存量建设用地。充分运用市场机制盘活存量土地和低效用地,研究完善促进盘活存量建设用地的税费制度。深化农村宅基地制度改革试点,深入推进建设用地整理,完善城乡建设用地增减挂钩政策,为乡村振兴和城乡融合发展提供土地要素保障。中

---

① 庞智强.西部深度贫困地区乡村振兴的实施思路、重点与路径建议[J].兰州财经大学学报,2020,36 (1):47-55.

国西部地区农业土地的改革就是要使得农民拥有对完整土地的使用权，其核心在于对农地使用权流转的处置权，只有农民拥有了土地的使用权，才能让土地被使用起来。

（二）构建农业科技体系

科技是农业发展的重要保障，"十三五"以来，我国农业科技取得了一批重大的标志性成果，农业科技进步贡献率突破60%，但与发达国家80%～90%的水平相比差距仍然很大。农业科技也成为各省农业发展的重要着力点。

一是积极争取国家农业高新技术产业示范区（农高区）资格。2018年1月16日，国务院办公厅印发《关于推进农业高新技术产业示范区建设发展的指导意见》，提出到2025年将布局建设一批国家农业高新技术产业示范区；计划到2025年，国家布局不超过30家农高区，希望一个省能有一个。目前全国共有4家农高区，分别是陕西杨凌农业高新技术产业示范区、山东黄河三角洲农业高新技术产业示范区、山西晋中国家农业高新技术产业示范区、江苏南京国家农业高新技术产业示范区。根据各省政府工作报告，分别有广东、河南、湖北、重庆明确提出建设国家级农高区。西部地区各省（区、市）应该积极参与国家农高区的建设，不断提高农业产业发展水平质量。

二是支持各类技术创新中心、农业科技实验室、技术交流基地等的建设，旨在提高西部各省（区、市）的农业科技研发水平、技术应用水平和对外交流合作等。如重庆市计划建设重庆国际生物城、中国智谷重庆科技园、中国畜牧科技城，陕西省已经建成上合组织农业技术交流培训示范基地等。目的在于促进农村技术进步，所以要在加大农村产业科技研发投入，提高农村产业科技含量上下功夫；需要在加强农业和农村实用技术示范推广力度，提高农村产业技术服务上下功夫；需要围绕当地特色农业、有机农业，支持开发新品种、优化品质，在推进延长产业链的农业实用技术研发上加大投入、重点攻关。

三是积极发展农业数字产业。加快推动农业信息化是推动我国农业现代化弯道超车的重要途径。为此,2017 年起农业部开始布局数字农业试点项目,支持了一批不同类型的数字农业试点项目和单品大数据中心建设,建成了一批数字农业创新中心;2020 年国家布局数字乡村试点项目,将数字经济的发展延伸到农村领域。各省(区、市)将发展农业数字经济作为农业科技发展的重要内容,明确提出发展农业信息化相关内容的有重庆、贵州和云南。提出发展数字农业、数字农村项目,如重庆建立了国家生猪大数据中心、贵州建立了国家大数据综合试验区等。

(三)推动农业特色产业化经营

在我国已经进入"以国内大循环为主体、国内国际双循环相互促进"的新发展格局。乡村是双循环尤其是国内大循环发展的潜力地区,通过乡村产业的发展,促进特色优质农产品和乡村特色生态产品的输出,提升农民收入,以此提升农民消费,促进乡村社会经济发展。乡村产业发展是乡村振兴的重点,各省均根据自身农业产业特色,提出了产业发展方向,重点聚焦优势特色产业集群、产业园区、生产基地等项目,尤其注重加快农产品加工物流业的发展,构建以龙头企业为引领的农业农村特色产业的发展。

(四)建立脱贫攻坚与乡村振兴的衔接和开展乡村振兴示范

2020 年,我国如期实现了打赢脱贫攻坚战的目标,消除了绝对贫困和区域性整体贫困,创造了人类减贫史上的奇迹。在 2020 年中央农村工作会议上,习近平总书记指出,"党中央决定,脱贫攻坚目标任务完成后,对摆脱贫困的县,从脱贫之日起设立 5 年过渡期。过渡期内要保持主要帮扶政策总体稳定。对现有帮扶政策逐项分类优化调整,合理把握调整节奏、力度、时限,逐步实现由集中资源支持脱贫攻坚向全面推进乡村振兴平稳过渡"。因此,西部各省(区、市)2021 年农业工作重点也都聚焦衔接期的工作任务进行了安排,尤其是刚刚实现脱贫的深度贫困地区,如西南西北山区等地。发达省(区、市)也安排了对口帮扶的衔接任务,如北京市提出要落实"四个不摘"要求,完善东西部协作和对口支援长效机制，助力受援地区脱贫不返贫。"十四五"是乡村振兴全面实施的第一个五年，各地也提出了各自的乡村振兴示范项目，如上海市提出建设乡村振兴示范点、示范片区，云南省提出开展乡村振兴百千万示范工程和乡村振兴示范园区建设，重庆市提出乡村振兴试点示范项目等。

《中共中央关于制定国民经济和社会发展第十四个五年规划和二〇三五年远景目标的建议》中首次提出实施乡村建设行动，要求把乡村建设摆在社会主义现代化建设的重要位置。乡村建设行动的主要内容包括村庄规划、基础设施、人居环境整治、乡村人才振兴等内容。最新发布的《中共中央 国务院关于全面推进乡村振兴加快农业农村现代化的意见》对乡村建设行动也给出了详细意见，还增加了促进农村消费、加快县域内城乡融合发展、加大投资和深入推进农村改革。西部地区各省（区、市）2021 年工作计划和"十四五"农业农村发展思路中也都提及乡村建设行动相关内容，尤其是将乡村人居环境整治和美丽乡村建设相结合，以及农村改革方面的工作计划，各省（区、市）根据各自情况也分别提出了相关项目。

《中共中央 国务院关于全面推进乡村振兴加快农业农村现代化的意见》用专门章节提出要"打好种子翻身仗"。加大种业创新是我国抢占国际种业科技制高点的迫切要求，也是保障国家粮食安全、端牢中国饭碗的现实需要。全国各省（区、市）也将发展壮大种业作为"十四五"期间农业发展的重点内容。全国共有 19 个省（区、市）在其政府工作报告中提出要加快发展现代种业，其中 14 个省（区、市）提出了具体的建设项目。在甘肃、海南等传统育种基地之外，广东、四川、湖北等提出了较高的种业发展计划，山西、内蒙古根据自身农业产业发展特色分别提出建设杂粮、草原家畜和马铃薯种业发展计划；湖南、江西、云南、广西、新疆、宁夏、西藏则主要对环境进行保护以及建设制种基地。此外，北京、天津、浙江、河南、青海也都提出了发展现代种业。

第四节　构建西部生态安全战略格局

一、构建生态安全战略布局的必要性

西部地区是我国重要的生态安全屏障,拥有草原、湿地、森林等重要生态资源,但生态环境也十分脆弱,保护和修复任务艰巨。新时代推进西部大开发形成新格局,就是要筑牢国家生态安全屏障,实现中华民族可持续发展。党的十九大报告明确提出,建立市场化、多元化生态补偿机制,这为破解西部地区生态环境保护与经济社会发展之间的矛盾提供了指引。新时代推进西部大开发形成新格局,就是要构建良好生态资源保护者与受益者之间的桥梁和纽带,将西部地区生态红利转化为经济社会发展红利。

大力发展生态农业是构建生态安全战略布局的客观要求,同时也是改善西部生态整体效益的迫切需要。现阶段随着农业技术的不断进步,西部农业获得了比较大的发展,各类农产品总产量大幅增长,人民群众的温饱问题已经得到解决。随着人民群众生活水平的进一步提高,消费方式已由数量型逐步向质量型转变,膳食结构中对口粮的需求逐渐减少,对蔬菜、水果、肉、奶、蛋等产品的消费要求不断增加。由于农业结构尚未调整,很多地方粮食生产比重过大,出现卖粮难,造成农民增产不增收。随着人们对生态环境关注度的日益高涨,对农业生产提出了新的要求,生态、无公害、有机、绿色等健康安全食品的需求进一步增加。面对新形势的要求,西部农业产业结构迫切需要调整优化,大力发展生态农业,提供更多的绿色、生态农产品,实现农业的优质优效,推动农业可持续发展①。

生态脆弱地区通常是国家生态安全、国防安全的战略重地。我国西部地区

---

① 祖钰博. 西部地区生态农业发展研究:以贵阳为例[D].长沙:湖南农业大学,2013.

通常气候严峻、地貌复杂、地表水资源匮乏,同时人口相对贫穷落后,贫穷落后的核心表现在观念的落后;部分区域通常人口密度低;了解地区国土生态的本底,针对不同区域进行精细化分类、诊断和处理,强调生态基础培育才是西部地区布局生态安全的工作切入点,是整体战略提出的重要基础环节,应强化国家资本对乡村地区生态的投入和农民的生态收益,保护培育流域生态资源,构建生态产业循环链。

二、构建生态安全战略布局路径发展

第一,要深入贯彻习近平生态文明思想和习近平总书记重要讲话精神,坚决扛起生态环境保护重大责任,全方位守护生态安全屏障。生态环境是我国持续发展最为重要的基础,建设生态文明是关系人民福祉、关系民族未来的大计。生态文明建设是统筹推进"五位一体"总体布局和协调推进"四个全面"战略布局的重要内容,必须摆在全局工作的突出位置。要对标对表生态安全和生态环境保护重点任务,坚持问题导向,强化工作举措,全面保障各类生态安全。要实行挂牌督战,坚决如期完成督察问题整改任务。要进一步完善工作机制,明确职责要求,按照"五化"方式狠抓落实,确保生态安全和生态环境保护工作取得新成效。生态文明体制是全面深化改革的重要领域,也是生态文明建设的重要保障。建设生态文明,重在建章立制。要加快制度创新,增加制度供给,完善制度配套,强化制度执行,让制度成为刚性约束和不可触碰的高压线①。

第二,牢固树立尊重自然、顺应自然、保护自然的生态文明理念。首先要坚持保护生态环境就是保护生产力的战略思想不动摇,坚持改善生态环境就是发展生产力的政策指导原则,坚持经济建设与环境保护并重,在发展中努力实现生态效益与经济效益共赢。其次要坚决抵制以牺牲环境、破坏资源为代价的粗放型增长模式,推动绿色发展。最后要牢固树立"绿水青山就是金山银山"的理

---

① 许先春.习近平生态文明思想的科学内涵与战略意义[J].人民论坛,2019(33):98-101.

念。保护生态环境就是保护生产力,改善生态环境就是发展生产力。始终坚持生态第一、环保优先,从根本上转变发展观念。推进以绿色发展为要求,加大美丽西部建设力度①。

第三,积极发展环境友好型产业。绿色产业发展是生态文明建设的重要基础。要以实施主体功能区规划为引领,调整产业结构,优化产业布局。一是大力发展生态农业和有机农业,保护和壮大林草生态系统,推广旱作节水农业技术,加快转变农牧业生产方式,夯实绿色农业发展基础。二是着力培育新能源、新材料、生物医药、新一代信息技术和高端装备制造等战略性新兴产业,提高资源节约型和环境友好型产业比重。三是大力培育现代物流、金融服务、技术服务、信息服务以及生态文化旅游等现代服务业,使产业发展与区域资源环境承载能力相适应。发展绿色产业是转变西部经济发展方式、提高就业能力的有效途径。从目前西部农业生产实际来看,仍然属于劳动密集型,存在产业结构不合理、农业耕作粗放等问题。发展生态农业,拓宽农业生产经营领域,变劳动密集型为技术密集型,一方面可以提高农民的就业质量,拓展农民就业空间,另一方面可以加快西部地区农业由粗放向集约经营转变的步伐,切实提高农业生产水平与可持续发展能力,进一步加速西部农业现代化进程。

第四,加快构建生态文明体制机制。党的十九大强调要"建立以国家公园为主体的自然保护地体系",对西部生态安全屏障建设和生态环境安全治理均有很强的针对性和指导性。一是建立健全制度机制,将生态文明建设纳入法治化、制度化轨道。例如制定生态农业技术标准。建立健全生猪、水果、蔬菜等产业标准体系,对标准化生产流程进行规范,必须严格执行国家标准及生态农业行业标准,健全标准化认证的内容与程序,确保主要农产品具备生产技术规程与质量安全技术标准,促进农产品出口贸易;帮助农业产业化龙头企业提升标准化工作水平;严格行政执法。严格执行国家关于农产品安全的各项法律法

---

① 王永康.绿水青山与金山银山[J].求是,2014(16):56-57.

规,全面净化农产品市场,对假冒绿色、有机、无公害农产品品牌的违法行为,以及危害农产品安全、破坏资源环境的违法行为,必须坚决予以严厉打击,对农产品生产经营秩序加以严格规范。加快建设执法队伍和农业行政综合执法体系,落实责任,强化培训,切实提升执法水平。完善治理监督问责机制。随着生态环境监督和管理日趋严格,中央生态环境保护督察从 2015 年底开始试点,2017年实现了所有省份的全覆盖。第一轮中央生态环境保护督察及"回头看"累计解决人民群众反映突出的生态环境问题超 15 万件,罚款数额达 24.6 亿元,行政和刑事拘留 2 264 人;第二轮第一批中央生态环保督察交办群众举报问题约 1.89 万件①,办结突出环境问题 1.2 万余件,有力地推动了建立健全强化污染源监管的长效机制。不但如此,加强全国的生态信息反馈网和监督网建设,构建了从中央到地方、从党内到党外的全面生态环境监督体系。加强建设生态文明绩效评价考核和责任追究制度。2015 年,国务院办公厅发布《关于印发编制自然资源资产负债表试点方案的通知》后,内蒙古、湖南、贵州、陕西、青海等多地逐步开展了编制自然资源资产负债表试点工作;根据《生态文明体制改革总体方案》的要求,2017 年,中共中央、国务院发布《领导干部自然资源资产离任审计规定》,进一步明确了生态环境损害赔偿及责任追究、生态文明建设目标评价考核等制度,增强了政府、企业、社会和个人生态环境保护的责任感与执行力。二是实行资源有偿使用和生态补偿机制,严格落实环境保护制度,用制度保障西部生态安全屏障。加强生态环境建设与保护,是充分发挥区域生态、资源、产业发展优势,促进生态可持续发展的重要保障。由市、区两级政府明确专项生态补偿资金,对生态农业基地(园区)建设,农业生态恢复,无公害、有机、绿色农产品生产进行补偿,同时补偿在集中式水源保护区内发展生态农业农户企业。对那些在开发资源过程中破坏生态、污染环境的企业和个人,实行谁破坏谁负

---

① 李天宇.第一轮中央生态环保督察及"回头看"全部完成:受理举报 21.2 万余件罚款 24.6 亿元[J].中国环境监察,2019(5):8-9.

责恢复、谁污染谁负责治理的原则,偿付污染环境和破坏生态环境的代价①。

第五,以重点生态工程和重大生态项目为引领。重大项目工程是生态屏障建设的重要支撑。以重大生态项目为载体,实现生态环境保护。重大项目包括天然林保护、三北防护林建设、退耕还林、退牧还草等重点生态工程,石羊河流域重点治理、甘南黄河重要水源补给生态功能区保护与建设、敦煌水资源合理利用与生态保护等重大生态项目,尽快形成国家生态安全屏障建设的项目支撑体系。

第六,提高企业、社会组织、社会公众参与生态治理的主动性。首先,公众是生态治理的中坚力量,公众的治理理念影响着其参与生态治理的行为。随着党和国家提出的一系列生态价值观,公众绿色、节约、环保的价值观念逐步建立,公众参与生态治理的意愿增强,逐步认识到生态治理中政府与市场、社会、公民合作的重要性,强调自上而下的管理,也意识到自下而上参与的必要性。生态环境保护和建设是西部大开发的根本和切入点。长期以来,由于西部地区自然条件变化和经济发展,生态建设和环境保护意识薄弱,应积极加强西部地区生态建设和环境保护的宣传教育,提高全民的生态建设和环境保护意识。尤其是加强生态建设和环境保护的宣传教育,不断提高全民的生态建设和环境保护意识。西部地区广大中小学校应积极开展环境教育活动,开设相关环境教育课,积极开展环境保护活动,在大专院校设立专门的生态环境保护课程,使生态环境保护进校园、进课堂,使年青一代从小树立生态环境保护的意识。通过媒体向公众积极宣传生态环境保护相关知识,让其成为西部广大地区群众的日常行为准则,动员西部广大群众参加生态环境保护工作。充分发挥新闻媒体的舆论覆盖效果,多报道积极向上的先进事迹,对重大的环境事件跟踪报道,宣扬正能量,揭露批评违法行为,调动广大人民群众参与生态环境保护的积极性。其次,随着社会主义民主的扩大、法治建设的不断推进,民众对政府部门的影响力

---

① 刘伟平.构建一道国家生态安全屏障[J].求是,2014(5):19-21.

逐步增强。民众可以直接向政府发声，在政府立法、行政决策过程中发表意见和建议，对行政决策执行情况进行评价、评议，通过投诉、举报、信访、诉讼等多种方式进行监督，实现公众对生态治理事前、事中和事后的全过程参与。以公众参与城市生态环境治理行政决策为例，目前越来越多的城市居民主动要求参加行政机关组织召开的听证会、论证会和座谈会等决策程序，在会议上发表意见、表达观点，对行政决策进行评价、评议，行使监督政策执行的权利，及时反馈政策实施的成效，以便于行政机关吸纳改进①。

---

① 朱作鑫.城市生态环境治理中的公众参与[J].中国发展观察,2016(5):49-51,33.

6

保护：
筑牢国家生态安全屏障

党的十九大报告明确指出，建设生态文明是中华民族永续发展的千年大计。生态文明是逐步形成的社会形态，也是机器大工业发展到一定阶段的产物，是超越传统文明的新形式。在具体论述生态文明建设的重要性时，提出了"像对待生命一样对待生态环境""实行最严格的生态环境保护制度"等论断，我们要牢固树立社会主义生态文明观，必须树立和践行"绿水青山就是金山银山"的理念，坚持节约资源和保护环境的基本国策，像对待生命一样对待生态环境。生态文明建设，需要大家共同行动，在国家、企业、个人等多个层面共同努力、共同行动。积极推进生态文明建设，为人类创造幸福美好的生活，为经济社会可持续发展创造条件，实现全人类共同发展，是实现可持续发展的明智之举。

西部地区是国家"两屏三带"生态安全战略重要实施区，在国家生态安全中发挥着重要的战略作用。西部国家生态安全屏障建设区域主要涵盖黄土高原、青藏高原、内蒙古高原三大高原，分属长江、黄河和内陆河三大流域，是国家"十二五"规划纲要确定的青藏高原生态屏障、黄土高原—川滇生态屏障、北方防沙带的重要组成部分。西部地区生态安全屏障建设对推进新时代西部大开发、决胜全面建成小康社会、开启全面建设社会主义现代化国家新征程具有重大而深远的意义。习近平总书记曾强调，要加快推进生态保护修复，要坚持保护优先、自然恢复为主，深入实施山水林田湖草一体化生态保护和修复，开展大规模国土绿化行动，加快水土流失和荒漠化石漠化综合治理。我们必须坚定不移地贯彻落实好习近平总书记重要讲话和重要指示精神，承担起国家生态安全屏障建设的历史重任，坚持"绿水青山就是金山银山"的绿色发展理念，加大美丽西部建设力度，深入实施重点生态工程，稳步开展重点区域综合治理，加快推进西部地区绿色发展，为加快推进国家生态安全屏障综合实验区建设，加快推进西部大开发，切实筑牢生态安全屏障做出贡献。

第一节　深入实施重点生态工程

深入实施重点生态工程仍然十分必要,要面向 2030、对接可持续发展目标、服务国家需求,以深入实施重点生态工程带动美丽西部建设。西部地区的生态地位非常重要,是我国大江大河的源头,森林、草原、湿地、湖泊这些主要的生态载体大多集中在西部。如果不搞好西部生态环境保护,全国的可持续发展就无法实现。要积极谋划和实施新时代国家重点生态工程,注重"师法自然",严格遵循"因地制宜、分类施策"的原则,适水适绿,宜荒则荒,践行"保护优先、绿色发展"的方针。

一、发展现状

1978 年,国务院正式批复"三北"防护林体系建设工程,拉开了我国重大生态工程实施的序幕。1998 年特大洪水灾害后,为做好灾后重建工作,国务院提出"封山育林、退耕还林"等 32 字方针,对我国西部地区生态重建具有重要的指导意义。1999 年,江泽民同志提出"再造一个山川秀美的西北地区",生态农业和生态建设再次兴起。1999 年,朱镕基同志提出"退耕还林、封山绿化、以粮代赈、个体承包"的政策措施,在建设生态环境的同时加入生态补偿措施。先后实施了六大林业工程,实现西部地区的生态环境恢复与重建。1999 年,党中央、国务院做出西部大开发的战略决策,把基础设施和生态建设作为西部大开发的切入点。

近年来,我国加快生态保护与建设的统筹规划。1998 年,国务院颁布了《全国生态环境建设规划(1998—2050 年)》。2000 年,颁布了《全国生态环境保护纲要》,开始了全国生态保护与建设的整体布局。2003 年,《中共中央 国务院关于加快林业发展的决定》中指出,要大力推进以生态建设为主的林业发展战略,林业成为生态建设的主力军。2007 年，环境保护总局出台《国家重点生态功能保护区规划纲要》，2010 年，国务院颁布了《全国主体功能区规划》，对我国经济发展、生态保护与建设进行了详细的空间布局。2013 年，由国家发展和改革委员会等 12 家部委联合发布了《全国生态保护与建设规划（2013—2020 年）》，成为当前和今后一个时期全国生态保护与建设的行动纲领，指出要构建"两屏三带一区多点"为骨架的国家生态安全屏障，即构建青藏高原生态屏障、黄土高原—川滇生态屏障、北方防沙带、东北森林带、南方丘陵山地带、近岸近海生态区等集中连片区域和其他点块状分布的重要生态区域。

40 多年来，我国启动了包括三北防护林、京津风沙源治理、天然林保护、退耕还林还草等 16 项投资巨大、影响深远的生态修复建设工程，中国总体"增绿"，西部地区生态环境向好，荒漠化和沙化程度呈现"双减轻"。

二、存在的问题

我国生态修复工程投入巨大、涉及面广，在遏制生态退化方面取得了一定成效，对保障区域生态安全和可持续发展发挥了重要作用。但是，由于以往的生态工程基本上是以生态问题为导向，对区域生态功能的提升不够，局部生态恢复与区域协调发展结合不紧密，这就导致生态工程的实施未能发挥出最大的生态与经济效益。

（一）以生态问题为导向，未能对区域生态功能恢复给予足够的关注

任何生态修复工作的开展，都必须立足于生态退化问题的识别和受损机理诊断的基础上进行。当前，我国生态修复工作大多以生态问题为导向，主要围绕水土流失、草地退化、沙尘治理、湿地退化等问题。在生态修复工作中，以生态问题为起点，但终点应是区域生态功能的提升，而这是我国生态修复工程所欠缺的。由于生态过程的复杂性和尺度性，基于生态问题的简单生态修复工程设计往往会由于一些重要生态过程的变化而带来新的生态问题。例如，赤峰市

为防止荒漠化进行大规模造林，提高了森林覆盖率，也遏制了荒漠化。由大面积森林耗水导致境内河流断流、水源涵养功能降低。在退耕还田过程中，在本应种草的土地上种植树木，从长远来看，由于自然条件不适宜，植树成功率很低，生态问题没有得到根本解决。同时，也造成了修复资源的浪费。因此，我国生态恢复工作应以问题为导向转向以提升区域生态功能为导向。

（二）总体规划与决策机制缺乏，导致生态恢复效益低下

生态修复是一项需要有区域性整体规划与长期维持具体安排的生态建设措施，其特点是长期的、根本性。在现实工作中，由于缺乏对生态修复的统筹规划，生态修复效率低下的现象较为普遍。以退耕还林为例，由于工程引进、推广速度快，前期缺乏足够的科学论证，工程实施后没有科学、有序的总体规划。不少地区实施工程前准备工作较差，可行性研究不够，缺乏科学的决策过程。由于规划决策过程不完善，各级利益相关者之间出现经济利益冲突或违反生态地理分布规律，导致生态恢复过程中植被存活率低、可持续性差，制约着区域生态功能的改善。因此，应尽快建立健全科学的生态修复规划决策机制，保障生态修复实施过程中的科技支撑，科学规划生态修复目标、修复方案等。

（三）在生态功能恢复定位上，未能理顺生态保护与经济发展的相互关系

生态系统退化的主要驱动因素是不合理的社会经济活动。生态保护与经济发展的矛盾突出，使生态修复任务复杂而艰巨。我国生态退化严重的地区大多是经济欠发达地区，在这些地区实施生态修复工程，如果不与区域经济发展相结合，将难以实现生态修复的最终目标。目前，生态修复工作主要侧重于生态系统结构和过程的修复上，忽视了与区域社会经济发展等现实问题的有机融合。根据区域社会经济和自然环境的特点，建立既能满足区域生态保护需要又能促进区域经济可持续发展的生态恢复模式，在目前的恢复实践中尤其缺乏。

三、具体做法

（一）牢固树立"绿水青山就是金山银山"的理念

1.绿水青山既是自然财富，又是经济财富

生态环境显著改善，是党的十八大以来最令人瞩目的历史成就之一。2005年8月15日，习近平同志在浙江省湖州市安吉县余村考察时，首次提出"绿水青山就是金山银山"的理念。现如今，这一理念已成为全党全社会的共识和行动，成为新发展理念的重要组成部分。在西部大开发中，要坚定贯彻"绿水青山就是金山银山"的理念，坚持在发展中保护、在保护中发展，实现经济社会发展与人口、资源、环境相协调，让绿水青山产生巨大的生态效益、经济效益和社会效益，打造青山常在、绿水长流、空气常新的美丽西部。

2.坚持在开发中保护、在保护中开发

资源的开发利用不仅要支撑当代人过上幸福生活，还要为子孙后代留下生存根基。要像珍惜生命一样珍惜西部的良好生态，像保护眼睛一样保护西部的优美环境，坚持以最小的资源消耗实现最大的经济社会效益。要坚持在开发中保护、在保护中开发，按照全国主体功能区建设要求，保障好长江、黄河上游生态安全，保护好冰川、湿地等生态资源。

3.强化生态红线意识

在西部大开发中，要把生态保护红线作为构建国土空间布局的前提和基础，转变经济发展方式，倡导绿色发展，促使"绿水青山"向"金山银山"转变，把"绿水青山"变成"金山银山"。按照"事前严防、事中严管、事后严惩"的全过程监管思路，建立健全生态保护红线管控机制，明确生态红线就是生态安全的底线，是不能触碰的"高压线"，一旦触碰，就要让越界者受到应有的惩罚、付出巨大代价。

（二）开展国土绿化行动

1.以大工程带动国土绿化

保护现有生态资源是国土绿化行动的首要任务。要遵循尊重自然、顺应自然、保护自然的生态文明理念，充分挖掘生态用地潜力，加大森林、草原生态系统修复力度，扩大林草植被面积，增加生态资源总量。坚持最严格的生态保护制度，全面强化森林、草原、湿地、荒漠等生态系统保护，巩固生态建设成果。加强顶层设计和规划与西部有关的国家重点生态工程，根据全国主体功能区建设要求，科学规划西部的国土空间布局、协调多项国家重点生态工程，如三北防护林工程、京津风沙源工程、退耕还林还草工程、天保工程，提高治理效率，统筹西部山水林田湖草沙生命共同体可持续发展。进一步加大水土保持、天然林保护、退耕还林还草、退牧还草、重点防护林体系建设等重点生态工程实施力度，准确把握保护生态与发展经济的关系，实现发展与保护协调统一，推进国土绿化可持续发展。

2.引导各类主体参与国土绿化

各级领导干部要带头履行植树义务，深入推进"互联网+全民义务植树"，完善全民义务植树网络平台，创新拓宽公众尽责和知情的有效途径。认真落实属地管理制度，依托乡镇、街道、社区居民委员会，开展城乡适龄公民义务植树预约登记、组织管理、统计发证等工作。着力抓好公路、铁路、河渠、堤坝等绿化美化，科学配置绿化植被，建设层次多样、结构合理的绿色生态通道，丰富通道景观，改善沿线生态环境，提升防护功能。

3.稳步推进自然保护地体系建设和湿地保护修复

要着力加强顶层设计，统筹整合优化资源，理顺管理体制，科学妥善解决历史问题，加快推进中国特色自然保护地体系建设。整合交叉重叠的自然保护地，理顺管理体制，优化边界范围和功能分区，加快建立自然保护地分级管理体制，加强自然保护地法律制度建设。要坚持全面保护、分级管理的原则，将全国所有湿地纳入保护范围，充分发挥林业、国土资源、环境保护、水利、农业、海洋等湿地保护管理相关部门的职能作用,协同推进湿地保护与修复,重点加强自然湿地、国家和地方重要湿地的保护与修复,增强湿地生态功能,维护湿地生物多样性,全面提升湿地保护与修复水平。

(三)加快推进国家公园体系建设

1.坚持一个保护地只有一套机构、只留一块牌子

在我国,不同类型的保护地之间存在区域交叉、空间重叠等问题,同一自然地理单元内相邻、相连的各类自然保护地存在管理分割、孤岛化等问题。要将符合国家公园设立标准、列入国家公园空间布局方案、具备优先设立国家公园条件区域内的保护地整合归类为国家公园。交叉重叠的自然保护地按照保护强度和级别就高的原则进行整合;对同一自然地理单元相连(邻)的同类型自然保护地,按照自然生态系统完整、物种栖息地连通、保护管理统一的原则进行合并重组,做到一个保护地只有一套机构、只保留一块牌子。

2.建设"天空地一体化"监测监管网络体系

目前,我国已建立数量众多、类型丰富、功能多样的各级各类自然保护地,但仍然存在重叠设置、多头管理、权责不明、保护与发展矛盾突出等问题。一只青蛙,在水里由渔政部门来管,跳到岸上由林业部门来管,贩卖又由工商部门管。一只青蛙三个部门管,怎能管好? 实践证明,一件事,最好由一个部门来管,可减少行政成本,减少部门之间的纠纷。要推进自然保护地法规体系建设,建设各类各级自然保护地"天空地一体化"监测监管网络体系,进一步建立健全生态环境监测技术体系和生态环境监测预警体系,实时准确地反映区域生态环境状况、监督考核生态环境变化、预警预测环境风险,提高生态环境监测公共服务水平,提升生态环境监测与评估能力以及应对气候变化业务能力。

3.完善资金保障制度

建立财政投入为主的多元化资金保障机制,根据国家公园的公益属性,确定中央与地方事权划分,保障国家公园的保护、运行和管理。在确保国家公园生态保护和公益属性的前提下,探索多渠道、多元化的投融资模式,构建高效的

资金使用管理机制,国家公园实行收支两条线管理,各项收入上缴财政,各项支出由财政统筹安排,并负责统一接受企业、非政府组织、个人等社会捐赠,进行有效管理。建立财务公开制度,确保国家公园各类资金使用公开透明。

第二节　稳步开展重点区域综合治理

我国集中力量实施重点区域内的综合治理,已明确提出重点区域内的治理重点。通过打破行政区限制、清晰区域的治理安排部署,对照大气和土壤等现实状况,对照地域、区域、流域等"生物+地理"的空间单元,真正实现整体治理、系统治理、全域治理。针对不同区域的物质资源的特征,对症下药使用不同治理措施。特别是对集中在"三江源、祁连山、京津风沙源区、西南岩溶区"等区域,应实现一地一策。依据我国西部地区的不同区域、不同范围的水土资源承载能力的现实状况,采用适应当地水土资源条件的荒漠化防治和生态保护修复策略。以开展重点区域综合治理保证美丽西部建设,因地制宜综合治理,走可持续、高质量绿色发展之路。

一、发展现状

1998年长江流域特大洪涝灾害后,生态保护与修复被提上日程。为修复和重建中国生态屏障,加强重点区域的综合治理,先后启动实施京津风沙源治理、青海三江源生态保护建设等重点工程。这些工程的突出特点是注重生态治理的系统性,将农林水措施综合配套,生物措施与工程措施相协调。"十二五"期间,国家共安排中央预算内投资256亿元,综合治理面积达1 252万公顷[①]。"十三五"期间,国家共投入综合治理1 391亿元,重点围绕在国土绿化、水土流失和荒漠化和石漠化综合治理,特别实施了对重点区域生态保护修复、国家公

---

① 张勇.推进重点区域综合治理　筑牢生态安全屏障[J].中国经贸导刊,2016(31):5-7.

园试点等生态工程,有效地改善了重点生态工程区的生态质量,提升了生态系统的功能。

坚决打赢蓝天保卫战。到2020年底,全国实现超低排放的煤电机组累计约9.5亿千瓦,6.2亿吨左右的粗钢产能完成或正在实施超低排放改造。京津冀及周边地区、汾渭平原农村累计完成散煤治理2 500万户左右。2020年煤炭消费量占能源消费总量的56.8%,比2015年下降7.2个百分点,单位国内生产总值二氧化碳排放较2005年降低约48.4%。2020年全国地级及以上城市空气质量优良天数比率为87%,比2015年上升5.8个百分点。

着力打好碧水保卫战。2020年,全国地表水优良水质断面比例提高到83.4%,相比2015年提高17.4个百分点;劣Ⅴ类水体比例由9.7%下降到0.6%,降低9.1个百分点。全国地级及以上城市集中式饮用水水源水质优良比例达到96.2%,地级及以上城市建成区黑臭水体消除比例达到98.2%。长江流域和渤海入海河流劣Ⅴ类国控断面全部消劣,长江干流历史性实现全Ⅱ类及以上水体。"十三五"期间,累计完成15万个建制村环境整治,浙江"千村示范、万村整治"工程获得联合国地球卫士奖。

扎实推进净土保卫战。完成农用地土壤污染状况详查,开展重点行业企业用地土壤污染状况调查。受污染耕地安全利用率达到90%左右,污染地块安全利用率达到93%以上。组织开展危险废物专项排查整治行动,共排查4.7万家企业和200余个化工园区。实施长江经济带打击固体废物环境违法行为专项行动。开展"无废城市"建设试点,形成一批可复制可推广的示范模式。坚决禁止"洋垃圾"入境,基本实现固体废物零进口,"洋垃圾"被彻底挡在国门之外。

持续开展生态保护修复。初步划定的生态保护红线面积约占陆域国土面积的25%,各级各类自然保护地总数达到1.18万处。积极推进大规模国土绿化行动,2000—2017年,全球新增绿化面积中约1/4来自中国,中国贡献比例居全球首位。持续开展"绿盾"自然保护地强化监督。扎实推动生物多样性保护重大工程,稳步推进25个山水林田湖草生态保护修复试点工程建设,先后组织命名四批共 262 个国家生态文明建设示范市县、87 个"绿水青山就是金山银山"实践创新基地。

二、存在的问题

重点区域的综合治理属于动态的跨区域治理。跨区域生态环境的综合治理需要多主体共同参与,这不仅需要各级政府的协调推进,也需要公众和多层次企业的参与。解决跨区域问题,必须调动社会各方面的积极性,构建以人为本、以社会为导向、以市场为导向的生态建设大格局。目前,在跨区域生态环境综合治理中存在一些问题。如何促进环境治理各负责主体的跨区域合作成为一个新的课题,涉及不同层次的安排和调整,需要各方面的协调和协同。但在跨区域综合提升过程中仍存在一定的路径依赖。治理碎片化、缺乏全局意识和顶层设计理念,导致结果出现了"一加一小于二"的局面。

行政区划分块现象突出。各级政府作为单一的治理主体,实行分级治理,各负其责。因此,还存在跨区域综合治理机构权威性不足、管理协调责任难以承担、零散分割现象频繁发生、缺乏省级整体排污交易平台,以及系统不协调等问题。

治理主体之间缺乏系统性的参与。传统的跨区域生态综合治理工作主要以政府为主导。依靠行政管理体制和力量,政府已经成为一个责任主体,从各方面的实施、评估和验收环节进行工作,尚未有效搭建企业、市场以及社会参与协调促进的工作模式。

目前,跨区域生态环境综合治理遵循的是属地管理的原则,这必然导致区域内不同利益相关者难以通过整体顶层的统一规划设计实现对自身利益的综合治理。在一些项目的推进过程中,由于区域壁垒,政府、企业、公民和非政府组织尚未充分发挥治理主体的作用实现多元主体协同治理的局面。

三、具体做法

（一）突出重点推进区域综合治理

1.大力推进青海三江源生态保护和建设

三江源地区位于青藏高原腹地，是长江、黄河和澜沧江的发源地，是我国淡水资源的重要补给区，是高原生物多样性最集中的地区，也是亚洲、北半球乃至世界气候变化的敏感地区和重要启动区。三江源地区经过实践、完善、改进、推广，在科学规划、综合协调、管理机制、资源整合、科技支撑等方面积累了大量的实践经验，探索形成了一批可借鉴、可复制、可推广、可操作的模式和技术，为全面推进西部重点地区生态保护综合治理工作提供了重要借鉴。

2.大力推进祁连山生态保护与综合治理

祁连山位于青藏高原东北部，南北跨青海、甘肃两省。其独特的地理位置在维持青藏高原生态平衡，防止腾格里、巴丹吉林、库姆塔格三大沙漠南侵，维持河西走廊绿洲稳定，保障黄河径流补给等方面发挥着极为重要的作用。建设我国西部地区的生态屏障，要把实施祁连山生态保护与建设综合治理当作一项政治任务来抓，认真落实党中央、国务院对祁连山生态保护和建设工作的新要求，紧扣祁连山国家公园建设，国家层面加大支持力度、省级层面加强导引作用、地方政府和行业部门强化责任意识，努力建设形成以"水源涵养和生物多样性保护"为核心的"祁连山模式"生态治理。

3.大力推进岩溶地区石漠化综合治理

石漠化是指在热带、亚热带湿润、半湿润气候条件和岩溶极其发育的自然背景下，受到人类活动干扰，地表植被受到破坏，导致出现严重的水土流失、大规模的基岩裸露和土地退化，是西南岩溶地区灾害、贫困和落后的根源。有必要认真总结喀斯特地区石漠化综合治理的成果和经验，深入分析石漠化治理面临的形势。在此基础上，坚持保护优先、自然修复优先的原则，划定治理范围，突出建设重点,实施山水林田湖草综合治理,加强林草植被保护和恢复,发展草食畜牧业,促进水土资源的合理利用,加快长江经济带生态屏障建设[①]。

4.大力推进京津风沙源治理

京津风沙源治理工程是为固土防沙,减少京津沙尘天气而出台的一项针对京津周边地区土地沙化的治理措施。既要坚持预防为主,保护优先,统筹规划,综合治理,因地制宜,又要坚持生态优先,生态、经济和社会效益相结合,坚持政策引导与人民群众自愿相结合的原则。通过对现有植被的保护,采取封山(沙)育林、飞播造林、退耕还林等生物措施和小流域综合治理等工程措施,使得工程区可治理沙化土地基本治理,生态环境明显改善,风沙天气和沙尘暴天气明显减少,从总体上改善了北京周边生态环境。

(二)加强区域大气污染联防联控

1.抓好重点区域防控

开展大气污染联合防治的重点地区有汾渭平原、成渝地区、乌鲁木齐及其周边地区,其他地区要根据实际情况展开。大气污染联防联控的重点污染物为二氧化硫、氮氧化物、颗粒物等,重点行业为火力发电、钢铁、有色金属等。对区域空气质量影响较大的重点企业亟须解决的关键问题是酸雨、雾霾等。建立大气污染联防联控机制,形成区域大气环境管理法规、标准和政策体系,以实现主要大气污染物排放总量显著减少,重点企业满足排放标准,所有关键领域的城市空气质量已达到或高于国家二级标准,大大改善了区域空气质量。

2.优化区域产业结构和布局

加强区域产业发展规划环境影响评价,严格控制钢铁、水泥、传统煤化工等产能过剩行业扩大产能项目建设。建立产业转移的环境监管机制,加强产业转移环境监管,防止污染转移。完善重点行业清洁生产标准和评价指标,加强重点企业清洁生产审核、评价和验收。加强清洁生产技术推广,鼓励企业采用先

---

① 沈小平.用"美丽建设"托起西部大开发[J].党课参考,2020(12):56-74.

进的清洁生产技术。继续推进清洁能源行动,积极开展清洁能源利用示范,推进工业、交通、建筑节能,提高能效。

3.完善区域空气质量监管体系

加强重点区域空气质量监测,提高空气质量监测能力,优化重点区域空气质量监测点位,开展酸雨、细颗粒物、臭氧监测和城市道路两侧空气质量监测,制订大气污染事故预报制度,制订应急预案,完善环境信息发布制度,实现重点区域监测信息共享。完善空气质量评价指标体系,改进臭氧和细颗粒物空气质量评价方法,细化相应的评价指标。加强区域环境执法监督,确定并公布重点企业名单,开展区域大气环境联合执法检查,重点治理违法排污企业。加强对重点企业的监督监测,推进污染源在线监测设备的安装,并与环保部门关联。

（三）加大土壤污染防治力度

1.对西部地区的土壤污染进行详细调查

全面准确地认识土壤污染是进行土壤污染治理的重要依据。在现有调查工作的基础上,以农业用地和重点行业、企业用地为重点,进一步提高调查精度,真正摸清土壤污染底数,获得地块尺度的土壤污染数据。通过对土壤污染状况的详细调查,可以进一步了解农业用地的土壤污染状况,准确把握受污染耕地的地块分布,评价土壤污染对农产品质量和人体健康的影响,找出土壤污染的原因,了解重点行业和企业的土壤污染状况,获取权威、统一、高精度的土壤环境调查数据,从而充分满足环境保护的土地需求。

2.积极推进受污染耕地分类管理和安全利用

充分考虑当地实际情况,采取安全利用、治理和修复以及严格控制三个方面的措施。安全利用方面的主要措施是农艺调控类措施,包括调节低吸收品种、调整土壤酸度、调控水肥等。治理和修复方面的措施是在农艺调控类措施的基础上,进行土壤改良、原位钝化等。安全利用方面的措施可以作为一个整体来考虑,并在实际操作中统筹推进。要系统总结该地区受污染耕地安全使用的经验。在受污染耕地安全使用集中推广区，以乡镇为单位，按照相关技术规范，进一步加强技术应用和示范推广，总结适合本地区的技术模式，创新工作推进机制。

3.有序推进治理与修复

加大土壤污染防治财政投入力度，设立省级土壤污染防治基金。充分发挥财政资金的引导作用，创新融资方式，完善多元化投融资机制，探索通过政府购买服务、第三方治理等方式吸引社会资本积极投资。政府与社会资本合作，事后补贴，建立健全耕地污染治理和整治的社会化服务体系。深入开展耕地污染防治教育培训活动，积极营造全社会关心和参与土壤防治的良好氛围。

第三节　加快推进西部地区绿色发展

生态优先是基础，绿色发展是目标，以加快西部地区绿色发展步伐助推美丽西部建设。绿色发展是开发与保护的辩证与融合，也是新时代我国发展的必然要求。作为国家生态安全屏障，西部地区需要发挥其生态优势，不仅要做好治理和保护工作，更要在保护中开发，不断提升技术创新能力，在产业升级与转型中发展低碳经济，摸索出适合区域自身的可持续、高质量发展路子。同时，在此过程中要重视基本公共设施的改造与优化，为绿色发展的推进提供支撑和保障。通过部署西部地区节水节能、小水电改造、入河排污口管理、城乡污水处理等工作，不仅明确提出了绿色技术创新体系建设任务，还从产业融合、科技体制改革、教育高质量发展、人才政策等方面，为绿色技术的创新提供了有针对性的、充分的政策保障。结合西部地区既有的产业结构和布局、资源禀赋等因素，提出大力发展循环经济，推进资源循环利用基地建设和园区循环化改造，鼓励探索低碳转型路径。

一、发展现状

西部地区有着迫切的发展诉求,在发展过程中也面临着特殊的困境,特别是面临越来越重的经济增长与生态保护的双重压力。西部地区大多在进行产业转型、环境保护与修复、加强监管与考核三个方面推进绿色发展。产业转型即淘汰落后产能,引入节能、减排、环保的新设备与技术,发展新型制造业、服务业等,逐渐摆脱对资源或帮扶的依赖,建立新的经济增长机制。环境保护即对大气、水源、土壤、森林等环境成分严格监控,尽可能降低新增伤害,包括控制化学废弃物排放、控制污水排放、控制固体废物处理、建立生态保护区保护动植物资源等。环境修复即对过去发展过程中造成的环境破坏进行修复和补偿,包括退耕还林还草、培育人工林、矿山周边绿色修复等。加强监管考核即在明确了产业转型、环境保护与修复目标,并制定了相应的具体政策和要求后,将责任落实到具体部门,依规检查政策落实情况和目标完成情况,例如设立河湖长制、制订详细评分标准、严惩违规滥排企业等。具体来看,依据地区资源禀赋的不同,西部地区可分为资源型与非资源型两类,前者又可根据拥有的具体资源种类分为矿产资源型、植被资源型和水利资源型三小类。禀赋不同使不同地区推进绿色发展的具体方式有所差异。

(一)资源型地区大都存在区位条件不利、铁路或水路运输不便的客观因素

过去多以直接的资源开采与使用为经济增长基础,一方面产业结构单一、技术含量较低,另一方面生态环境破坏严重,整体发展受阻。为了避免"资源诅咒"的发生,这些资源型地区都在追求两个目标:第一,使资源优势转换为经济优势,使资源开采带动经济增长。第二,对传统能源产业转型升级,培育、发展新的支撑产业,逐步调整产业结构。具体来说,对现有的能源产业,各地在学习最高效、环境破坏最小的开采方式,完善开采程序,保障开采安全;发展科技,提

高能源利用率、提高清洁能源使用率、降低能源消耗引致的环境污染；保障产业按照恰当比例发展，将第二产业中低效率的部分关停，将有限的资源给予高科技含量、高附加值及高效益的产业和第一、三产业的发展。以森林资源为主的地区还可以发展生态旅游业，从另一个角度发挥资源优势。

（二）自然资源不丰富的西部地区同样存在区位条件不利的客观因素

以第一产业为主的自然资源不丰富的西部地区，尽管工业污染较少，但由于土地产出效率较低，经常出现过度砍伐、过度开垦、过度放牧导致的水土流失、草场退化等生态问题，典型代表为黄土高原地区。各地多致力于发展特色农业或产业，打造地方品牌；对不宜居住地方的村民进行易地搬迁，修复被破坏的土地，保障生态环境；以优美的自然风光和淳朴的乡村生活发展旅游业，以旅游业带动其他第三产业的发展；修通水管、电缆等保障居民基本生活，修通公路使上述产品可以销出或游客可以走进观光等。然而，西部大部分地区未完成"绿水青山就是金山银山"的转变，目前仍处于转型的前两个阶段。绿色发展已成为发展共识，地方也制订了相应的工作计划，环境保护成为共识，但因地方快速发展的需要，或者管理者思想意识不足，地方政府未能落实绿色发展战略、牺牲环境换取生产总值的现象仍有发生，环保面子工程频出，"一边修复、一边破坏"的不合理现象发生，总体发展效率低下的状况依然存在。

二、存在的问题

西部地区虽然更加重视生态环境的保护和建设，污染治理力度不断加大，恶化的生态环境得到了有效控制，但是经济发展与资源环境的矛盾仍然突出，原因在于以资源型经济为主的粗放型发展方式没有根本改变，资源环境问题的不可逆性和积累性依然突出，生态环境问题依然严重。

（一）粗放发展方式并未转变

西部地区以资源型经济为主的粗放型发展方式是造成资源环境问题的根

本原因。西部地区依托资源优势,已成为中国的能源、化工、原材料供应基地,形成了以资源开发和粗加工为主的资源型经济。西部地区资源型产业由于经济、教育、技术水平落后,经济结构单一、低水平,不能依靠技术进步实现绿色发展,缺乏与绿色发展相适应的新兴产业培育,西部经济发展仍然呈现出高投资、高排放、高污染、低效率"三高一低"的典型特征。1999—2017 年,西部地区能源消费总量从 32 456.91 万吨标准煤持续增长到 129 398.36 万吨标准煤,年均增长率为 8.48%。然而,固体废弃物产生量远高于全国平均水平,2017 年,西部地区单位 GDP 固体废物产生量为 0.70 吨/万元,而全国平均水平仅为 0.40 吨/万元,西部地区排放综合利用水平较低。2017 年,西部地区固体废物综合利用率仅为43.77%,低于全国同期 54.64%的平均水平[①]。可以看出,实施西部大开发以来,西部地区已经采取了一系列措施促进发展和转型模式的转变,包括提高资源利用的效率和促进清洁生产,但效果并不理想,绿色发展任重道远。

(二)生态环境没有根本好转

我国生态脆弱区主要集中在西部地区。西部地区具有丰富的生态资源和自然资源,但不同地区的环境承载力差异较大。西部省份在寻求经济增长的过程中,由于没有考虑资源和环境的不同特点,所以生态脆弱区和生态屏障区因追求经济增长而遭到破坏。生态环境的破坏导致自然灾害频发,经济损失严重。以高度依赖自然生态环境的农业生产为例,2010—2017 年,西部地区因洪涝、山体滑坡、泥石流造成的农作物绝收面积占全国的比重、农作物绝收面积占全国农作物绝收面积的比重分别从 20.07%、11.78%上升到 22.06%、25.00%。1999—2017 年,自然保护区面积由 7 401.4 万公顷增加至 12 019.5 万公顷,但其在全国占比由 84%降至 82%[②]。可以看出,西部大开发以来,虽然实施了一系列生态环境保护和建设措施并取得阶段性成果,但西部地区的生态环境保护情形

---

①② 林建华,李琳.西部大开发 20 年西部地区绿色发展的历史进程、存在问题与未来路径[J].陕西师范大学学报(哲学社会科学版),2019,48(4):76-88.

依然严峻。

（三）环境污染依然严重

西部地区"三废"总量过高,污染问题逐年积累,已达到环境承载能力的边界,环境污染较为严重。以大气污染为例,西部地区 SO_2 排放量由 2000 年的 1 734.88 万吨增至 2016 年的 3 539.27 万吨,年均增长 4.6%;CO_2 排放量由 2010 年的 76 557.05 万吨增至 2016 年的 304 457.6 万吨,年均增长 9%。西部地区污染物的综合利用水平不高且呈下降趋势,大量污染物逐年积累,环境污染日益严重。例如,西部地区固体废弃物综合利用率从 2011 年的 55.1% 降至 2017 年的 43.8%,低于全国平均水平①。另外,西部地区的水污染和土壤污染也很严重。以土壤污染为例,西部地区主要污染物为重金属,污染较严重的为云南、四川、甘肃白银市和内蒙古河套地区。云南有 37 个县单元素超标率超过 30%,河套地区近 30 万人面临砷中毒威胁。由此可见,环境问题已经严重威胁到人们的健康。

（四）资源利用效率依然低下

西部大开发战略实施以来,西部地区单位 GDP 能耗、单位 GDP 废气排放量、单位 GDP 废水排放量和单位 GDP 固体废弃物产生量持续下降,资源利用效率得到显著提高。但与全国相比,西部地区整体资源利用效率仍然较低,资源浪费依然严重。西部地区经济虽然快速增长,但资源型经济粗放发展依然明显,经济发展对资源型经济的路径依赖严重。同时,由于东部发达地区对人才和资本的"虹吸效应",导致西部地区人才和资本外流。西部地区新兴产业发展受限,绿色发展转型困难。西部地区缺乏创新投入要素和创新激励机制,同时在知识产权保护、人才引进等创新保障机制建设中也有所落后。

---

① 林建华,李琳.西部大开发 20 年西部地区绿色发展的历史进程、存在问题与未来路径[J].陕西师范大学学报(哲学社会科学版),2019,48(4):76-88.

三、具体做法

（一）推动西部地区绿色产业加快发展

1.大力发展绿色生态农业

加快建设高标准特色农林产品基地，为资源产业发展奠定坚实的基础。建设一批绿色、无公害、有机特色农产品标准化生产基地，培育一批区域特色农林资源支柱产业，大力扶持农林产品加工业，全面提升地方生态资源转化能力。培育深加工、营销龙头企业，支持农产品商标注册企业，支持有机食品、绿色食品、无公害食品原产地认证和产品认证，形成一批龙头企业和名牌产品。加快制订农产品生产基地生产加工、包装储运标准和技术规范，全面构建省（区、市）农产品质量安全四级检测体系。推进农产品产地批发市场、物流配送分发中心、大中城市销地市场建设，严格执行绿色通道政策，加快形成流通成本低、运行效率高的农产品营销网络①。

2.大力发展生态旅游业

生态旅游是一种新的独特的旅游发展模式，在不破坏旅游目的地生态系统平衡的前提下，以获得自然生态环境或自然人文生态并重的环境体验感。全面推进全方位立体式旅游，大力发展乡村、入境、智慧三种旅游方式。建设一批城市旅游综合体，打响西部生态旅游品牌。加快西部特色旅游资源与生态旅游资源的整合，优化旅游产品组合，打造特色生态旅游产业发展新模式。在景区景点、旅游企业、旅游城市中推行循环型旅游模式，构建循环型旅游服务体系。充分考虑旅游资源和环境容量，以合理开发和有效保护旅游环境为目标，在尽可能满足游客需求和实现旅游业快速发展的基础上，推动旅游产业生态化。同时，要立足实践，从区域合作规划、管理体制等方面健全完善西部地区生态旅游业发展的法律措施，确保西部地区生态旅游健康有序发展。

---

① 沈小平.用"美丽建设"托起西部大开发[J].党课参考,2020(12):56-74.

3.培育壮大新兴产业

落实负面清单与鼓励类产业目录相结合的产业政策,提高政策的精准性。在执行全国统一的市场准入负面清单基础上,对西部地区鼓励类产业目录进行动态调整,以适应分类考核政策。继续完善产业转移引导政策,适时更新产业转移指导目录。加大中央财政对西部地区自然资源调查评价的支持力度,自然资源调查计划优先安排西部地区项目。凡有条件在西部地区就地加工转化的能源、资源开发利用项目,支持在当地优先布局建设并优先审批核准。开展传统产业技术改造升级,推动国家级开发区改革创新,制订国家级开发区全链审批赋权清单,提升其产业集聚度和集约度。适当降低社会保险费率,确保总体上不增加企业负担[①]。

(二)大力发展循环经济

1.必须准确把握循环经济的内涵

循环经济作为一种新的发展模式,强调在传统经济的资本循环和劳动力循环的基础上,对自然资源也进行循环利用。发展循环经济的基本途径包括推进清洁生产、综合利用资源、建设生态工业园区、发展绿色产业、促进绿色消费等。大力发展循环经济,鼓励探索低碳转型路径,可从根本上改变我国资源过度消耗和环境污染严重的状况,这是中国实现可持续发展战略的必然选择,是走新型工业化道路的重要途径。

2.加强循环经济发展规划及政策支持

政府部门要明确对循环经济的支持,科学制定循环经济发展规划,对地方循环经济发展给予强有力的政策支持,在原有产业发展的基础上扩大产业集聚和企业整合,加强企业间的物资交流,使更多的企业加入物质循环。在政策执行方面,政府要严格监督各方面,做好监督工作。在不断完善和规范各项优惠政策的同时,严惩不符合发展循环经济要求的企业,提高循环发展意识。产业

---

① 沈小平.用"美丽建设"托起西部大开发[J].党课参考,2020(12):56-74.

的集聚在产业之间形成了更多的耦合关系，企业之间的副产品交换可以降低废弃物的处理成本、提高资源利用效率，实现生态、经济和社会效益的全面提升。

3.实行企业清洁生产审核

企业作为循环经济的实施主体，必须推进企业清洁生产审核，以促进企业不断改进设计、使用清洁能源、改善管理等，有助于减少污染物排放、提高资源利用效率，实现区域产业的闭环。在实践中，要采取更有效的措施，督促企业开展清洁生产。为了使每一个企业意识到追求更大的经济效益，就必须实现清洁生产，从而最终达到节能降耗、减排的目标。鼓励企业申请 ISO 14000 认证，加强环境管理，实现企业内部的封闭式循环，促进企业间的中间循环，促进全社会的大循环。

（三）加强河湖管理保护

1.全面推进河湖长制

深入贯彻习近平生态文明思想，围绕"两山"理论，进一步完善河湖长制建设，优化顶层设计，持续加强宣传引导，改进考核目标、方法与结果运用，构建协同工作机制，拓宽投融资渠道和开展差异化治理，以促进流域治理。近年来，各地区积极探索河湖长制，由党政领导担任河湖长，依法依规落实地方主体责任，协调整合各方力量，有力促进了水资源保护、水域岸线管理、水污染防治、水环境治理等工作。各级河湖长负责组织领导相应河湖的管理和保护工作，牵头组织对侵占河道、围垦湖泊、超标排污、非法采砂、破坏航道、电毒炸鱼等突出问题依法进行清理整治，协调解决重大问题。尽快建立健全有利于全面推行河湖长制的法律法规体系，通过转变立法理念、构建法律制度以及加强执法管理等手段，为河湖长制的实施提供规范和支撑，从而实现流域治理的常态化和长效化。在中央和省级层面建立流域治理总体规划和长效协调机制，将河湖长制由原来的被动应急制度转变为常态实施制度。引导和鼓励全社会成员积极参与流域治理，营造全社会关爱、珍惜和保护流域的浓厚氛围。

2.构建协同工作机制

牢固树立"一盘棋"思想,特别要明确各省(区、市)之间、流域上中下游之间的河湖长协调机制。对跨行政区域的河湖,各级河湖长要建立统一的流域管理机构进行管理,并且要建立起流域上中下游同步、左右岸协调,实施干流与支流整体推进、部门与区域间相互协作、水域和陆域的共同治理机制,改变行政条块分割对河湖长开展工作的不利影响,提高河湖长的涉水行政能力。各级河湖长要加大开展行政区域界线联合检查的管理强度,加强在流域边界的信息研判、案件查处、林区巡防等方面的工作力度,提高在干部选派、项目建设、产业合作等方面的协作能力,提升在平台搭建、互联互通、产业融合、公共服务等方面的战略合作深度。以河湖长制建立水环境信息平台并落实协同联动工作机制,引入对水环境信息的时空关联分析,研发全面感知、智慧治理的开发平台,打造飞地园区,通过多重政策叠加、多种资源汇集、多方力量参与,为流域上、中、下游提供信息共享与协同工作环境。要开展差异化治理,有序推进分类施策。以黄河流域为例,黄河流域上、中、下游地区在自然地理、水资源及开发利用、生态环境、经济社会和历史文化等方面存在较大差异,要按照推进黄河流域生态保护和高质量发展的总要求,根据黄河各段的不同情况,各级河湖长应注重分类施策,筑牢黄河上游生态屏障、实现生态产品价值,抓好黄河中游水土保持、保障国家粮食安全,推进黄河下游集约发展、修复黄河三角洲生态,以推进黄河流域差异化治理。

3.推进绿色小水电改造

要充分认识推进绿色小水电发展的重要性和紧迫性,全面落实相关政策,着力创新体制机制,通过科学规划设计、规范建设管理、优化运行等措施,推动形成绿色发展格局,实现小水电可持续健康发展和生态系统服务功能良好,使绿色小水电理念深入人心。

7

开放：
承担西部大开发新使命

　　20 世纪 80 年代初我国开始在沿海地区实施对外开放政策。从党的十一届三中全会确立对内改革对外开放政策,到设立经济特区;从由北至南逐步开放14 个沿海城市、逐步扩展到全国沿海市、县,到兴办海南经济特区、形成沿海经济开放区;从设立上海浦东新区,到开放沿江及内陆和沿边城市,对外开放的地域由沿海逐步向内地延伸,开放领域也不断拓宽,逐步形成"经济特区—沿海开放城市—沿海经济开放区—内地"的多层次、多渠道、全方位、宽领域的对外开放格局,但由于西部地区对外开放起步较晚,在 1992 年以后才逐步展开,所以与东部地区相比,在开放规模、程度和范围上仍存在一定差距,促进西部经济进一步发展就必须积极开展对外开放。新时代西部地区的开放,要构建多元对外开放体系,其中,既包括对发达国家、发展中国家的开放,也包括西部区域诸省区之间的开放,还包括西部地区对周边国家的开放[1]。当前,西方发达国家及一些新兴工业国家和地区正面临全球产业链重塑和新一轮产业结构调整,西部地区应充分利用其大容量的市场、丰富的能源、低廉的生产成本以及地缘优势全面扩大对外开放,不断开拓西部发展的新空间。

第一节　积极融入"一带一路"建设

　　"一带一路"("丝绸之路经济带"和"21 世纪海上丝绸之路")建设是党中央立足"两个市场",根据国内外发展形势变化做出的重大决策,"一带"与"一路"构筑了我国新一轮对外开放的"一体两翼",从根本上改变了西部地区的经济地理区位,不仅促进了东部地区开放水平,而且实现了西部地区的全方位开放[2]。发展"一带一路"开放型经济,将成为西部省份新的经济增长动力。"一带一路"建设为缩小东西部差距、沿海与内地差距带来了前所未有的机遇,同时也带来诸多挑战。

---

① 刘小勤.西部开发中的开放思路[J].合肥工业大学学报(社会科学版),2001,15(3):43-45.
② 张占斌.中国经济新常态的趋势性特征及政策取向[J].国家行政学院学报,2015(1):15-20.

一、"一带一路"倡议对西部地区发展的机遇

"一带一路"倡议由习近平总书记于 2013 年提出。"一带一路"是在古丝绸之路概念的基础上形成的一个新的经济发展区域,东起活跃的东亚经济圈,西至发达的欧洲经济圈,沿途涉及世界 60 多个国家和地区,人口达 44 亿,占世界人口的 63%,沿线 GDP 规模超过 21 万亿美元,占世界 GDP 总额的 29%,被认为是"世界上最长、最具有发展潜力的经济大走廊"。目前,"一带一路"沿线涉及中国的省(区、市)有 18 个,其中 10 个省(区、市)位于西部。在国家统筹推动东、中、西部梯度发展的战略决策引领下,"一带一路"建设为中西部地区进一步扩大对外开放提供了良好的契机,使广大中西部地区由原先的"内陆腹地"变成现在的"开放前沿"。"十二五"以来,西部地区经济总量不断增加,国内生产总值年均增长 157%,全社会固定资产投资年均增长 208%,西部地区经济发展的基本模式、产业业态以及增长动力都已经发生重大变化。例如,在吸引外资上,2019 年的 11 个月里,西部实际使用外资同比增长 7.3%,位居东中西部最高。西部地区出口总额在全国占比由"十五"时期的 3.61%,提高到 2018 年的 8.53%。

(一)"一带一路"倡议推动了西部地区基础设施建设

在"一带一路"建设愿景与行动指南中,基础设施互联互通建设项目处于优先发展领域。从地理位置上看,西部地区与"一带一路"沿线多个国家接壤,拥有三条开放路线:一是向西通过亚欧大陆桥连接中亚、欧洲;二是向南连接南亚和东南亚地区;三是向北与俄罗斯、蒙古国接壤。以"一带一路"为引领,一些重大基础设施建设不断向中西部地区倾斜,目前"一带一路"节点省区基础设施建设改观很大,典型的有西藏、新疆、云南等地。2019 年,西藏完成公路交通固定资产投资 458 亿元,目前西藏公路总里程达 10 万千米,共运营 5 个运输机场,通

航 51 个城市,货邮吞吐量 43 383.9 吨①。新疆作为我国和中亚、西亚、南亚联通的重要通道,交通运输日渐完善。2019 年,云南高速公路里程已超过 6 000 千米,铁路运营里程达 4 031 千米,客货航线达 466 条,国内外通航城市 185 个,通航里程达 4 538 千米。2020 年,云南全省综合交通建设投资目标超过 3 000 亿元。此外,亚欧大陆桥、新亚欧大陆桥、孟中印缅经济走廊等一批交通基础设施重点项目正在推进实施。西部地区的省(区、市)都在"一带一路"建设中把基础设施建设作为抓手,为与沿线国家经贸往来创造了便利条件。

(二)"一带一路"倡议推动西部地区产业结构优化升级

自 2013 年"一带一路"倡议提出以来,西部省(区、市)不断调整产业结构的比例,第三产业比重的增加对 GDP 的贡献越来越大。例如,云南旅游产业转型升级效果明显,2019 年昆明市旅游总收入 2 733.61 亿元,同比增长 25.39%;接待海外游客 149.4 万人次,同比增长 5.09%;与此同时,西部地区引进了高新技术产业,引入了很多开放创新平台,部分地区加速转型为国家现代制造业基地。在产业结构调整的机遇期,西部省(区、市)可以在国家政策法规的支持下加强基础设施建设,通过创新和引进塑造良好的营商环境,从而推进西部地区经济社会的发展。

(三)"一带一路"倡议促进了西部地区对外贸易

根据西部地区进出口数据,"一带一路"倡议提出之后,西部地区的对外贸易总额出现了较明显的上升,"十二五"以来,进出口规模年均增长 294%,外贸进出口模式逐步从"大进大出"转向"优进优出",逐步形成了出口与进口双向平衡的贸易格局。根据相关数据,2014—2018 年的 5 年中,陕西、贵州、四川等省份对外贸易额增速提升明显(图 7.1、图 7.2),充分体现了"一带一路"倡议对西部地区进出口的推动作用。

---

① 孙文娟. 天堑变通途 出行不再难:2019 年我区交通运输事业走笔[N]. 西藏日报,2020-03-11(5).

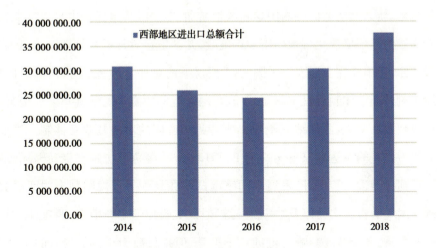

图 7.1　"一带一路"倡议对西部地区进出口提振明显（单位：万美元）

资料来源：东北证券，Wind

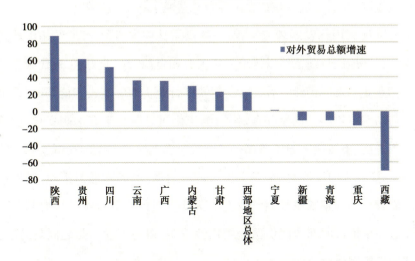

图 7.2　2014—2018 年西部各省（区、市）对外贸易累积增速（单位：%）

资料来源：东北证券，Wind

二、西部地区利用"一带一路"发展开放型经济面临的挑战

从外部环境来看，一是当前国际经贸环境发生变化，尤其是金融危机以来，全球经济形势风起云涌、云谲波诡，多数经济体发生深刻变革，发达经济体经济

复苏崎岖,新兴经济体面临的困难和风险增加,中国经济虽保持中高速增长,但也面临着内外环境变化带来的诸多新挑战,尤其是在对外投资管理以及引入外资等方面,还不能完全适应"一带一路"倡议下的对外开放新形势,西部地区只有加快对外开放体制和机制创新,才能在国际竞争中赢得竞争优势。二是国际贸易规则面临重构,西部地区亟须形成与此相适应的对外开放新体制。当前,以美国为代表的发达国家主导的 TPP、TTIP、TISA 等贸易协定将带动国际经贸投资规则标准进一步提升,发展中国家也试图在其中寻求规则制定的话语权。虽然中国凭借自身实力以及"一带一路"倡议实施加强了与中亚、西亚、欧洲等地经贸联系,在全球的影响力也进一步提升,但是目前为止西部地区的对外开放仍以政府优惠政策吸引外资为主,对外开放体制机制尚不健全,不能完全与国际经贸规则对接,对进一步扩大国际贸易造成了一定的障碍。

从西部地区内部发展环境来看,一是供需结构不匹配,产业结构亟待进一步升级。西部地区目前依然以传统重化工业和资源型产业为主,现代服务业以及新兴产业业态发展仍然滞后,水泥、钢铁等行业仍面临着去产能任务,低端供给过多与高端供给不足现象并存,供给侧变化明显滞后于需求侧变化,供给与需求的不平衡、不协调问题依然存在。二是西部地区吸纳国际高端要素的能力依然偏低,产业外向度不足,企业走出去的能力弱,产品附加值不高,对外开放体制障碍较多等问题依然是制约西部地区提升对外开放水平的重要因素。所以需要进一步推进西部地区供给侧结构性改革,避免产业产品趋同化,完善对外开放体制机制建设。

三、西部地区融入"一带一路"建设的路径选择

"一带一路"倡议为沿线国家解决发展难题提出了中国方案,同时促进了西部地区开放发展形成新时代的新格局。在面向社会主义现代化强国的开放战略中,促进西部地区紧抓机遇,积极融入"一带一路"建设,进一步提升开放发展

层次,是我国在推进西部建设发展的重点,要立足于西部地区的发展特色与现实条件,实现地区规划有效承接国家战略规划,推动发展、创新与开放相结合。

（一）推动西部地区职能的科学分工,实现与"一带一路"国家协同互联

"一带一路"建设对我国相关地区的职能进行了定位,也将使西部的发展从内向型经济向开放型经济转变,形成对内开放与对外开放相结合,内陆开放与沿海、沿边开放相结合,本地市场资源配置与全球市场资源流动相结合的循环动态发展。要实现"一带一路"沿线国家与地区的协同互联,就要对各地发展做好明确分工,避免无序及同质化竞争问题。具体来看,新疆具有独特的区位优势,在"一带一路"建设中具有关键性的地理位置,与蒙古国、俄罗斯、哈萨克斯坦、印度和阿富汗等多个国家接壤,陆地边境线长达 5 600 多千米,是我国向西开放的重要窗口,所以,要以"五大中心、三基地、三通道和十大进出口产业集聚区"为目标,逐步形成丝绸之路经济带上中国的交通商贸物流中心、文化科教中心、进出口集散中心[①];重庆、四川和陕西要积极打造内陆开放高地和开发开放枢纽。重庆、四川和陕西有着相对雄厚的工业发展实力,要形成有层次、有梯度的开放发展新格局,就要加强内陆开放高地和开发枢纽的建设,为沿边省区建立强有力的技术知识支撑;甘肃和陕西大力发挥丝绸之路经济带重要枢纽和节点的作用。甘肃和陕西地处西北腹地,具有综合经济文化的优势,是古代丝绸之路经济带上的重要节点和枢纽,因此两地要立足节点发挥枢纽作用,逐渐建立丝绸之路经济带上的政治交流中心、经济交流中心、文化汇集中心,推动该地区政治经济社会的不断发展;贵州和青海打造世界生态标杆。贵州和青海是重要的生态原生地,针对两地区发展特色,要不断打造世界生态标杆,通过国内国际生态发展的交流和创新,两地全力以赴发展第三产业和共赴污染防治,逐渐

---

① 吴玉萍.新疆"丝绸之路经济带核心区"建设中的环境资源问题及其应对[J].华北电力大学学报(社会科学版),2016(2):5-11.

使两地区成为我国生态保护的标杆,为世界展示中国生态保护的成果,同时为建设富强、美丽的中国奠定厚实的生态根基;广西与东盟国家陆海相邻,优越的地理位置带来了丰富的海洋资源,要充分发挥其独特的地理区位优势,逐步构建以北部湾为基地的航线网络,加大珠江—西江经济带开放发展力度,积极推进与东盟互联互通建设,并带动制造业、旅游业、文化教育等方面的合作,将其打造成"一带"与"一路"有机衔接的重要战略支点。内蒙古要不断融入创新中蒙俄经济走廊的发展。通过多年的发展,内蒙古实现历史性发展,2019年实现地区生产总值17 212.5亿元的突破。因此,内蒙古要深化"放管服"创新改革,通过改革更好地与蒙俄产生良性互动。云南要不断提升与澜沧江—湄公河区域合作水平①。云南通过与澜沧江—湄公河区域合作,2019年地区生产总值实现了23 223.8亿元的突破,为中国—东盟命运共同体的发展贡献着重要作用。云南要不断把握优势产业的发展脉络,逐步建立起"绿色型材(铝材、硅材等)一体化深加工基地""特色农产品加工产业园""国家级旅游典范",不断努力实现最美丽省份建设目标②。

(二)结合"一带一路"建设,大力培育西部特色产业与新兴产业

"一带一路"沿线国家历史文化底蕴、自然资源、能源等要素禀赋各具特点,经济发展水平差距明显,各国的比较优势也各具特色,所以在多种产业上能与我国西部地区形成优势互补,为实现多方协调发展、促进互利互惠提供了广阔的合作空间。西部各省(区、市)可以此为机遇实现与沿线国家相关产业合作以及产业链供应链各环节之间的协作。一方面,要加大力度培育西部特色产业,充分挖掘"一带一路"沿线国家和相关城市的潜在优势,找准多元合作的切入点,在农业、工业、服务业、商业等领域寻找合作样板,例如,通过构建多元化的

---

① 金珍.大湄公河次区域经济合作与澜沧江—湄公河合作比较研究[D].昆明:云南大学,2018.
② 李桂,胡志明,李蓉蓉."一带一路"倡议背景下西部地区扩大开放的机遇与对策[J].和田师范专科学校学报,2020,39(4):82-88.

境外经贸产业合作园区，推动重点经贸合作、科技创新合作的紧密联系，为西部特色产业提供更广阔的发展空间。另一方面，要加强在新兴产业领域的多元化合作，如在新能源、新材料、生物等领域建立基于产业之间的信息流、资金流、产品流链环相扣的循环经济体。实现产品由组装、加工等产业链低端低附加值环节向研发、服务等两端高附加值环节跃升，同时提升相应的产业配套，尽可能把资源优势转化为经济优势，鼓励有条件的企业到沿线国家设立研发中心，提升科技支撑产业发展能力，提升产业综合竞争力。以"一带一路"建设推进西部特色产业发展的同时，还需要充分研究西部各地自然生态条件的差异以及环境综合承载能力等制约因素，秉持绿色可持续发展理念，综合考虑产业空间布局，将社会与自然生产力有机统筹，走一条生态导向的环境友好发展之路。

（三）建立全方位对外开放格局，加快关键领域的突破发展

一是加快建设内外通道和区域性枢纽。从地理位置看，西部地区在"一带一路"建设中具有重要的和独特的区位优势，应统筹推进铁路、公路、航空、油气管道、城市轨道交通等多元化的运输方式，聚焦各地独特的区位、人文、资源优势建设若干综合交通通信枢纽中心城市，逐步形成连接沿线国家和地区之间的基础设施网络，构建全方位、多层次、复合型的国际骨干通道网络，以此为基础逐步形成包括设施、通道、开放平台、贸易平台、物流集群与服务网络、多元化需求在内的枢纽经济、流动经济。比如，新疆作为丝绸之路经济带上重要的新增长极，可以利用建设中巴经济走廊的契机，完善交通软硬件设施，将伊犁、喀什、霍尔果斯等建成面向中亚、西亚、南亚和欧洲的物流通道、能源通道、信息通道；云南国境线长达 4 060 千米，未来可以把云南建设成连接印度洋的战略通道，成为"一带一路"建设向西南开放的"桥头堡"，与缅甸、老挝和越南三国接壤，毗邻马来西亚、孟加拉国等多个国家的独特地理优势，为通畅安全高效的国际运输大通道提供重要保障。

二是扩大与沿线国家和地区的经贸合作。深化外贸体制改革，着力解决贸

易便利化问题,推动内陆同沿海、沿边通关协作,消除投资和贸易壁垒,进一步降低西部地区的贸易成本,构建良好的营商环境。进一步扩大双向投资合作,拓展相互投资领域。按照优势互补、互利共赢的原则,推动建立创业投资合作机制。再如,鼓励西部地区有竞争力的企业积极"走出去"参与沿线国家基础设施建设和产业投资,在沿线国家主要交通节点城市和港口合作建设境外经贸合作区、跨境经济合作区等各类产业园区,力争率先打造成产业示范区和特色产业园,促进产业集群发展,实现区域产业协同融合、资源互补共享的良好发展格局。

三是加强人文交流,促进民心相通。民心相通是"一带一路"建设的社会根基。"一带一路"国家国情复杂,文化多样,有大量的深层次矛盾和问题。要想振兴"一带一路",首先需要凝聚人气,跨越不同宗教、民族、国家、历史和文化障碍,通过深化彼此理解来搭建友好合作的桥梁。积极利用自身优势加强与"一带一路"沿线国家在文化交流、学术往来、人才交流、媒体、医疗卫生、志愿者服务等领域开展合作,进一步增进与沿线国家人民的友谊和相互了解,为深化双边多边合作奠定坚实的文化基础和社会基础。

第二节　强化开放大通道建设

《中共中央 国务院关于新时代推进西部大开发形成新格局的指导意见》提出要积极实施中新(重庆)战略性互联互通示范项目。优化中欧班列组织运营模式,加强中欧班列枢纽节点建设①。本节将以西部陆海新通道、中欧班列为代表对西部大通道建设进行梳理。

---

① 中共中央 国务院关于新时代推进西部大开发形成新格局的指导意见[N].人民日报,2020-05-18(1).

一、西部陆海新通道

（一）西部陆海新通道的提出与发展现状

西部陆海新通道起始于 2015 年中新（重庆）互联互通项目，即以重庆为运营中心、重庆和新加坡为枢纽、覆盖西部 12 个省（区、市）和海南省、有机衔接"一带一路"的国际贸易物流新干道，是西部地区深度参与区域合作和国际合作的开放经济发展新轴线。2017 年 2 月，中国、新加坡两国在中新互联互通项目联合协调理事会第一次会议上提出，要建设一条经由北部湾打通新加坡、重庆两端贸易枢纽的陆海贸易路线，首次提出了"南向通道"的概念。2017 年 3 月，重庆、广西、贵州、甘肃 4 省（区、市）政府联合签署了《关于合作共建中新互联互通项目南向通道的框架协议》，标志着南向通道的省级互联互通建设机制正式建立，南向通道的"渝黔桂新"铁海联运班列实现常态化运营，有效提升了中新区域间贸易效率；2017 年 8 月，重庆、广西、贵州、甘肃 4 省（区、市）签署了南向通道（"西部陆海新通道"前身）的框架协议，奠定区域协作共建基础；2018 年 11月，中国与新加坡签署"国际陆海贸易新通道"谅解备忘录，"南向通道"正式更名"国际陆海新通道"，名称上去掉了"贸易"两个字，表明西部陆海新通道建设的含义更加丰富，不再是以单纯的中新物流联通为导向的运输通道，而是将合作范围扩大到了包含物流、贸易合作在内，兼顾治理、市场整合的区域深度合作；至 2019 年 8 月，国家发展和改革委员会正式发布《西部陆海新通道总体规划》，由此西部陆海新通道正式上升为国家战略，合作范围扩展至西部 12 个省（区、市）和海南省、广东省湛江市，同时带动东盟相关国家和地区协商共建发展通道。从"中新项目"到"南向通道"，再到国际陆海新通道，乃至最终确定为西部陆海新通道，反映了这一国际贸易物流新通道的战略定位不断升级。国内范畴从重庆等西南少数省份的孤点式开放拓展为整个西部的全面开放和区域协同，国际范畴从中—新两国经贸合作拓展到中国—东盟经贸合作，是西部陆海新通道发展的升级轨迹。最终,通过"促进通道与区域经济融合发展"和"加强通道对外开放及国际合作",形成协同开放的区域经济开放发展格局,以及健康和谐的国际分工与经贸关系,是西部陆海新通道战略实现的本质要求①。

具体来看,新通道的空间布局可概括为"三线三核两连接":"三线"是指西部陆海新通道的三条主要通道,包括重庆—贵阳—南宁—北部湾出海口通道、重庆—怀化—柳州—北部湾出海口通道、成都—泸州—百色—北部湾出海口通道。"三核"是指西部陆海新通道的三大核心枢纽,包括作为通道物流运营组织中心的重庆、作为重要商贸物流中心的成都和作为区域国际集装箱枢纽港的广西北部湾国际门户港,它们是西部陆海新通道支撑西部发展的核心动力源。"两连接"是指依托三条主通道、三大核心枢纽,既要加强贵阳、南宁、昆明、遵义、柳州等西南地区重要节点城市和物流枢纽与三大主通道的连接,也要强化三大主通道与西北地区综合运输通道的衔接,连接兰州、西宁、乌鲁木齐、西安、银川等西北重要城市②。总体来看,西部陆海新通道的空间布局有效衔接了"一带一路"、长江经济带,不仅将西部地区纳入当前国家的区域发展战略中,同时也扩大了西部陆海新通道的辐射影响范围,而且依托西部陆海新通道,可以解决西部各省(区、市)之间"分割治理"和地方竞争的问题,实现国内区域间贸易、物流、产业等多维度的市场合作,并将合作范围辐射至通道沿线的各国,促进西部地区与国内其他地区乃至世界各地的互联互通,更进一步地发挥陆海新通道衔接国内市场和国际市场的桥梁纽带作用。

从陆海新通道相关省份来看,广西"一带一路"西部陆海新通道建设全面推进。仅2018年上半年,广西积极采取措施,总投资3 382亿元,着力推进通道项目实施,项目涉及铁路、公路、港口等多式联运的物流基础服务设施。其中,钦州打造西部陆海新通道枢纽城市取得显著成效。钦州港建设逐步提速,通航能

---

① 余川江,龚勤林,李宗忠,等.开放型通道经济发展模式视角下"西部陆海新通道"发展路径研究:基于国内省域分析和国际竞争互补关系分析[J].重庆大学学报(社会科学版),2022,28(1):65-80.

② 马子红.陆海新通道建设与西部开发格局重塑[J].思想战线,2021,47(2):84-92.

力提高。2018 年 1—8 月,钦州港港口吞吐量完成 6 532.2 万吨,增长 23.6%;多条西部陆海新通道国际海铁班列实现开通运营。2017 年,"渝桂新"、"川桂新"("蓉欧+东盟")、"陇桂新"等国际海铁联运班列相继开通运营。广西首趟中欧班列(钦州至波兰马拉舍维奇)2018 年 1 月首发成功,重庆至钦州下行班列2018 年 3 月 16 日起实现"天天班",泸州至钦州海铁联运班列 5 月 15 日试运行,"云桂新"班列 5 月 18 日开通并计划下半年实现"天天班",宜宾至钦州海铁联运班列 5 月 22 日实现首发。2019 年 1—6 月,西部陆海新通道班列已经开行406 列,累计运载集装箱 2.2 万标箱。另外,西部内陆无水港体系建设顺利推进,在西部陆海新通道沿线主要节点城市和相关节点城市都先后设立无水港,将大大提升主干线的组货能力和运营效益①。

重庆果园港已开通贵州、成都、中欧班列(渝新欧)、中亚班列、西部陆海新通道等 5 条铁水联运通道,并且已经在两江新区实现了常态化高质量发展、高水平衔接。2020 年以来,果园港新增了新加坡港、德国杜伊斯堡港、成都青白江铁路枢纽的铁水联运通道。截至目前,果园港对外铁水联运通道已经达到 6条。2020 年 1 月,兰渝铁路与长江经济带在果园港实现了无缝连接,为西北地区货物出海新增了一条通道,将打破该地区长期无水路出海的难题,促进国内大循环,也更加便捷了西北地区和长江中下游地区的联系。其中,截至 2020 年12 月,果园港发运中欧班列 231 班、陆海新通道班列 58 班,均较同期大幅增长。

(二)西部陆海新通道建设面临的瓶颈

第一,基础设施建设不足,通道建设亟待提速。铁路方面,兰渝铁路、川黔铁路、黔桂铁路技术标准普遍较低,货运能力较小,川黔铁路、黔桂铁路能力已接近饱和②;公路方面,虽然西部陆海新通道大部分路段是高速公路,但仍存在一些路况较差的二级、一级路段,成为大通道的梗阻;港口方面,比如广西拥有

---

① 傅远佳.中国西部陆海新通道高水平建设研究[J].区域经济评论,2019(4):70-77.
② 王水莲.推动西部陆海新通道建设走深走实[J].开放导报,2020(5):48-53.

钦州港、防城港等优良港口,但钦州港港口建设起步较晚,综合服务能力弱。港口现有泊位吨位低,航道浅,无法进出国际集装箱远洋运输主力集装箱船,海铁联运运转不通畅,铁路密度和数量少,制约海铁联运的"最后一公里"交通瓶颈问题仍然存在。

第二,货物吞吐量不足,物流运输成本高。统计数据显示,2019 年 1—12 月,北部湾港的货物吞吐量为 2.33 亿吨,集装箱吞吐量为 415.71 万标箱,而同期的广州港的货物吞吐量为 6.25 亿吨,集装箱吞吐量为 2 322.30 万标箱,宁波舟山港的货物吞吐量更是达到了 11.2 亿吨,集装箱吞吐量为 2 753.5 万标箱。所以,北部湾港在货物和集装箱吞吐量上的差距难以使其成为国际门户港①。而且部分通道运输成本比较高,如钦州港,由于缺少自由贸易试验区的优惠政策支持,在通关、贸易、航运、跨境电商等方面所需费用较高,使得许多货源选择从其他港口运输。钦州港码头总费用比国内其他港口高,与江阴、宁波、湛江、广州黄埔等港相比高约 30%,其中,拆箱费高 50%~200%,装卸费高80%~200%②。

第三,相关政策体系不完善,部门协调不够。西部陆海新通道建设过程中涉及土地、海洋、物流、海关、人才资源、资金融通等方面的协调配合,一些关键项目还未进行国家层面的顶层设计,交通、贸易、物流、资金、产业布局等还未列入国家规划,仍存在软硬环境发展不协调、营商环境有待提升和法制法律体系不完善等一系列问题,导致通道市场主体培育不优,制约了通道的扩量增效。而且,通道沿线省份出于各自经济利益考量,设置或显性或隐性不同程度的贸易保护壁垒,形成了不同程度的市场分割,加上沿线省份市场化程度、营商环境差异较大,不利于商品和生产要素在各参与方之间的双向流动,阻碍了通道沿线形成整体市场规模经济效应的功效,在一定程度上阻碍了西部陆海新通道高

---

① 卢耿锋,王柏玲.西部陆海新通道建设发展的对策研究[J].当代经济,2021(3):43-47.
② 杨耀源."双循环"新发展格局下推进西部陆海贸易新通道高质量发展的关键路径[J].商业经济研究,2021(7):145-150.

水平建设①。

（三）推进西部陆海新通道建设的路径选择

大通道建设将改变我国对外开放的空间结构，为西部地区加快融入国内大循环和国际大循环，充分利用国际国内资源提供了难得的契机。要尽快破解西部陆海新通道建设过程中基础设施、政策、通关便利度、沟通协调机制等的制约，加快推进西部陆海新通道建设。

加快沿线通道基础设施建设。将陆海新通道相关基础设施建设与国家"十四五"规划、"一带一路"重大项目库、中长期铁路网规划等衔接起来，加快通道沿线各省"通边达海"铁路的规划建设。要高质量建设"渝桂新"铁海联运通道，由重庆经贵州到广西北部湾港口（主要是钦州港）出海，再海运至新加坡、泰国等东盟国家的各个港口，进而联通国际海运网络，确保西部地区融入国际市场的海上贸易通道畅通。要加快建设国际铁路联运通道。一方面，利用西南地区铁路网络，通过凭祥、河口、磨憨、瑞丽等沿边口岸，与泛亚铁路网络衔接，连接中南半岛；另一方面，从重庆南彭出发，经广西及云南沿边口岸出境，通往缅甸、老挝、泰国、越南等中南半岛国家②。

国家层面提供政策支持，进一步提高通关便利化。积极争取国家在海关、检验检疫、边防等部门合作方面出台一些"先行先试"政策，进一步加大各部门合作力度，简化通关手续，压缩通关时间，实现各省（区、市）关检"一站式"作业，推广"一次申报、一次查验、一次放行"通关模式。可以通过建立一个统一的信息化数字处理平台，整合线路上的各种信息，统一指挥，加强管理，实现相互之间口岸数据对接、数据互认资源共享，运用大数据提高口岸监管水平，大幅缩短通关流程，提高通关效率。

---

① 杨耀源."双循环"新发展格局下推进西部陆海贸易新通道高质量发展的关键路径[J].商业经济研究,2021(7):145-150.
② 马子红.陆海新通道建设与西部开发格局重塑[J].思想战线,2021,47(2):84-92.

二、中欧班列

（一）中欧班列发展历程及开行状况

中欧班列横跨欧亚大陆,共分为东、中、西三条运输通道,其中东通道由内蒙古的满洲里口岸出境,接入西伯利亚铁路后通达欧洲各国。中通道由内蒙古的二连浩特口岸出境,途经蒙古国后接入西伯利亚铁路通往欧洲各国。西通道分为三条线路,在所规划的新线路中占比较大:第一条线路是由新疆阿拉山口出境,经过哈萨克斯坦后接入西伯利亚铁路通往欧洲,第二条线路是由霍尔果斯或阿拉山口出境经哈萨克斯坦、乌兹别克斯坦、土库曼斯坦、伊朗、土耳其等国到达欧洲或者在哈萨克斯坦跨越里海进入阿塞拜疆、格鲁吉亚、保加利亚等国进入欧洲,第三条线路是由伊尔克什坦进入中吉乌与铁路相连,经过吉尔吉斯斯坦、乌兹别克斯坦、土库曼斯坦、伊朗、土耳其等国进入欧洲各国。三大通道主要货源吸引区如表 7.1 所示,中欧班列目前已形成以"渝新欧""蓉新欧""郑新欧""汉新欧""义新欧""湘新欧"等为主体的班列运输系统,国内一共有59 个城市开通线路达到 65 条,到达欧洲 16 个国家 53 个城市。2020 年 1—11月,中欧班列共开行 11 215 列、102.4 万标箱,同比分别增长 50% 和 56%,综合重箱率为 98.4%。自 3 月以来,中欧班列连续 9 个月保持两位数以上增长,自 5 月以来,连续 7 个月单月开行千列以上。

表 7.1　三大通道主要货源吸引区

西通道	西北、西南、华中、华南等地区,经陇海、兰新等铁路干线运输
中通道	华北、华中、华南等地区,经京广、集二等铁路干线运输
东通道	东北、华东、华中等地区,经京沪、哈大等铁路干线运输

中欧班列因其运距短、速度快、安全性高、受自然环境影响小等特点,已逐步成为中欧物流运输的重要方式。与海运和空运相比,铁路班列运输优势逐渐显现。在面向亚欧大陆的西向贸易中,中欧班列运输费用比空运少80%,全程运行时间为12~14天,比海运节省至少一半。蓉欧快铁横跨欧亚大陆9 826千米,时间仅需10天,时间为传统海运的22%,而费用仅为空运的1/4;渝新欧铁路全长11 179千米,原本需要37天的路程,只需要13天就能完成,缩短了2/3的时间,一举改变了重庆通往欧亚大陆的物流格局。相比存在大量中间环节的海运过程,中欧班列实现了2个企业直接对接的"点对点"运输,不需要绕道港口城市、没有中间人、可全程跟踪并预估达到时间。

中欧班列的发展日新月异,覆盖范围越来越广,串联起了沿线城市的共同命运,对原先运输困难、运输成本高昂的商品,中欧班列能够快速、安全地抵达货轮无法抵达的内陆地区,增加沿线地区的开放程度,为我国西部地区对外开放提供了更广阔的空间,搭建了一条经济与文化互通的共同发展之路①。表7.2为中西部开通中欧班列的主要节点城市进出口总额增长对比。其中,重庆在2011年开通中欧班列,成都和西安则在2013年开通中欧班列。中欧班列对我国中西部地区开放水平的促进显而易见,进出口贸易逐渐成为这些地区的主要经济增长方式,而它们也正逐步依托中欧班列加深与欧亚国家的经济往来,进一步发展对外贸易。

表7.2 西部主要节点城市开通中欧班列后的进出口总额增长对比

主要节点城市	开通班列时的进出口总额/亿美元	2018年的进出口总额/亿美元	同比增长/%
重庆	292.18	790.17	170
成都	505.85	703.6	39.09
西安	179.82	466.76	160

① 杨寅根,张晓锋.中欧班列的作用、问题及应对[J].中国经贸导刊,2021(5):31-33.

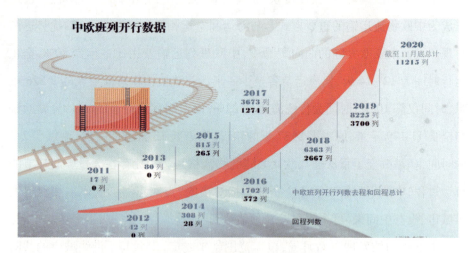

图 7.3　中欧班列开行数据

（二）中欧班列在发展中存在的问题

1.整体规划与基础设施建设有待加强

铁路运输的优势在于比海上运输更快,比航空运输更便宜,可以较低的运费实现快速运输。而现在中欧班列的这种优势却在逐渐减弱,如"渝新欧"班列在 2011 年到达终点站需要 11 天,到了 2018 年却需要 17 天。中欧班列时间成本优势的减弱会危及中欧班列的核心竞争力,影响班列以后的发展。运输效率的降低有多方面的原因:一是沿线物流系统的基础设施建设参差不齐,配套的运营服务能力偏低;在自身的优点与政策的支持下,飞速发展的中欧班列给各个口岸带来不小压力,班列拥堵的现象时有发生。我国和西欧的铁路采用标准轨道(1 435 毫米),而俄罗斯、蒙古国以及中亚等国家采用宽轨(1 520 毫米),铁路轨距不一致,导致中欧班列至少换装两次,在口岸经常停限装、压货,占用大量时间。班列途中仍有甩车现象,境外速度不高,运行时间过长。通关便利性仍然不够,收费标准不统一,境内口岸仍因报关、报检等原因而时常被扣车扣箱。由于班列要在慢车运费基础上加收 50%的运费,加之转关换轨,运营成本远高于铁海联运、江海联运。在国内,"我国中西部地区的班列始发地口岸功能也有待完善,技术和管理手段相对滞后,信息系统不健全,配套服务能力较弱"。无论基础设施不完善问题出现在班列运行线路的哪一段,都会对中欧班列造成不利影响,其后果不仅仅是带来班列线路拥堵、开行数量受限等问题,更重要的是,这将损害中欧班列的运行效率和稳定性,进而拉高班列成本,降低班列运行质量,不利于班列形成真正的市场竞争力[①]。

2.依赖于地方政府补贴以平衡盈亏

目前政府补贴是绝大部分"中欧班列"开行的必要条件。为保证运行和吸引货物,各地方政府都出台了补贴方案,规定超出海运价格的成本由政府补贴,补贴至少在2 000~3 000美元/箱。如成都以专项资金形式进行运费补贴,重庆对本地电脑企业参照海运价格进行专项补贴等[②]。政府的宽厚补贴是中欧班列呈爆发式增长的原因之一。诚然一定的优惠政策对中欧班列前期的发展大有益处,但是长久的不合理补贴会加强相关企业对政府补贴的依赖性,扰乱市场,阻碍班列往后的运营和发展。虽然中欧班列的运输时间较短,但是由于成立时间较短、沿线基础建设落后、规模相对过小等原因,导致其成本通常是海运价格的一倍以上。各地政府为了从海运市场吸引货源,只能通过财政补贴的方式,将中欧班列的运价压低到和海运相近的价格。目前,中欧班列每标箱的运价是6 000美元,政府一般会按运价的一半费用进行补贴,如果没有了这些补贴的加持,中欧班列的开行收益甚至抵不上它的运输成本。这种现象阻碍了中欧班列形成市场化运营机制,不利于中欧班列由"经济运输"向"运输经济"的转型[③]。

3.各地班列无序竞争

外向型经济发展的相对落后导致内陆城市对外供应的货源相对不足,加之开通中欧班列的城市距离大都比较相近,货运线路的覆盖范围重叠导致了出口市场空间有限,引发地区与地区之间为争抢货源而产生的恶性竞争。各个地区

① 马斌.中欧班列的发展现状、问题与应对[J].国际问题研究,2018(6):72-86.

② 王姣娥,景悦,王成金."中欧班列"运输组织策略研究[J].中国科学院院刊,2017,32(4):370-376.

③ 杨寅根,张晓锋.中欧班列的作用、问题及应对[J].中国经贸导刊,2021(5):31-33.

为了竞争利益,纷纷选择降低运价来聚集货资,其影响半径通常会涉及周边地区导致货物绕远运输。尤其是本身具有深厚的货运基础,地缘优势占优的城市更是抢夺了大量周边地区的货运资源。资源分配的失衡导致有的站点拥堵不堪,效率低下,而有的站点却门可罗雀,资源闲置。以开行量占据国内 86%的"五巨头"为例,成都、重庆、武汉距离相近,在西部地区呈三足鼎立之势。在货物流通时,各地区或因利益原因、或因基础设施落后、或因缺乏沟通而展开相互竞争,较少开展多式联运,降低运输效率,提高了企业运输成本。国内部分地区区域的无序竞争对资源的内耗不容忽视,影响经济的正常发展,有害市场健康①。

(三)提高中欧班列效能的建议

1.提高顶层设计,协调各方关系

针对目前各地开行中欧班列过程中出现的问题,国家有关的管理部门有必要进行顶层设计,协调地方省(区、市)利益,避免地方省(区、市)的非理性竞争,统一管理运营对欧的货运班列,使得该项业务能够健康发展。中欧班列的开行是一个创新,是中欧贸易发展一个新的战略通道,但是现在各地的过度竞争和模仿,使得中欧班列的健康发展越发困难。国家层面的顶层设计,首先要规划好我国对欧货运班列的开行计划和运行线路,尽最大可能避免运力的浪费和减少运营发车等待时间,充分发挥中欧班列比海洋运输时间短的优势;其次,中国铁路总公司可以集中各条中欧班列的货物,集中管理中欧班列,统一对外谈判,统一签订过境和运价协议。这样的顶层设计不但可以最大化地保证各地的利益不受损失,避免地方政府之间的无效博弈,同时还可以提高我国与中欧班列沿线国家谈判的效率和话语权,在一定程度上降低目前中欧货运班列的运行费②。

① 杨寅根,张晓锋.中欧班列的作用、问题及应对[J].中国经贸导刊,2021(5):31-33.
② 李耀华.中欧班列的运行现状与发展对策[J].对外经贸实务,2015(2):91-93.

2.地方政府建立协调机制

在选择货物的承运人时,因为中欧班列的运输规模还相对较小,市场化运营模式还是略显吃力。建议现阶段各地政府在对外出口方面先选择同一承运人,对所有的货物统一管理、运输,发挥规模效应,待到中欧班列发展壮大时再放开市场,发挥市场的作用。在轨道的换装方面,可以利用俄罗斯、哈萨克斯坦等国宽轨铁路段的优势对货物进行编组,化多为少,减少运输时间。

3.各班列发挥比较优势合理分工

中欧班列应找准其较之空运规模大、价格低,较之海运速度快的市场定位,着重考虑附加值大、货运量高、时效性强的货物。各班列可以通过细分市场运行特色化班列,有针对性地发展优势项目,开辟专属市场。中欧班列(成都)推出了公共、精品、定制这三种班列,与客户对货物的要求程度的高低一一对应,现已受到诸多供货商的青睐。各企业可以通过积极开展招商项目,扩大供应规模,也可以拓展业务范围,与跨境电商合作开展跨国运输[①]。

第三节　打造内陆多层次开放平台

一、西部地区内陆开放平台建设基本情况

(一)自由贸易试验区

自 2013 年 9 月至 2020 年 9 月的 7 年里,国务院批准成立了 21 个自由贸易试验区。西部地区的自由贸易试验区有中国(重庆)自由贸易试验区和中国(四川)自由贸易试验区、中国(陕西)自由贸易试验区、中国(广西)自由贸易试验区和中国(云南)自由贸易试验区。中国自由贸易试验区一览表,见表7.3。

---

① 王姣娥,景悦,王成金."中欧班列"运输组织策略研究[J].中国科学院院刊,2017,32(4):370-376.

表 7.3　中国自由贸易试验区一览表

时间	批次	省份
2013 年	第一批（1 个）	上海自贸试验区
2014 年	第二批（3 个）	广东、福建、天津自贸试验区
2016 年	第三批（7 个）	辽宁、河南、浙江、湖北、重庆、四川、陕西自贸试验区
2018 年	—	海南自贸试验区
2019 年	—	上海自贸试验区临港新片区
	第四批（6 个）	山东、江苏、广西、河北、云南、黑龙江自贸试验区

（二）国家级新区

目前,国家批准设立的 19 个国家级新区中 6 个在西部,即重庆两江新区、甘肃兰州新区、陕西西咸新区、贵州贵安新区、四川天府新区、云南滇中新区。国家级新区是新常态下引领经济发展的新引擎,是我国经济社会发展与改革开放系统布局的重要环节,是体制机制改革创新的先行者,国家赋予西部地区要以国家级新区建设为契机,以国家级新区带动城市,进而带动城市群、区域经济、经济大发展,从而促进西部经济社会协调发展。

近年来,西部内陆地区在自由贸易区建设和国家级新区建设的基础上逐渐形成了物流平台、金融平台、科技平台、会展平台、保税平台等多层次开放平台。

1.物流平台

重庆江北国际机场第三跑道、东航站楼征地拆迁基本完成,进入开工建设阶段;我国内河最大枢纽港——重庆果园港,2014 年建成使用;渝利、渝怀、渝万铁路客货运枢纽站建设也在 2013 年、2014 年相继完成。两江新区积极推动港区绿色智慧发展,促进果园港完成从内河最大多式联运枢纽港崛起为内陆国际物流枢纽。2020 年,货物吞吐量 1 400 多万吨,较 2015 年增长 70% 以上;集装箱吞吐量 34 万 TEU，较 2015 年增长 41% 以上。陕西逐渐形成"陆、空、信息、管道"多种方式无缝衔接的综合立体交通网络，形成承东启西、连接南北、高效便捷的立体大通道，在硬件联通设施基础上，陕西着力建设"三网三通"核心骨干物流体系。陆路运输方面，建设西安新筑铁路综合物流中心，完善国际铁路物流网络，加强与沿海港口的联动，建设国家多式联运示范基地；空运方面，加快机场新建、扩建，积极探索临空经济示范区建设，发展航空物流，系统发展物联网和现代综合交通物流体系等。四川凭借后发优势在海陆空三个方面形成由"一个网络、两个系统、三个平台"共同组成的综合交通运输有机整体。铁路大通道建设方面主要是建成以成都铁路枢纽为中心，连通京津冀、长三角、珠三角三大经济圈，融入"一带一路"国际运输大通道的铁路运输干线网络。高速公路通道建设上，以推进省级互联互通为重点，新增 7 条高速公路通道，提升跨区域通达条件和运输能力。国际国内航线上，建成成都天府国际机场，优化成都双流机场，巩固航空第四城地位。港口航运建设方面，构建干支衔接的航道体系和枢纽互通的港口体系，提升内河航运能力。

2. 金融平台

重庆将江北嘴中央商务区打造成为长江上游金融中心的核心区，成功引进 20 余家重点金融机构设立区域总部；为了配合跨境贸易和投资活动的展开，陕西通过复制上海等自贸试验区先行先试经验并结合自身发展需求进行服务于双向开放的金融创新，取得一定进展，着重依托西安金融商务区、西咸新区、西安高新区、曲江新区，分别促离岸金融、能源金融、科技金融、文化金融聚集发展，通过创建国家级金融改革创新试验区，支持境内外各类金融机构在西安设立分支机构，例如，西安高新区在引进金融机构、创新金融服务、支撑企业和产业发展过程中，逐渐形成金融集聚区，截至 2016 年末，西安高新区金融中心汇集了全省 70% 以上各类金融机构和 80% 以上的金融创新；2016 年，四川省实行"项目年"，引导银行业机构按照相关要求，突出支持重点，积极争取贷款规模，开展银团贷款、联合授信、PPP 融资等服务，支持 700 个全省重点项目和 100 个升级重点推进项目建设。

3.科技平台

陕西通过发挥在科研领域的既有优势,建设国家科技合作产业基地、国际科学家协同创新研究以及信息共享平台、杨凌现代农业国际创新园等,吸引国外机构在陕西设立全球研发中心、实验室、企业技术研究院等,此外,还包括充分开发和利用教育资源,建设波兰研究中心、土库曼斯坦研究中心、阿拉伯文化研究中心等智库,成立丝绸之路大学联盟等教育研究机构。

4.会展平台

重庆两江新区党工委管委会出台《关于进一步推动悦来国际会展城高质量发展的意见》和《两江新区进一步促进会展产业发展办法》,有力地推动会展经济高质量发展。意见提出,到 2023 年,悦来国际会展城基本成为国内会展业高质量发展的高地;到 2025 年,悦来国际会展城将成为"一带一路"标志性国际会展平台和重庆对外开放重要风貌展示区。在悦来国际会展城,目前 60 万平方米国际博览中心主体工程已基本完成,年底前所有展馆可投入使用。为助力重庆打造内陆国际会展名城,两江新区悦来国际会展城正积极升级会展配套,拓宽会展全产业链,不断完善"会展+""设计+"生态圈,从多方面做大做强会展业。据不完全统计,2020 年,悦来国际会展城举办展览 33 场,展览面积 150 万平方米;举办会议活动 137 场,其中国际性会议 5 场,500 人规模以上会议 31 场。陕西通过举办亚欧经济论坛、丝博会暨西洽会、杨凌农高会、陕粤港澳经济合作周、全球秦商大会、西部跨采会等重大活动促进人文交流和品牌推广。四川将丝路元素与四川元素有效结合,通过演出展览、研讨交流、贸易合作、人才交往等活动,多层次、宽领域推广以熊猫文化、古蜀文明、三国文化、非物质文化遗产、藏羌彝民族文化等为代表的四川特色文化品牌。

5.保税平台

重庆保税港区全面围网,已通过国务院正式验收,保税加工、保税物流等实现封关运行,区内入驻企业和项目超过 200 个,累计实现营业收入 2 225 亿元。

二、构建内陆多层次开放平台的路径选择

要逐步建立海—陆—空—河港相互连接的综合多层次开放交流平台。要不断整合现有基地、园区的资源，逐步进行转型升级，使基地、园区发展适合国际国内需求。加快重要经济区（成渝地区双城经济圈、关中—天水经济区、喀什和霍尔果斯经济开发区、环北部湾经济区）的建设，不断形成试验到全面铺开的发展，实现重要经济区起领头羊作用带动其他经济区不断发展，构建起多层次、多互联互助的开放互助平台；加快中国—东盟信息港建设，实现中国—东盟国家实现便捷的信息互通；加快西部无水港建设，通过中欧班列、中国—东盟班列等的连接，织造起多层次的内陆港网；逐步建立具有优势地理位置和经济位置的港口群建设，通过资源整合，将资源、信息等进行整合形成强大的发展动力；积极主动参与和主办各类博览会，通过博览会等重大会议，不断提升西部的影响力。

着力打造开放型平台，推动平台创新要素集聚。积极抢抓"一带一路"、RCEP 等重大战略机遇，以国家级新区、经济技术开发区、高新技术园区、改革开放试验区等开放平台建设为抓手，加快推动开放平台创新要素聚集，不断完善开放平台运行机制，构建科工贸一体化、金融服务国际化的对外开放平台体系，进而对西部地区高质量对外开放发挥重要的支撑作用。要进一步发挥重点开放平台引领作用，地处西部的国家级新区（重庆两江新区、成都天府新区、昆明滇中新区、贵州贵安新区、陕西西咸新区、甘肃兰州新区等）必须全面落实《国务院办公厅关于支持国家级新区深化改革创新加快推动高质量发展的指导意见》（国办发〔2019〕58 号）精神，对标浦东新区和雄安新区，加快改革创新、产业聚集、开放崛起，推进贸易多元化试点，推动新区高质量发展，打造西部地区经济增长极；西部地区的自由贸易试验区（重庆、四川、陕西、云南、广西）则要以制度创新为核心，不断先行先试，开展首创性、差异化的改革探索，形成更多可复制可推广的制度创新成果，推动西部地区的高水平制度型开放。要进一步优化沿边、沿海、沿江开放口岸的资源配置，健全开放口岸的发展机制，完善开放口岸

的服务能力,促进开放口岸与特色优势产业互动发展,以及人流、物流、资金流、信息流等集聚和流动;要进一步深化西部地区的国际国内通关合作,包括落实海关通关一体化,深化西部内陆同沿海、沿边通关协作,推动西部地区与东盟、南亚、中亚等区域的国际货物"一站式"运输①。

第四节 加快沿边地区开放发展

我国拥有 2.28 万千米陆地边境线,与越南、老挝、缅甸、不丹、尼泊尔、印度、巴基斯坦和阿富汗等 14 个国家接壤,与 9 个国家隔海相望②。沿边 139 个县级行政区总面积合计 200 万平方千米,总人口 2 450 万,分别占陆地面积的 20.8% 和国内总人口的 1.8%,分布着 45 个少数民族。沿边地区是我国对外开放的重要窗口,在我国经济社会发展中具有重要战略地位,对于缩小沿海与内陆差距、促进区域协调发展、促进民族团结、构建和谐周边环境、实现战略互信、拓展能源资源战略通道多元化等具有重要的现实意义。

一、中国沿边地区开发开放的演进历程及现状

沿边地区的开发开放、经济发展是随着我国改革开放的进展不断推进、开放发展的。沿边地区的开放首先是从发展边境贸易开始的,党的十届三中全会以后,边境贸易出现恢复的态势。1981 年吉林省恢复了与朝鲜的边境贸易,1982 年国务院批准了恢复对苏联的边境贸易,随后新疆、黑龙江、内蒙古依次开展对苏边境贸易,沿边开放缓慢起步;1983 年中国黑龙江的绥芬河、内蒙古的满洲里、新疆的霍尔果斯和图尔尕特口岸等地逐步恢复与苏联的地方易货贸易和边境贸易③。与此同时,一系列政策、文件的发布推动沿边开发开放逐步走向制

① 马子红.陆海新通道建设与西部开发格局重塑[J].思想战线,2021,47(2):84-92.
② 幸岭.区域旅游发展创新模式:跨境旅游合作区[J].学术探索,2015(9):70-75.
③ 孙久文,蒋治.沿边地区对外开放 70 年的回顾与展望[J].经济地理,2019,39(11):1-8.

度化开放,如 1984 年出台的《边境小额贸易暂行管理办法》,作为中国第一部专门针对沿边开放制定的政策,为活跃边境贸易提供了政策指引,推动沿边地区边境贸易额快速增长,成为边境省份和自治区对外贸易的重要组成部分①。1981—1991 年我国的边境贸易处于恢复阶段,规模较小,如 1982—1987 年的 5 年间,边境贸易累计只有 1.5 亿美元;1992 年,国务院出台了《国务院关于进一步积极发展与原苏联各国经贸关系的通知》(国发〔1992〕33 号),给予了一些优惠政策,同时又批准设立 14 个边境经济合作区和 14 个沿边开放城市,沿边地区的开发开放进入快速发展阶段。至此,中国对外开放格局由沿海、沿江开放扩大至沿边开放,东西双向互济的开放格局逐渐形成。1996 年,国务院出台了《国务院关于边境贸易有关问题的通知》(国发〔1996〕2 号),对边境贸易政策进行了调整,沿边地区的开发开放进入调整期,沿边开放平台加速完善,由边境城市逐渐拓展至边境经济合作区、边民互市贸易区等,随后,基于沿边开放的次区域合作加速推进,如大湄公河次区域合作、中国—东盟自由贸易区建设以及图们江区域合作开发等。与此同时,沿边开放的指导理念发生了转折性的变化,1999 年,国家民族事务委员会联合国家发展和改革委员会、财政部等部门倡议发起“兴边富民”行动,沿边开放进程中的边民生活水平及民族团结更加受到重视。党的十七大提出“提升沿边开放”,标志着中国开始进入沿边开放提速增质、深入推进阶段。2008 年 10 月出台了《国务院关于促进边境地区经济贸易发展问题的批复》(国函〔2008〕92 号),用财政转移支付的办法替代了现行的边境小额贸易的“两减半”税收优惠政策,提高了边境地区边民互市进口免税额度,从 3 000 元人民币提高到 8 000 元人民币,边境贸易发展从波动逐渐趋于稳定。与此同时,沿边开放平台建设取得跨越式进展。一是设立经济特区。2010 年 5 月,中央新疆工作会议上正式批准霍尔果斯、喀什设立经济特区。《国务院关于支持喀什霍尔果斯经济开发区建设的若干意见》(国发〔2011〕33 号),明确指出把喀什、霍尔果斯经济开发区建设成为中国向西开放的重要窗口,推动形成中

---

① 胡超.改革开放以来我国民族地区边境贸易发展的演变轨迹与启示[J].国际贸易问题,2009,318(6):3-10.

国"陆上开放"与"海上开放"并重的对外开放新格局。二是设立国家级重点开发开放试验区。2010年,中央明确提出"积极建设广西壮族自治区东兴、云南瑞丽、内蒙古满洲里等重点开发开放试验区"。三是跨境经济合作区由探索转入实质性开发阶段。中哈霍尔果斯国际边境合作中心作为中国与其他国家建立的首个跨境经济贸易合作区,于2006年开工建设,2012年4月正式封关运营。2007年,广西和越南相关省份签署地方政府间相关框架协议(备忘录),规划建立中国凭祥—越南同登、中国东兴—越南芒街和中国龙邦—越南茶岭三大跨境经济合作区。2012年,云南省人民政府批准磨憨—磨丁经济合作区为省级边境经济合作区;从2013年起,"一带一路"倡议、周边外交工作座谈会以及党的十八届三中全会的召开共同标志着沿边地区新一轮开发开放全面展开。先后出台了《国务院关于加快沿边地区开发开放的若干意见》(国发〔2013〕50号)、《沿边地区开发开放规划(2012—2020)》《国务院关于支持沿边重点地区开发开放若干政策措施的意见》(国发〔2015〕72号)和《中共中央 国务院关于加大边民支持力度促进守边固边的指导意见》(中办发〔2017〕53号),把沿边地区的开发开放上升到国家战略。在4个文件中,第一次系统地将沿边地区的开发开放从战略的高度进行阐述和定位。同时,在原来政策的基础上,形成了对沿边地区开发开放政策支持的体系。特别是2013年"一带一路"倡议的提出,使沿边地区从改革开放的末梢变为前沿,沿边地区成为重要"内""外"对接区域,成为中国向西开放的前沿阵地。2013年12月,印发《国务院关于加快沿边地区开发开放的若干意见》(国发〔2013〕50号),将促进沿边地区繁荣稳定,深化与周边国家的睦邻友好合作提上战略新高度,为进一步加快沿边地区开放发展提供新思路。十九大以来,我国对区域发展和对外开放进行了全新的顶层设计,制定了新的区域发展和对外开放战略,如区域协调发展战略和乡村振兴战略、推动形成全面开放新格局等。特别提出"加大力度支持革命老区、民族地区、边境地区、贫困地区加快发展,强化举措推进西部大开发形成新格局"。这些顶层设计和新发展战略为沿边地区发展带来了难得的历史机遇。

随着改革开放进程的持续推进,中共中央、国务院1992年制定的沿边开放政策一步步迎来了宽松的外部实施环境,沿边地区的历届党委政府因地制宜,充分发挥沿边地区的地缘优势和资源禀赋,建设原有边境口岸,开发新的边境口岸,拓展边境贸易区、边境经济合作区。截至 2016 年底,我国共设立了 5 个重点开发开放实验区、72 个沿边国家级口岸、28 个边境城市、17 个边境经济合作区、1 个跨境经济合作区,详见表 7.4。

表 7.4　中国沿边开发开放城镇一览表

区位	省份	重点开发开放试验区	沿边国家级口岸		边境城市	边境经济合作区	跨境经济合作区
			铁路口岸	公路口岸			
西部	广西	东兴	凭祥	东兴、爱店、友谊关、水口、龙邦、平孟	东兴市、凭祥市	东兴、凭祥	
	云南	勐腊（磨憨）、瑞丽	河口	天保、都龙、河口、金水河、勐康、磨憨、打洛、孟定、畹町、瑞丽、腾冲	景洪、芒市、瑞丽	河口、临沧、畹町、瑞丽	
	西藏			樟木、吉隆、普兰			
	新疆		霍尔果斯、阿拉山口	红其拉甫、卡拉苏、伊尔克什坦、吐尔尕特、木扎尔特、都拉塔、霍尔果斯、巴克图、吉木乃、阿黑土别克、红山嘴、塔克什肯、乌拉斯台、老爷庙	阿勒泰市、哈密市、阿图什市、伊宁市、博乐市、塔城市	伊宁、博乐、塔城、吉木乃	中哈霍尔果斯国际边境合作中心
	甘肃			马鬃山			
	内蒙古	满洲里、二连浩特里	满洲里、二连浩特里	阿日哈沙特、策克、阿尔山、甘其毛都、额布都格、满洲里、满都拉、黑山头、二连浩特、珠恩嘎达布其、室韦	二连浩特市、阿尔山市、满洲里市、额尔古纳市	二连浩特、满洲里	

续表

区位	省份	重点开发开放试验区	沿边国家级口岸		边境城市	边境经济合作区	跨境经济合作区
			铁路口岸	公路口岸			
东北	黑龙江		绥芬河	虎林、密山、绥芬河、东宁	黑河市、同江市、虎林市、密山市、穆棱市、绥芬河市	黑河、绥芬河	
	吉林		珲春、图们、集安	珲春、圈河、沙坨子、开山屯、三合、南坪、古城里、长白、临江、集安	珲春市、图们市、龙井市、和龙市、临江市、集安市	珲春、和龙	
	辽宁		丹东	丹东	丹东市	丹东	

资料来源:中华人民共和国中央人民政府网

　　边境贸易是我国对外贸易的重要组成部分,是沿边地区兴边富民的重要途径。当前,我国边境贸易由"边民互市贸易"和"边境小额贸易"两种形式组成,整体对外贸易回稳向好。沿边九省进出口总额由 1993 年的 199 亿美元增长至 2018 年的 2 961.7 亿美元,年均增长高达 12.6%。在利用外资方面,沿边地区利用外资从 1998 年的 819.4 亿美元迅速增长到 2018 年的 5 645.1 亿美元,增长约 6 倍,年均增长 11.1%①。重点开发开放试验区、沿边国家级口岸、边境经济合作区和跨境经济合作区等沿边重点地区是我国深化与周边国家和地区合作的重要平台。沿边开发开放区的外贸依赖程度在不断提高,如广西外贸依存度已由 2010 年的 12.6%上升到 2016 年的 17%,云南 2016 年的外贸依存度也达到

_____

① 李光辉.2019 中国沿边开放发展年度报告[R].北京:中国商务出版社,2019:68.

8.7%。沿边开发开放的正效应明显：沿边地区的经济增速快,居民可支配收入增加,购买力增强,沿边地区的科学技术水平不断提高,为加快沿边开放步伐,国家在这些重要合作平台的基础上提出建设跨境旅游合作区和边境旅游试验区,有利于推动沿边地区以旅游为主的服务贸易的发展。

二、中国沿边开发开放存在的问题

总体来看,我国沿边地区开发开放无论是在经济层面还是在社会层面都取得了一系列成绩,但是仍然存在一些问题。

(一)"开发"与"开放"割裂,贸易发展缺乏产业支撑

当前我国的沿边地区开发开放还停留在"口岸经济"时代,单纯追求贸易量的扩张,并不关注当地相关产业和企业的发展。通过沿边口岸进口的能源、资源、原材料等产品,并没有促进沿边地区相关产业的发展,而是直接拉动了内地、沿海等经济发达地区进行生产和深加工,比如西电东送,导致当地的企业用电成本高,资源型产业本地深加工少,产业链拉不长,所以能源资源优势尚未充分转化为发展优势;沿边口岸出口的产品绝大多数并不是由当地生产的,而是来自内陆地区。因此,沿边地区只是充当了"大通道"的作用,出现"开放"与"开发"两张皮的现象[1]。改革开放以来,我国沿边省区边境小额贸易占国内出口贸易总额的比重一直在 0.9% 左右,在利用外资和"走出去"等方面,沿边地区也处于起步阶段,与东部地区相比仍属于开放的洼地[2]。虽然优越的地理位置给沿边地区贸易发展带来了更多的机遇,但是并没有因此形成具有竞争优势的产业发展带,对当地的产业发展示范、引导作用不强,并未给当地产业发展形成强劲的推动力。

---

[1] 丁阳,夏友富,吕臣.新型国际分工模式下的沿边开发开放问题研究[J].江苏社会科学,2015(1):61-68.

[2] 李光辉.2019 中国沿边开放发展年度报告[R].北京:中国商务出版社,2019:68.

（二）贸易产品附加值不高，开放型经济领域狭窄

我国与沿边邻国的贸易发展中，进口主要以能源、矿产、农副产品为主，比如西南沿边地区开展的主要是边境小额贸易，贸易商品多是附加值不高、科技含量低的橡胶、煤炭、茶叶、红木家具等初级农产品以及工业半成品。出口则以劳动密集型的轻工产品和低端机电设备为主，层次较低。因为邻国经济发展滞后、市场规模偏小、以低技术含量的低端产品需求为主，客观上也制约了沿边地区的科技创新、产业升级的动力，从而限制了我国沿边开放型经济发展的层次和领域，以及拉动经济增长的能力。此外，由于我国与邻国关系、传统等因素，我国边境各地通关便利化各有差异，与周边邻国尚未建立长期、稳定、有效的沟通交流机制，阻碍了沿边开发开放的进一步发展。

（三）沿边开发开放资金投入不足，人才缺乏

沿边地区具有开发开放的地缘优势，却缺乏启动资金。由于邻国多为发展中国家，从邻国招商引资的难度较高。加之沿边地区不比沿海，面对的只是一国或两国的区域市场，市场需求小、差异性大，选择余地有限，国家政策支持力度有限，从客观上就增加了投资的风险性，降低了收益性，所以沿边地区吸取投资资金有限[①]。人文观念以及科学教育水平阻碍了沿边开发开放的经济效应和社会效应。在教育方面，沿边大部分贫困村学校的校舍比较落后，相关配套设施不健全，高中高职教育较为缺乏，学校教师数量不足，加上沿边地区自然环境恶劣，生活条件艰苦，与沿海地区经济落差大，导致人才流失等问题突出，而且缺乏吸引国际人才的基础条件，从而制约了沿边地区开发开放的能力。但随着开放程度的提高以及国家对西部沿边地区科技教育的重视，西部沿边地区的科学教育技术水平将逐渐提升，而科学技术和人力资本对经济增长的贡献率很高，基于此西部沿边地区的开发开放效应还有很大的提升空间。

---

① 滕智莉. 中国西南沿边开发开放效应研究［D］.昆明：云南师范大学，2019.

三、加快沿边地区开放的路径选择

从国内看,深入推进沿边开放有利于沿边地区加快经济发展、优化产业布局、促进区域协调发展、实现民族团结、国防安全,保障我国资源能源供应;从国际看,扩大沿边开放有利于应对国际经济形势新变化、巩固互利互惠的对外经济关系、营造和谐稳定的周边国际环境,对我国参与全球经济利益重组、增强区域经济合作话语权提供重要窗口。因此,必须全面推进沿边开放,打造沿边开放升级版。当前,应从做稳"边"的贸易、做强"边"的产业、做实"边"的金融、做旺"边"的旅游、做大"边"的物流、做优"边"的教育等领域,积极推动沿边地区开放合作,重点做好以下几个方面的工作。

（一）扩大沿边贸易合作领域，构建沿边特色产业链

产业是支撑沿边经济发展的关键,要立足边境城市特色产业、人力资源等,发挥要素禀赋和区位比较优势,构建沿边特色产业链。第一,要加快沿边边贸、跨境、开放等试验区的建设。发挥载体和平台叠加功能优势,合理布局,强化产业集聚,加强与内陆、沿海地区的经济互动,为沿边开放提供持续动力。加快试验区在体制机制、土地使用等方面的体制机制创新和制度创新,提高试验区发展水平。第二,充分发挥沿边地区的地缘优势,引领辐射内陆地区对外物流通道和通关渠道建设。建设连接沿边与内陆、沿海地区的对外经济走廊,充实沿边开放的产业支撑和动力来源。加强"丝绸之路经济带"和"21 世纪海上丝绸之路"境内节点和通道建设,推动形成全方位对外开放网络①;深化"中国—东盟自由贸易区"合作,扩展人民币结算试点,使人民币成为区域投资结算货币,推进大周边外交战略。第三,发展以商贸、物流、旅游等为主的产业链。边境及周边国家旅游资源丰富,要加快建设边境旅游,跨国旅游,访亲、探亲旅游等形式的旅游业的发展,开发具有边境地域特色、民族特色的旅游项目,提升文旅层

---

① 史本叶,程浩. 打造沿边开放升级版[N]. 人民日报,2014-09-16(7).

次和水平。扩展出入境旅游的通行范围,简化旅游签证的办理程序。通过正常旅游活动促进延边地区经济的发展,同时又能促使与沿边国家民心相通。在边境地区,要建设一批国际物流节点和配送中心,鼓励和支持发展跨国商贸物流产业。

(二)拓宽区域合作领域,促进多层次产业合作

以制定沿边地区开发开放规划为契机,发挥多领域合作优势。通过制度的革新,不断促进制度与本地发展相适应,逐步建立制度型经济发展模式,用制度约束取代商品和要素流动为主的经济发展模式,不断完善边民互市政策的制定和落实;加快整合资源优势和产业优势,在农业发展上不断促进农业多边、双边开放合作,实现互利共赢;工业发展方面鼓励西部地区优势企业深刻把握自身优势,发挥产业集群效应,加快企业走出去的步伐,主动参与到国际重大产能项目的建设与研发和沿边国家的投资发展中,积极主动承担起委内加工工业的发展,以开发促进开放,以开放带动开发。推进双边或多边贸易投资便利化,提升区域经济一体化程度。

(三)加大沿边扶持力度,加快人才引智建设

加大资金、人才等政策向沿边地区转移,通过"援建""专项资金""人才就业引流""政策引导""产业转移""生态保护""精准扶贫"等方式不断加大沿边扶持力度。健全沿边地区人才引进、人才培养、人才使用的保障机制,深入推进富民兴边行动,鼓励引导高校毕业生前往沿边地区工作,打造"人才小高地"。进一步优化沿边地区行政、事业机构设置,给予人才在公务员及企事业单位招录、自主创业等方面一定的倾斜照顾性政策措施和一定的经济资助,解决沿边地区"招人难"的问题。进一步加大"大学生志愿服务西部计划"、"三支一扶"、选调生及大学生村官计划中沿边地区所占的比例,并提高相关待遇。同时扩展沿边地区与沿海发达地区的对口支援、交流与培训,畅通各类人才发展通道。通过推进"生态兴边富民""旅游富民兴边""平台富民兴边""互联网+富民兴

边""大数据富民兴边"等方式不断推进沿边地区政治、经济上的发展。

第五节 构建高水平开放型经济

推进西部大开发形成新格局,要求加大西部开放力度,推动西部开放型经济实现更高水平的发展。当前,推动形成以国内大循环为主体、国内国际双循环相互促进的新发展格局给我国开放型经济发展提出了新要求,也为西部开放型经济发展提供了新思路。

一、西部地区发展高水平开放型经济的环境分析

经过多年发展,东中部地区开放型经济建设已取得显著的成绩,而由于地理和历史的原因,我国东西部区域发展仍然不协调,西部地区发展相对滞后。其中既有外部因素的影响,也有其特殊原因。外部因素中,主要是受早期对外开放政策倾斜方向的影响。我国过去 40 年对外开放走的是从沿海到内陆,由东部到西部的点、线、面逐步开放的路线,这在很大程度上造成了西部地区开放经济的探索落后于东部地区。特殊性角度,一是西部受限于地理位置,海运成本高又远离要素丰富的港澳台地区,难以吸引外资和产业技术转移,因此无法享受到时代机遇;二是对外开放的发展空间受制于低端产业结构和低水平市场化程度以及制度层面的影响;三是受限于基础设施落后、生态脆弱、产业结构单一、人才匮乏等因素,西部在发展开放经济时面临发达地区在技术、产业、服务方面的冲击①。作为内陆沿边地区的一部分,西部在我国新一轮对外开放中扮演着重要的角色,是解决区域发展不协调和开放不协调的重要环节,推动西部地区高水平开放是我国新一轮对外开放的主要潜力所在,是纵深发展开放型经济的关键环节。新一轮开放是从边境开放向境内开放的转变过程,这就要求配

---

① 史兆晨,黄振龙.关于西部地区构建开放型经济新体制的思考[J].商场现代化,2020(12):144-146.

套的措施、体制等随之发生变化。因而西部开放型经济体制的建设在实施新一轮对外开放中是十分关键的,也是我国新一轮西部大开发格局构建的重要内容,这对平衡区域经济和维护国家安全具有重要的战略意义。

二、西部地区发展高水平开放型经济的现状

整体上,西部地区在构建开放型经济体制时通常借鉴东部经验,如贵州、宁夏等地区依靠本地资源禀赋及特殊产业依托综合保税区等平台已取得初步成果。如宁夏依托银川综合保税区,与港口、铁路、机场连接,初步形成了立体化"向西"开放物流通道开放格局,在外资投资管理体制和服务机制上,实行准入前国民待遇+负面清单管理制度。陕西积极借鉴上海自贸区试点经验,实施准入前国民待遇+负面清单管理制度,国际贸易"单一窗口",跨部门、跨地区通关协作,扩大海关 AEO 认证,建立外经贸综合服务平台等投资贸易便利化措施;贵州省着力建设内陆投资贸易便利化试验区等平台,建立"备案+审批"的外商投资管理新模式,推动建立"一口受理、并联审批、限时办结"机制,推进投资便利化,建立健全外来投资跟踪协调服务机制,推行外来投资项目全程代办和并联审批制,探索建立产业链配套等项目评价体系,在促进"走出去"战略的新体制上,实行以备案制为主的管理方式来简化手续,扩大企业主体对外合作自主权;重庆海关推出"三自一简"制度进行特殊监管区创新。依托自主开发的特殊监管区域信息化辅助管理系统,率先在全国特殊监管区域推行自主备案,推动口岸监管查验设施共享共用等。

总体上,西部对外开放存在以下不足之处:一是开放型经济的总量较小,产业规模与竞争力相对不足。二是制度成本高,营商环境有待优化。虽然西部地区近年来在推动贸易投资便利化的制度安排上进行了大量创新,但是在金融、人才、技术创新等相关的软环境建设上仍相对落后于东部地区,根据"万博营商环境指数(2018)"的分省份排名,只有四川、重庆、陕西的营商环境进入了中游

行列,其余9个西部省份均处于最低区间①。三是开放领域不足,配套服务不健全,无法很好地对接国际贸易规则。

三、提升西部地区开放型经济发展的建议

1.要重视平台建设,完善产业政策

西部地区应加强利用和建设自由贸易区、综合保税区等开放平台,发挥平台效益,助力西部外贸企业发展;深化园区改革,借鉴东部地区建设经验并推广改革成果,赋予园区更多自主权;发挥经济技术开发区的资源聚集、产业聚集效应,综合利用园区资源要素,推动西部地区产业结构优化,实现跨越式发展。西部地区经济的发展离不开地区产业的支撑,因此应加强优势产业和特色产业的建设,防止产能过剩等市场问题。依据国内外产业发展状况及未来需求,制定科学的产业政策以引导合理发展,健全产业竞争政策和机制,引导企业注重培育竞争优势。积极引领规划地区内特色优势产业发展,建立信息平台,打造地区特色产业品牌,开辟新的产业发展路子。在全面落实准入前国民待遇加负面清单管理制度的基础上,优先放宽农业、服务业和采矿业的开放合作限制,在第二、三产业融合发展过程中培育多元市场主体,提升国有企业的竞争力和效率。对中小企业融资问题,应建立科学完善的信用评级体系,搭建融资平台。重视省内各地区产业的协调发展,形成优势互补、高质量的产业发展格局。

2.要优化营商环境,降低制度成本

依靠省际要素流通交换会制约开放型经济的发展,因此西部地区需要加快要素市场化改革,为开放型经济发展提供人才、技术等要素支持,走出适合自身发展的开放型经济建设道路,完善开放型经济体制。目前,制度障碍仍然是制约我国发展开放型经济的主要因素之一,西部地区发展迫切需要改革现有对外开放的体制机制,加快构建开放型经济新体制,为释放市场活力提供制度支撑。

---

① 孙早,谢慧莹,刘航.国内国际双循环新格局下的西部高水平开放型经济发展[J].西安交通大学学报(社会科学版),2021,41(1):1-7.

鼓励四川、重庆、陕西等西部自贸试验区探索建设适应高水平开放的行政管理体制，支持西部按程序申报设立海关特殊监管区域，加快转变政府职能，重视深化开放型经济领域的"放管服"改革；建立科学的开放型经济传统绩效评价机制，促进国内外要素市场自由流动；完善有利于培育企业国际竞争力的竞争机制。借助互联网、大数据、AI等技术，推进全政务服务平台建设，实现在线审批；不断优化投融资和企业经营环境，实现快速升级。

3.要积极对接国际规则，健全涉外法律体系

主动对接国际高标准经贸规则体系，是推动西部地区涉外经贸规则体系与国际规则体系的协调、对接和融合的内在要求。制定新的规则体系是当前高水平国际经贸协定的突出特征，且许多规则以边界内议题的方式，对参与国家的国内法规或政策调整提出了明确要求。特别值得注意的是，对接国际经贸规则必须立足中国实际，坚持统筹开放与安全，把国家安全观贯穿于扩大对外开放的全领域和全过程，提高涉外经济安全风险防范能力。要借鉴国际规则，通过健全外商投资国家安全审查、反垄断审查、出口管制、国际技术安全清单管理、不可靠实体清单等制度，完善涉外经贸法律和规则体系，健全海外利益保护和风险防范体系，提升抵御外部风险的能力。

8

攻坚：

深化重点领域改革

2020 年 5 月 17 日,中共中央、国务院印发了《关于新时代推进西部大开发形成新格局的指导意见》,强调要"深化重点领域改革,坚定不移推动重大改革举措落实"。新时代西部大开发要形成新格局,深化重点领域改革,关键要在要素市场化配置改革和科技体制改革等重点方面落实党中央、国务院的部署要求,要切实加强西部地区信用体系建设和服务型政府建设,努力营造良好的营商环境,并积极拓展区域互动合作,建立健全协同开放发展机制,加快推进重点区域一体化进程。

第一节　深化要素市场化配置改革

一、西部地区深化要素市场化配置改革的现实局面

建设高标准市场体系是实现经济高质量发展、构建新发展格局的重要环节。改革开放 40 多年来,我国的市场化改革提升了资源配置效率。研究表明,市场化改革进程的推进改善了资源配置效率和微观经济效率[1]。1997—2007年,我国全要素生产率(Total Factor Productivity,TFP)增长的 39.2%由市场化贡献。然而,尽管我国市场化改革取得了举世瞩目的成就,但整个市场化改革进程还远远没有完成。

国民经济研究所的中国市场化指数课题研究表明,我国的市场化进展在2008 年以后一段时期内出现一定程度的放缓、停滞甚至下降,2012—2014 年进展相对较快,但 2014 年以后进展再次放慢(图 8.1)。该课题组自 2000 年开始,运用因素分析方法构建了一个中国市场化指数体系,并持续对中国各地区市场化进程相对指数进行了测算。该指数体系主要由总指数、5 个方面指数、14 个一级分项指数和 18 个基础指数构成。其中,5 个方面指数各自反映市场化的某

---

① 樊纲,王小鲁,马光荣.中国市场化进程对经济增长的贡献[J].经济研究,2011(9):4-16.

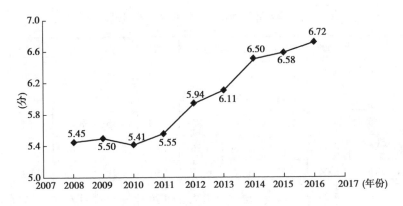

图 8.1　全国市场化总指数变化趋势（2008—2016）

数据来源：王小鲁、樊纲、胡李鹏. 中国分省份市场化指数报告（2018）[R]. 北京：社会科学文献出版社,2019.

一特定方面,具体包括：①政府与市场的关系；②非国有经济的发展；③产品市场的发育程度；④要素市场的发育程度；⑤市场中介组织发育和法制环境①。

　　市场化改革的不充分与不平衡,首先体现在市场化改革进程在地区之间存在着巨大的不平衡。王小鲁等研究表明,我国东部、中部、西部以及东北地区之间在市场化程度上存在显著差异。比较西部地区与全国及东部的差距时发现,一方面,西部地区所有省份中的市场化指数最高值,仍显著低于东部地区市场化指数的平均值。这表明西部地区市场化程度最高的省份,仍然达不到东部地区各省份市场化的平均水平。另一方面,西部地区市场化指数的平均值,与东部地区乃至全国市场化指数平均值之间的差距,于 2008—2016 年的研究期间,并没有呈现逐年收窄的趋势。相较于 2008 年的差异水平,2016 年东、西部地区的市场化指数之间的差异水平反而扩大了近 40%（表 8.1）。因此,西部地区亟须加大力量推进市场化的进程,以充分发挥市场在资源配置中的决定性作用。

_____

① 　王小鲁,樊纲,胡李鹏. 中国分省份市场化指数报告（2018）[R]. 北京：社会科学文献出版社,2019:5-6.

表 8.1　西部地区市场化指数分省份对比（2008—2016）

	2008	2009	2010	2011	2012	2013	2014	2015	2016
全国平均值	5.45	5.50	5.41	5.55	5.94	6.11	6.50	6.58	6.72
东部最高值	8.14	8.41	8.79	9.18	9.94	9.86	9.77	10.00	9.97
东部平均值	6.87	7.01	7.14	7.35	7.95	8.15	8.49	8.54	8.67
东部最低值	4.43	4.31	4.68	4.76	5.44	5.61	5.87	5.21	5.28
西部最高值	6.04	6.10	6.22	6.32	6.94	7.22	7.80	7.69	8.15
西部平均值	4.26	4.22	3.89	3.95	4.26	4.40	4.78	4.89	5.05
西部最低值	4.44	4.32	3.88	4.11	4.36	4.47	4.89	4.68	4.83
重庆	6.04	6.10	6.22	6.32	6.94	7.22	7.80	7.69	8.15
四川	5.78	5.79	5.75	5.81	6.03	6.18	6.52	7.01	7.08
陕西	4.43	4.25	3.92	4.31	5.11	5.62	6.29	6.21	6.57
广西	5.68	5.69	5.13	5.31	6.19	6.31	6.48	6.26	6.43
宁夏	4.14	4.29	3.83	3.91	4.28	4.38	5.15	4.95	5.14
贵州	4.44	4.35	3.53	3.59	4.33	4.49	4.81	4.52	4.85
内蒙古	4.66	4.74	4.46	4.53	5.19	5.19	4.96	4.84	4.80
云南	4.49	4.46	4.94	5.08	4.39	4.45	4.81	4.43	4.55
甘肃	3.72	3.67	3.28	3.37	3.26	3.49	3.86	4.50	4.54
新疆	3.51	3.47	2.81	2.88	2.87	2.92	3.45	4.15	4.10
青海	2.95	2.79	2.37	2.33	2.55	2.76	2.53	3.13	3.37
西藏	1.27	1.06	0.39	0.01	0.02	(0.23)	0.71	1.00	1.02

注：①数据来源：王小鲁,樊纲,胡李鹏. 中国分省份市场化指数报告（2018）[R]. 北京：社会科学文献
　　出版社,2019.

②根据国家统计局网站公布的标准划分,东部地区包括北京、天津、河北、上海、江苏、浙江、福建、
　　山东、广东和海南;西部地区包括内蒙古、广西、重庆、四川、贵州、云南、西藏、陕西、甘肃、青海、
　　宁夏和新疆。

③表中的评分表示的是各省份按市场化总指数的分值。分值越高表示该项市场化程度越高。分
　　值的计算以2008年为基期,故不同年份可比。

其次,市场化改革的不充分与不平衡,表现为产品市场的发育程度相对较高,而要素市场的发育程度相对较低①。要素市场发育水平偏低,主要包括土地市场、资本市场等市场发育不足且存在制度缺失,而劳动力市场受制于城乡之间的户籍管制,劳动力的自由流动仍然在一定程度上受到限制。此外,在自然资源的定价方面,政府仍然存在很多管制,要实现市场化定价仍然要有很长的一段路要走。

在要素市场化配置程度的量化测度方面,学界对此做出了有益的探索。邓晰隆等对我国农村生产要素市场化进行测度,得出我国农村生产要素市场化水平较低的结论②。鄢杰则通过构建包括农业、工业和服务业三个部门市场化综合指标对市场化程度进行测度③。

卢现祥等则进一步运用 52 个具体可量化指标,从市场化配置程度(由 3 个二级指标构成,包括产权保护、要素流动、价格稳定)、市场化运作程度(由 4 个二级指标构成,包括创新性、协调性、效率性、开放性)以及市场准入程度(由 3 个二级指标构成,包括政治与经济协调性、竞争中性、政府规范性)三大维度,构建了中国要素市场化配置程度评价的指标体系,并利用熵值法测算了 2005—2018 年间全国分省份的要素市场化配置程度综合指数以及三个系统指数,运用 Dagum 基尼系数和 Kernel 密度估计方法揭示要素市场化配置程度的区域差异及演进趋势④。研究发现,我国要素市场化配置程度区域发展不协调,水平由高到低依次为东部>东北>中部>西部地区。相对而言,西部地区要素市场化配置程度综合指数 2018 年指标值仅为东部地区该指标同一年份指标值的 51%,反映出西部地区与东部地区之间在要素市场化配置程度的差距较大(表 8.2)。

---

① 王小鲁,樊纲,胡李鹏.中国分省份市场化指数报告(2018)[R].北京:社会科学文献出版社,2019:8-10.
② 邓晰隆,陈娟,叶进.农村生产要素市场化程度测度方法及实证研究:以四川省苍溪县为例[J].农村经济,2008(9):50-54.
③ 鄢杰.我国市场化进程测度指标体系构建[J].统计与决策,2007(23):69-71.
④ 卢现祥,王素素.要素市场化配置程度测度、区域差异分解与动态演进:基于中国省际面板数据的实证研究[J].南方经济,2021(1):37-63.

表 8.2　四大区域要素市场化配置程度综合指数对比（2005—2018）

年份\区域	2005	2006	2007	2008	2009	2010	201 I	2012	2013	2014	2015	2016	2017	2018
东部	0.119	0.126	0.134	0.140	0.146	0.151	0.156	0.167	0.172	0.177	0.190	0.228	0.216	0.264
中部	0.072	0.075	0.078	0.080	0.085	0.086	0.091	0.096	0.102	0.105	0.109	0.114	0.118	0.155
西部	0.064	0.068	0.070	0.072	0.079	0.081	0.080	0.084	0.086	0.087	0.093	0.098	0.102	0.135
东北	0.076	0.081	0.083	0.086	0.092	0.091	0.094	0.101	0.096	0.099	0.103	0.109	0.116	0.165

注：①数据来源：卢现祥,王素素.要素市场化配置程度测度、区域差异分解与动态演进：基于中国省际
　　面板数据的实证研究[J].南方经济,2021(1):37-63.

　　②分值越高表示该项市场化程度越高。分值的计算以 2005 年为基期,故不同年份可比。

　　当今世界正处于百年未有之大变局,如何把握时代发展的契机,服务经济高质量发展,进一步深化改革尤显关键。党的十九大报告提出,经济体制改革必须以完善产权制度和要素市场化配置为重点。着眼于新时代推进西部大开发形成新格局,清醒地看到西部地区在市场化程度的各个方面均明显落后于全国平均水平的现状,有助于我们认识到加快要素市场化配置改革的紧迫性和必要性,从而鞭策我们坚定不移地将重大改革举措落到实处。

二、西部地区深化要素市场化配置改革的指导原则

　　生产要素是指用于生产产品或提供服务的土地、劳动力、资本、技术和数据资源等投入品。完整的市场体系不仅包括商品市场,而且包括土地市场、劳动力市场、资本市场、技术市场和数据资源市场等要素市场。各类要素市场之间,它们相互联系、相互制约和相互促进,形成了一个有机的要素市场体系。因此,在发展要素市场的过程中,我们不仅要关注单一要素市场的建设及其市场化配置问题,还要关注要素市场之间的协同效应。若某种要素市场发育不全或发展滞后,将可能影响其他要素市场的发展和功能发挥,进而影响整个要素市场体

系的运行效率，最终制约市场机制发挥其应有的作用。

2020 年 4 月 9 日，中共中央、国务院印发了《关于构建更加完善的要素市场化配置体制机制的意见》，作为中央关于要素市场化配置的指导性文件，针对土地、劳动力、资本、技术、数据资源等要素市场化配置给出具体意见。西部地区深化要素市场化配置改革，应以分类指导为原则。一方面，我们要关注要素市场的共性问题。在共性问题上，生产要素市场均存在要素流通不畅、资源错配等问题，这就需要中央政府做好顶层设计，加强整体制度建设，构建更加完备的要素市场体系。另一方面，我们也要处理好不同要素市场化配置的特性问题。在特性问题上，应在遵循要素市场客观规律的前提下，考虑不同要素的属性差异和不同要素市场化配置程度上的差异，根据改革的难易程度，对不同要素的市场化配置进行精准施策。

而按照各个要素市场化配置改革的难易程度有序推进改革，则首先需要将要素市场化配置改革按照改革的难易程度进行分类。大体而言，第一类是以利率市场化和汇率市场化为主的资本市场要素市场化配置改革。目前这类改革已经比较充分，因而难度相对较小。虽然资本要素市场化改革在一定程度上仍会触及有关政府部门以及国有金融企业的相关利益，但是只要中央及地方政府下定决心，就能取得重要进展。第二类是土地要素的市场化配置改革，这类改革的难度相对较大。当前仍面临较多的法律、法规障碍，而且相关改革试点的经验尚不成熟等问题。为此，需要进一步在中央层面完善相关法律体系，有效落实土地的所有权和使用权。第三类是劳动力要素的市场化配置改革，这类改革的难度最大。户籍制度改革是劳动力市场改革的重要组成部分，涉及相关利益格局的重新调整，甚至会受到来自地方政府和城乡居民等多方的阻力。

总而言之，为了有效推进要素市场化配置的市场化改革取得实质性进展，既需要中央政府的顶层设计，又需要西部地区在区域政策、产业政策、社保政策等诸多方面与之配合。

三、西部地区深化要素市场化配置改革的重点领域

按照党中央在新时代推进西部大开发形成新格局战略上的部署，西部地区探索深化要素市场化配置改革路径，应着眼于以下重点领域。

1.积极探索符合本地区情况的土地市场化配置改革

从全国看，当前土地市场化配置机制已经基本形成，但继续深化改革的难度相对较大，现有法律障碍需要在中央顶层设计方面有所突破。西部地区深化土地要素市场化配置改革，在既有约束框架下，可以在符合本地区特殊资源环境下探索可行的改革方案。从现实情况来看，虽然西部地区土地广袤，占全国总面积超过70%，但其中平原面积仅占42%，盆地面积不到10%，约有48%的土地资源是沙漠、戈壁、石山和海拔3 000米以上的高寒地区。以荒漠土地为例，根据国家林业和草原局的监测，西部地区仅新疆、内蒙古、西藏、甘肃、青海5省区，其荒漠化土地面积就占到全国荒漠化土地总面积的96%以上，合计面积约30 977.6万公顷[①]。如何合理利用这一巨大的潜在土地资源，是西部各地区各部门需要思考的问题。在现有土地制度框架内，西部地区积极探索集体荒漠土地市场化的路径或将大有可为。一方面，应继续建立和完善合理的荒漠生态补偿机制和防沙治沙奖励补助机制，以巩固沙化土地治理上取得的成绩。另一方面，应遵循市场机制在土地资源配置中起决定性作用的改革原则，创新产权模式，依法保护各类治沙主体的合法权益。通过统筹协调区域内的用地供求，设定荒漠土地的具体用途，鼓励个人申领使用权，提高土地要素的配置效率。

2.深入推进充分竞争行业的商业类地方国有企业混合所有制改革

发展混合所有制经济是完善中国特色社会主义基本经济制度的关键环节。尽管中央层面已经形成了包含指导思想、思路方法和机制改革等较为健全的政策体系，但在地方层面，仍存在具体配套政策上，暴露出配套政策出台较慢、政

---

① 屠志方，李梦先，孙涛.第五次全国荒漠化和沙化监测结果及分析[J].林业资源管理，2016(1)：1-5，13.

策体系不完备等问题。研究表明,截至 2019 年末,央企及其子企业中有 70%以上完成了混合所有制改革,然而中西部省份进行国有企业混合所有制改革的效率仍然偏低①。以陕西省为例,不仅存在着相关配套政策体系不健全的问题,而且政策的出台速度也较为缓慢。省一级的国有企业混合所有制改革配套政策主要集中在推进混合所有制改革和加强国有资产监管两个方面,机制改革的相关政策较少;不明晰的规定容易导致在改革过程中出现因没有具体依据而推进不到位的情形;解决历史遗留问题在陕西省一级的相关政策中几乎没有得到体现。管中窥豹,陕西的问题或许是广大西部地区的国企改革面临的普遍症结。因此,新时代深化国有企业混合所有制改革,西部地区应大胆解放思想,在地方配套政策方面,积极作为。尤其是在竞争性行业,要注重发挥和巩固市场的决定性作用和基础性地位。在改革发展过程中为处于竞争性产业的国有企业消除体制机制障碍,从而真正为国有企业公平参与市场竞争创造条件,使之焕发生机活力。

3.深化资源性产品等要素市场的价格形成机制改革

资源性产品价格改革是价格机制改革中的一个关键环节,也是供给侧结构性改革的重要问题。西部地区深化资源性产品等要素市场的价格形成机制改革,需从三个方面发力②:一是资源性产品定价需要实现从政府主导向市场主导的转变,以充分发挥市场机制在资源性产品市场配置中的决定性作用。二是要完善资源性产品价格的形成机制,使价格能反映资源的稀缺程度和生态环境因此付出的代价,通过运用经济手段,回归资源价值;通过利益机制的驱动来持续推动低碳经济的发展,优化和改善经济结构。三是优化资源性产品的供给,通过更新供给结构、放松供给约束、解除供给抑制,切实解决资源能源供给不足等问题。在完善定价机制的基础上,还应建立健全定价成本信息公开制度。公开

① 陈福中,蒋国海.新时代国有企业混合所有制改革:特征、困境、路径[J].改革与战略,2021,37(1):44-52.
② 王小兵,袁达.供给侧改革背景下资源性产品价格机制的重构[J].价格理论与实践,2016(7):65-67.

透明的定价机制是实现资源性产品市场化改革的基石,也是实现高碳经济转变为低碳经济的最有力保障。

4.建立健全市场化、多元化生态保护补偿机制

党的十九大报告第一次明确提出要探索建立市场化、多元化生态补偿机制,将"建立市场化、多元化生态补偿机制"列为"加快生态文明体制改革,建设美丽中国"的内容之一,成为生态文明建设的重要内容之一。按照党的十九大报告重要改革举措实施规划和分工方案要求,2018 年 12 月 28 日,国家发展和改革委员会、财政部、自然资源部、生态环境部、水利部、农业农村部、人民银行、国家市场监督管理总局、国家林业和草原局等 9 部门联合印发了《建立市场化、多元化生态保护补偿机制行动计划》,明确到 2020 年初步建立市场化、多元化生态保护补偿机制,初步形成受益者付费、保护者得到合理补偿的政策环境。到 2022 年市场化、多元化生态保护补偿水平明显提升,生态保护补偿市场体系进一步完善。西部地区要科学推进市场化、多元化生态保护补偿机制,需要着力注重以下几个方面:(1)要坚持以政府调控为主,以降低整体投资风险为前提,逐步形成政府规制主导下的市场化、多元化生态补偿机制。(2)完善以发展权为主体的交易方式,进一步深化自然资源有偿使用制度改革。西部地区贵州等省已经开展确权登记的试点,其他省(区、市)应以此为参考,全面推进自然资源统一确权登记工作,加快完成水流、森林、山岭、草原、荒地、滩涂等全要素的自然资源统一确权登记工作。依托现有的不动产登记平台,推动建立统一的自然资源资产交易平台和环境权益交易平台,探索在各省(区、市)建立统一的自然资源资产交易平台和环境权益交易平台,各省(区、市)对辖区内的相关交易统一标准、统一监管。(3)要持续完善绿色利益分享。通过建立市场化绿色利益分享主客体权利和义务界定机制,明确生态产品价值转化后根据市场机制界定的绿色利益的分享比例。

5.加快推进资本要素市场建设,提高西部地区直接融资比例

完善和规范金融市场是实现资本要素市场化配置的基础。在社会经济发展过程中,多层次资本市场体系越健全,资本要素的集聚程度就越高,就越有利于资本的充分自由流动,进而实现资本要素的优化配置。在多层次资本市场方面,从整体而言,我国长期过度重视银行信贷而轻资本市场的行为,使得银行贷款金额较大,从而导致银行信贷的杠杆率可能过高,产生企业资不抵债、资金可能"脱实向虚"等问题。李艺丹等研究通过面板数据回归发现,2016—2018年,尽管西部地区金融规模逐渐扩大,金融供给增多,但传统的过剩金融产品已经不能满足实体经济的新需求,而且由于房产资产对金融资产的挤出程度较高,出现了金融规模与实体经济不匹配的现象,导致无法带动经济的增长,甚至抑制了西部地区经济的发展。在融资结构上,由于西部地区的直接融资发展较慢,融资结构是以间接融资为主,导致对中小微型企业和创新经济支持力度不足①。因此,西部地区要深化资本要素的市场化改革,需要不断增加直接融资在融资结构的占比,充分释放发挥资本市场的机制与活力。在政府政策引导方面,应支持符合条件的西部地区企业在境内外发行上市融资、再融资,以及通过发行公司信用类债券、资产证券化产品进行直接融资。尤其是针对西部贫困地区的企业首次公开发行上市、新三板挂牌、发行债券以及并购重组等方面的直接融资活动,应适当给予绿色通道政策。

第二节　积极推进科技体制改革

科技兴则民族兴,科技强则国家强。新中国成立以来,科技体制的建立和改革取得了明显的成效,科技水平和创新能力大幅提高,国家创新体系日益开放,创新环境不断改善,创新对发展的支撑作用逐步增强。然而,在长期的科技体制改革中,一些符合科研规律和创新规律、支撑创新型国家建设和创新驱动

---

① 李艺丹,孙万贵.金融规模、结构、效率影响区域经济发展的实证研究:基于供给侧结构性改革视角[J].西部金融,2020(6):18-25.

发展的基础性制度仍未建立。这些基础性制度短板已成为制约我国科技进步和创新能力提升的关键所在。因此,加快建立符合科研和创新规律的基础性制度是新一轮科技体制改革的核心任务。

着眼于新时代推进西部大开发形成新格局,要积极推进西部地区科技体制改革,充分释放科技创新作为引领发展的第一动力作用。回顾改革开放40多年来我国科技体制改革的历史演进,总结在体制机制改革方面取得的经验,并着力于解决制约西部地区科技创新与发展的体制机制问题,将有助于提高西部地区的资源配置效率,从而推动西部地区将科技创新驱动引领高质量发展落到实处。

一、我国科技体制改革的历史回顾

改革开放以来,我国的科技体制改革,大体经历了5个阶段[①]:

1.初步构建科技体制阶段(1978—1985年)

1978年3月召开的全国科学大会,标志着"科学的春天"已经到来[②]。在这次大会上,通过了《1978—1985年全国科学技术发展规划纲要(草案)》,该纲要确立了"全面安排、突出重点"的方针与原则,提出了八年奋斗的宏伟目标和重点领域。

1985年,中共中央颁布《关于科学技术体制改革的决定》,正式启动了中国科技体制的改革,具有重要的时代意义,它构成了此后多年中国科技体制改革的基本框架[③]。其核心要求是转变科技工作的运行机制,实现科技与经济的结合,以实现科技体制突破性的改革与发展。

---

① 学界对不同阶段的具体划分略有不同。本文分类主要参考:于文浩.改革开放40年中国国家创新体系的路径选择与启示[J].南京社会科学,2018(9):18-24;王佳宁,盛朝迅.重点领域改革节点研判:供给侧与需求侧[J].改革,2016(1):35-51.

② 王佳宁,盛朝迅.重点领域改革节点研判:供给侧与需求侧[J].改革,2016(1):35-51.

③ 寇宗来.中国科技体制改革三十年[J].世界经济文汇,2008(1):77-93.

这一阶段的政策重点是构建服务于经济建设这一核心任务的科技体制,目的在于构筑合理的体制机制,为技术创新提供良好的制度环境和社会环境。

2.政府主导型创新重塑,推动科技创新产业化阶段(1986—1996年)

1986年,国家科委会同有关部门颁布的《1986—2000年科学技术发展规划》,强调科学技术必须面向经济建设、经济建设必须依靠科学技术的基本方针,要求根据实际情况发展有中国特色的科学技术体系。自1986年开始,中央根据科学技术体系的特点结合经济建设需要,先后批准建立了国家高新技术产业开发区,制订了"星火""863""丰收""火炬""攀登"等一系列重大项目攻关计划、重点成果推广计划。为对上述政策措施提供制度保障,1987年,国务院做出了《关于进一步推进科技体制改革的若干规定》,旨在推动科研机构和科技人员的管理,促进科研与生产的紧密结合。

1993年,全国人大常委会通过了《中华人民共和国科学技术进步法》,从法律上确立了我国的基本技术创新体制及制度保障。国家在科技体制中更多地引入市场机制,采取"推动"和"拉引"的管理方式,进一步放活科研机构以多种形式参与经济活动,鼓励科研机构积极研发和组织生产高新技术产品,核心是提高科研投入和促进科技产业化。1995年,中共中央、国务院发布《关于加速科学技术进步的决定》,启动"科教兴国"战略,提出"稳住一头,放开一片"的改革方针,开展了科研院所结构调整的试点工作,将科技发展摆在经济社会发展的重要位置,使之成为促进经济建设的重要动力。1996年,全国人大常委会批准《中华人民共和国促进科技成果转化法》。

3.市场导向型自主创新,构建国家创新体系阶段(1997—2005年)

经过前期的体制机制改革,我国的创新战略模式已从自力更生转变为多元化的技术引进、模仿创新模式。然而,这种模式也带来了新挑战,国家面对新的内外部环境变化,开始重新思考内部开发和外部引进之间的关系。1997年,《国家重点基础研究发展计划》获得批准。该计划的实施表明,我国国家创新发展战略开始由技术引进为主要目标向原始创新和自主创新的方向转移。

1998 年,党中央、国务院做出建设国家创新体系的重大举措,决定由中国科学院开展"知识创新工程"试点,目标是将中国科学院建设成为国家自然科学和高技术创新中心以及国际先进水平的研究基地。1999 年 8 月,中共中央、国务院做出了《关于加强技术创新,发展高科技,实现产业化的决定》,对科研院所的布局结构进行了系统调整,并且明确了支持高新技术产业化的财政与金融政策,为发展高科技和实现产业化提供了具体思路和政策指引。

2001 年,我国首次在国民经济计划中专门提出"建设国家创新体系"。并在"十五"科技规划中,明确指出"坚持集成创新,扩大科技对外开放与交流","坚持自主研究、开发与引进、消化、吸收相结合,切实加强基础研究,重视原始性创新,大幅度增加科技投入,不断提高自主创新能力"。

2002 年 11 月,党的十六大报告进一步提出:"鼓励科技创新,在关键领域和若干科技发展前沿掌握核心技术和拥有一批自主知识产权,加速科技成果向现实生产力转化,推进国家创新体系建设。"

4.建设创新型国家阶段(2006—2012 年)

在 2006 年召开的全国科学技术大会上,胡锦涛同志提出要建设创新型国家,坚定不移地走中国特色自主创新道路。同年,国务院发布实施《国家中长期科学和技术发展规划纲要(2006—2020)》,明确提出把提高自主创新能力作为调整经济结构、转变增长方式、提高国家竞争力的中心环节,把建设创新型国家作为面向未来的重大战略选择,全面推进国家创新体系建设。为保证该纲要的顺利实施,还相继颁布了《关于实施科技创新规划纲要、增强自主创新能力的决定(2006—2020)》和《实施〈国家中长期科学和技术发展规划纲要(2006—2020年)〉的若干配套政策》,从科技投入、税收激励、金融支持、政府采购、引进消化吸收再创新、创造和保护知识产权、人才队伍、教育和科普、科技创新基地和平台、加强统筹协调等方面积极给予优惠政策支持和保障。

随后 2007 年,国家修订了《科学技术进步法》。此阶段,国家重视运用知识产权制度促进经济社会全面发展,2008 年,国务院印发了《国家知识产权战略纲要》。同时为了促进小规模企业发展和技术进步,增强创新主体的建设,2009年,国务院发布了《关于进一步促进中小企业发展的若干意见》。

5.实施创新驱动发展战略阶段(2012 年至今)

在 2012 年召开的全国科技创新大会上,党中央、国务院发布《关于深化科技体制改革加快国家创新体系建设的意见》,推动建立一个以企业为创新主体、以产学研用协同为特征、促进科技与经济紧密结合的创新体系。2012 年底,党的十八大报告正式确立了创新驱动发展战略,并且明确提出,要深化科技体制改革,推动科技和经济紧密结合,加快建设国家创新体系,着力构建以企业为主体、市场为导向、产学研相结合的技术创新体系。强调要坚持走中国特色自主创新道路、实施创新驱动发展战略。

2013 年 11 月,中共十八届三中全会通过《中共中央关于全面深化改革若干重大问题的决定》,其中专门阐述了深化科技体制改革的相关问题,进一步明确了新时期深化科技体制改革的目标,即"摒除深层次的体制机制障碍,提高自主创新能力,以创新驱动经济和社会发展,完善国家创新体系,建设创新型国家"。

2014 年 4 月,国务院批转国家发展和改革委员会《关于 2014 年深化经济体制改革重点任务意见的通知》,把科技体制改革作为年度重点任务之一。2015年,国家在实施创新推动发展方面迈出了更加坚实的步伐。2015 年 3 月,中共中央、国务院发布《关于深化体制机制改革加快实施创新驱动发展战略的若干意见》,从营造公平的竞争环境、强化金融支持、建立市场导向机制、激励成果转化、完善科研体系、加快人才培养和流动、推动开放创新、加强统筹协调等多个方面,提出了 30 条改革措施,旨在让创新资源更合理配置,激发创新活力,推动"大众创业、万众创新"。国务院先后于 2015 年 7 月、9 月和 12 月发布《关于积极推进"互联网+"行动的指导意见》《关于加快构建大众创业万众创新支撑平台的指导意见》《关于新形势下加快知识产权强国建设的若干意见》,为实现创新驱动战略提供了有力支撑。

2016 年 5 月 19 日,中共中央、国务院下发了《国家创新驱动发展战略纲要》,从战略背景、战略要求、战略部署、战略任务 4 个方面对实施创新驱动发展战略进行了全面系统布局,强调"以科技创新为核心带动全面创新,以体制机制改革激发创新活力,以高效率的创新体系支撑高水平的创新型国家建设";并着眼于创新系统和创新链条各主要环节,从产业技术体系创新、原始创新、区域创新布局、军民融合、创新主体、重大科技项目和工程、人才队伍建设、创新创业等方面给出了更为明确的任务方向。2016 年 11 月,中共中央办公厅、国务院办公厅印发《关于实行以增加知识价值为导向分配政策的若干意见》,激发科研人员创新创业积极性,有力地推动了科技成果的转化。

2020 年 10 月,党的十九届五中全会审议通过了《中共中央关于制定国民经济和社会发展第十四个五年规划和二〇三五年远景目标的建议》,再次强调要"坚持创新驱动发展,全面塑造发展新优势"。明确要求"深入推进科技体制改革,完善国家科技治理体系,优化国家科技规划体系和运行机制,推动重点领域项目、基地、人才、资金一体化配置"。

二、我国科技体制改革的主要经验

回顾我国科技体制改革 40 多年的历史,可以总结出宝贵的经验,从而为西部地区进一步深化科技体制改革起到了借鉴意义。

一是要坚持问题导向,根据发展的需要不断调整改革重点。2000 年前,我国科技体制改革的重点是科技计划体系、科研经费管理制度和科研机构。2000 年后,国家创新体系的理念被引入科技体制改革中,改革更重视发挥政府、高校、科研机构、企业在国家创新体系中的相互作用,以促进技术和人才的跨部门自由流动,以及对产学研合作予以更大支持。而自 2012 年后,市场经济体制改革对科技体制改革和创新驱动发展的基础性作用得到广泛共识,以市场改革促创新的理念和举措被广泛采纳,科技体制改革的范围进一步扩展到激励创新动力的市场改革领域。

二是要根据经济社会发展需要，不断调整科技计划设置和政府支持重心，将有限财政资金用在最能满足国家经济和产业发展需求的科技领域。党的十八大之后，相对分散的国家科技计划整合为五大科技计划。政府支持的重点也随着科技和经济发展水平的提高从产品研发向竞争前研究转移。政府对基础研究、关键共性技术和前沿技术研究的投入规模不断增强。

三是要不断调整政府科技管理职能。随着我国从技术追赶向技术前沿迈进，政府集政策制定、项目选择、资金分配和项目管理等职能于一身的弊端越发凸显，战略规划和政策制定与项目管理职能相分离逐步成为社会共识。党的十八大正式确立了科技主管部门负责政策制定，专业管理部门负责项目管理的新体制，政策制定部门与执行部门的分离得以启动。

四是要发挥地方和基层积极性，实行自下而上的改革探索。我国科技体制改革40多年的历程表明，自下而上的改革试点是突破关键性体制障碍的重要手段。例如，高新区是我国在若干创新条件较好的区域促进科技成果转化的重要组织创新。高新区模式的贡献不仅在于孵化和集聚创新创业企业，更重要的是在行政管理体制改革推进难的背景下，探索创立了相对精简高效的"管委会"制度，为小区域内的创新创业活动营造较好的营商环境和创新环境。实践表明，管委会制度对促进高新区和高新技术产业的快速发展发挥了重要作用。对一些争议较大或短期难以实施的改革或政策，首先在高新区等少数地区率先实施，取得经验后再向全国推广。

三、西部地区科技发展的历史沿革与现状

从科技体制改革的历史演变角度来看，西部地区基本沿着全国的科技体制改革脉络，步调一致，并和全国其他地区一样，目前已步入了以创新驱动发展为特征的科技体制改革与发展新阶段。

然而和其他地区相比较而言，西部地区的科技体制变迁仍然有其自身的特点。西部地区科技水平起点相对较高，但改革开放之后发展相对缓慢从而落后

于其他地区。从起步来看,新中国成立初期,中央在西部地区重点布局了一批航空航天及核能工业相关的科研力量,以应对当时的国际环境,这为西部地区后来的科技产业发展奠定了较为扎实的基础。按照测度科技产业发展较为流行的量化指标——从研究与实验开发(R&D)经费支出占比来看,西部地区曾在20世纪90年代初期占据全国比重高达20%~22%(图8.2)。

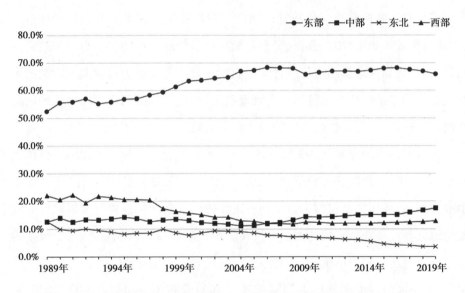

图 8.2　全国各地区研究与实验开发(R&D)经费支出占比趋势(1989—2019)

尤其是四川和陕西两省,研究与实验开发(R&D)经费支出曾位列全国各省(区、市)前五名,各自在历史最高点曾分别占全国总支出的9.5%(1993年)和7.1%(1990年),同期仅次于北京和上海。而且这一局面一直延续到2000年,才被东部地区的广东、浙江和山东超越而打破。

然而,受制于体制机制以及外部环境因素,在过去近30年,西部地区的研究与实验开发(R&D)经费支出占全国比重曾于2008年跌至历史最低点,仅为11.7%。这一比例虽然于2009—2019年有缓慢回升,但一直徘徊在12%~13%区间,目前尚无明显改善的迹象。而相较中部地区,其占比则有稳步上升趋势,已经从2004年的最低点11.1%爬升至2019年的17.5%。这反映出在科技研发费用投入水平上,西部地区不仅落后于东部地区,还有被中部地区稳步超越的趋势。

研究表明，制约西部地区科技创新与发展的因素主要存在以下几个方面：

其一，科技资源配置结构不合理。主要表现在，西部地区科技投入较高比例依赖于政府投入，企业投入占比相对于东部与中部地区仍然偏低（表 8.3）。企业是市场经济的主要活动主体，如果不能充分调动企业的科技创新积极性，依赖于政府的投入很难形成良好的正反馈循环。

表 8.3 各地区研究与试验开发（R&D）经费支出（2019）（按资金来源划分）

	合计/%	政府资金/%	企业资金/%	国外资金/%	其他资金/%
东部地区	100	19	78	0	3
中部地区	100	14	83	0	3
西部地区	100	32	64	0	4
东北地区	100	34	63	0	3
全国	100	20	76	0	3

其二，产学研合作创新相对不足。西部地区高校资源相对丰富，尤其是四川、陕西和重庆，科研机构与科技力量相对集中，具备较好的科技创新基础。然而，如果高校的科研成果不能从实验室走向市场，对接市场需求，转化为推动经济高质量发展的真实生产力，那么西部地区的科技资源就不能真正得到良好的市场化配置，反而变成制约科技发展的因素。

其三，科技创新的组织和管理人才相对缺乏。科技创新的主体是科研人员，虽然西部地区科技研发人员在数量上本身并不显著且具有劣势，然而，与发达地区相比，如何将优秀的科技人员组织起来，合理分工协作，联合创新是挑战西部地区科技创新的一大短板。当然，这背后缺乏给予科技创新的组织和管理人才更多的发挥空间和适当的激励机制，是制约西部地区科技发展的体制机制因素。

四、西部地区科技体制改革的落脚点

从西部地区的科技创新能力现状来看,研究表明,西部大开发战略的实施,推动了西部各省(区、市)高技术产业的发展,西部地区科技创新效率在2000—2007年间有明显的追赶效应[①]。然而,尽管西部地区整体科技创新能力逐年提升,而且西部地区的科研成果数量与其他地区差别不显著,但是科研成果的质量却比其他地区显著低[②]。

结合本地区面临着科研能力相对较弱、科研人员回报低等诸多的实际问题,西部地区在积极推进科技体制改革方面,需要从以下几个落脚点增强科技创新活力,集中力量推进科技创新[③]。

(一)积极开展探索赋予科研人员职务科技成果所有权或长期使用权的试点工作

为了深化科技成果使用权、处置权和收益权的改革,激发科研人员创新热情,从而促进科技成果转化,西部地区各级政府应在不影响国家安全、国家利益和社会公共利益的前提下,积极开展探索赋予科研人员职务科技成果所有权或长期使用权的试点工作,明确科技成果完成人自主实施科技成果转化的相关权利。遵循系统设计、统筹布局的原则,以问题为导向,以调动科研人员创新积极性为出发点、以促进科技成果转化为目的,强化政策引导,着力破解科技成果有效转化的体制机制障碍,构建有利于科技创新和科技成果转化的长效机制。

(二)支持扩大科研经费使用自主权

科研经费使用自主权是高校和科研院所切实履行法人责任,发挥其主体作用,更好地开展科技创新活动的重要保障。要赋予科研单位科研项目经费管理

① 樊华,周德群.中国省域科技创新效率演化及其影响因素研究[J].科研管理,2012,33(1):10-18,26.
② 林赛燕.中国高校科研投入的有效性研究:基于面板负二项回归的实证检验[J].宁夏社会科学,2021(2):105-117.
③ 毛顺宇,袁辉.用"深化改革"助推西部大开发[J].党课参考,2020(12):75-89.

的使用自主权,允许试点单位从基本科研业务费、专项经费等稳定支持科研经费中提取一定比例的费用作为奖励经费,由单位探索完善科研项目资金的激励引导机制。要将"财权"进一步释放给研究单位,给予研究团队更大的绩效分配权限,激励有较大发展空间的中青年科研人员,加速科研成果产出。

(三)加快科研人员薪酬制度改革

要建立健全科技创新人才的薪酬制度,激发科研人员的创新热情,刺激创新科研成果产出,从而提高西部地区创新能力。要加快改革高校和科研院所薪酬制度,扩大其工资分配自主权,通过核定绩效工资水平和总量,自主确定绩效工资结构和分配方式,健全绩效工资的分配机制。同时,积极探索实行年薪制、协议工资制、项目工资制等灵活多样的薪酬分配方式,放开行政级别、编制、岗位设置和工资总额限制,实行综合预算管理,赋予科研机构充分的自主权,创新管理机制,建立具有竞争力的薪酬体系。要支持引导薪酬分配政策向高层次、高科技、高附加值人才倾斜,向关键岗位急需紧缺人才倾斜,切实提高高科技人才的收入水平。

第三节 推进信用体系建设

社会信用体系是社会主义市场经济体制和社会治理体制的重要组成部分。建设社会信用体系是加快完善社会主义市场经济体制的重要基础,是弘扬社会主义核心价值观的重要内涵,是提升治理能力和治理体系现代化水平的重要支撑。推进信用体系建设是完善社会主义市场经济体制、加强和创新社会治理的重要手段,对增强社会成员诚信意识,营造优良信用环境,促进社会发展与文明进步具有重要意义。

一、我国信用体系建设的政策背景

党的十八大以来,国家大力推进社会信用体系建设,制定了《社会信用体系建设规划纲要(2014—2020 年)》,明确了我国社会信用体系建设的目标,指出至 2020 年基本建立覆盖全社会的征信系统,增强社会全员诚信意识,改善经济发展信用环境,有效地将我国信用体系建设提升至国家治理层面。随后,国家又出台了一系列高规格的文件,形成了政务诚信、商务诚信、社会诚信、司法公信的顶层设计。

2016 年 5 月,国务院发布《关于建立完善守信联合激励和失信联合惩戒制度、加快推进社会诚信建设的指导意见》,旨在加快构建以信用为核心的新型市场监管体制、加快推进社会诚信建设。同年 12 月,国务院又发布《关于加强个人诚信体系建设的指导意见》,部署加强个人诚信体系建设,以提高全社会信用水平,营造优良信用环境。

2019 年 7 月,国务院颁布《关于加快推进社会信用体系建设、构建以信用为基础的新型监管机制的指导意见》,提出要以加强信用监管为着力点,创新监管理念、监管制度和监管方式,建立健全贯穿市场主体全生命周期,衔接事前、事中、事后全监管环节的新型监管机制,不断提升监管能力和水平,进一步规范市场秩序,优化营商环境,推动高质量发展。

2020 年 12 月,国务院制定出台《关于进一步完善失信约束制度构建诚信建设长效机制的指导意见》,按照依法依规、保护权益、审慎适度、清单管理的总体思路,进一步规范和健全失信行为认定、记录、归集、共享、公开、惩戒和信用修复等机制,推动社会信用体系迈入高质量发展的新阶段,更好地发挥社会信用体系在支撑"放管服"改革和政府职能转变、营造公平诚信的市场环境和社会环境等方面的积极作用。

二、推进信用体系建设的主要现实意义

首先,加快信用体系建设是完善社会主义市场经济体制的重要基础。2020年 5 月,中共中央、国务院发布《关于新时代加快完善社会主义市场经济体制的意见》,专门就社会信用体系和新型监管机制做出了重要部署,提出越是加快政

府的简政放权改革,越要加强社会信用体系建设。当前国际政治、经济格局发生深刻调整,保护主义、民粹主义升温,国际贸易投资格局和产业链布局均受到严重冲击,未来我国外部发展环境将更加严峻。在此背景下,我国实施以国内大循环为主体,同时继续推进高水平对外开放的双循环战略,需要着力打通国内生产、分配、流通、消费各环节,完善产业链和创新链融资体系。因此,应加快解决核心企业信用传导问题,完善配套金融基础设施建设,加强对产业链、供应链金融的规范和监管。用完善的社会信用体系来促使我国内外双循环的顺利进行,对于提高我国金融行业的开放水平,并且对系统性风险做到有效防控具有重大意义。

其次,建立健全社会信用体系是扩大内需,保持经济持续、稳定增长的迫切需要。社会信用体系及制度的完善可以促进我国内需体系的建立健全,对我国信用经济的健康发展以及信用消费的扩大都有积极作用。发展信用经济,加强信用风险管理,是应对疫情冲击,扩内需、保增长,落实"六稳六保"等一系列措施的重要举措。

再次,信用体系建设有助于加快产业转型促升级。健全社会信用体系建设,有利于改善营商环境,正确引导投资方向,从而加快产业结构调整,促进企业融资及产业转型升级。信用体系的建设和完善,不仅能缓解企业"敢投资"的问题,还能缓解企业"能投资"的问题。完善的信用体系的建立,能有效推动企业主动采取合规管理措施,从而有助于建立更加公平和透明的商业竞争环境,有助于不断加强产权和知识产权保护,促成企业长期稳定发展的预期,增强企业投资的决心与信心。各地方信用信息平台、行业信用信息系统、市场资信调查、评级机构与中央数据库通过实现互相之间的联系和沟通,将加快大数据资源整合,从而有助于疏通企业的金融贷款及融资渠道,改善金融体系对实体经济的金融支持,尤其有助于缓解小微企业融资难、融资贵的困境。

三、西部地区推进信用体系建设的主要方面

整体而言,随着各省市公共信用信息平台建设的推进,并与国家平台实现贯通,我国社会信用体系建设形成了加快发展的格局。然而,与此同时,过往推进实践中也暴露出不少矛盾和问题,集中表现为法律法规依据不足、规范性不够,个别地方、个别领域在没有法律法规依据的情况下急于通过信用手段解决行业监管和社会治理中的一些棘手问题,虽然有些领域实际效果明显,但在信用信息记录、失信名单认定、失信联合惩戒范围上出现随意扩大、泛化倾向,在信用修复和权益保护方面也存在不到位问题。

西部地区持续信用体系建设,需要各级政府、各部门完善相关法规制度,引导全民积极参与,营造诚实自律、守信互信的社会信用环境。

1.要建立健全地方信用法规体系

虽然党中央、国务院已经在顶层设计层面,对推进社会信用体系建设做了战略部署和详细规划。然而,政策的具体落实,还需要各地区、各部门分别综合本地区、本部门的现实情况,根据实际需要,制定与本地区相适应的信用体系建设条例,出台与之相配套的规章制度。西部地区应学习借鉴一些较发达地区的经验,加快促进将社会信用体系建设纳入地方立法的渠道和程序,以法律形式增强社会信用的强制性和规范性,使信用信息征集、查询、应用、互联互通、信用信息安全和主体权益保护等有法可依。

2.要加强政务诚信建设

政务诚信对其他社会主体诚信建设发挥着重要的表率和导向作用,对社会信用体系的建设起着关键作用。应将依法行政贯穿于政府决策、执行、监督和服务的全过程。要加快建设政府守信践诺机制,推动各地区、各部门逐步建立健全政务和行政承诺考核制度以及政府失信责任追究制度。

3.要完善各省市县信用信息共享平台

西部地区各级政府应积极完善信用信息共享公开制度,推动信用信息资源

的有序开发利用,构建纵向联通国家、省、市、县、乡、村,横向联通各部门信用信息系统的纵横贯通的信用信息"一张网",并建立起守信联合激励和失信联合惩戒的信用信息管理系统,形成信息丰富、共享充分、监管有效、功能完善的省市县共享平台。

4.要加快征信市场建设

西部地区各省(区、市)要在完善征信法规建设的基础上,加快企业和个人信用信息基础数据库的建设。要建立健全征信市场监督管理制度,制定信用服务行业标准,推动信用信息共享。要发展专业化的征信机构和信用服务机构,逐步开放征信服务市场,并根据市场需求对外提供专业化的征信服务,有序推进信用服务产品创新,研发适合西部地区的征信产品。

第四节　营造良好的营商环境

良好的营商环境对促进经济发展有着至关重要的作用。因此,西部大开发事业要想更进一步,必须努力营造良好的营商环境。

一、营商环境的概念演进和科学内涵

"营商环境"一词,作为一个专业词汇的流行,主要得益于世界银行相关研究的推动。早在 21 世纪初期,世界银行于 2001 年专门成立"Doing Business"项目小组,构建营商环境评价指标体系以评估各国私营企业发展状况,并在 2003 年发布第一份全球营商环境报告。经过近 20 年的发展,世界银行的全球营商环境报告已覆盖世界 190 个经济体,成为目前国际上认可度最高的营商环境评估报告。目前,世界银行有关营商环境的研究项目,主要囊括投资环境调查、营商环境与企业表现调查、营商环境报告、物流绩效指数等项目。关于"营商环境"概念的英文表述,世界银行先后使用过"Business Environment""Investment

Climate""Doing Business"等词组,这些词组表示营商环境时,主要基于侧重营商环境的某一方面的内容展开评估而有所差别,因而没有使用统一的概念指代营商环境。值得一提的是,国际上有关营商环境研究和实践也大体上使用这三个词组,由于世界银行"Doing Business Report"这一报告在国内外最具影响力,世界银行将其中文名称翻译为《营商环境报告》之后,"Doing Business"也逐渐对应于中文词汇"营商环境",但"Business Environment"还是使用得最为广泛①。

"营商环境"概念在我国兴起的时间较短。首先对"营商环境"进行系统理论研究和实践的是广东省。2012 年 6 月初,广东省组织有关单位开展"建设法治化国际化营商环境"相关课题的调研,并委托中山大学、广东外语外贸大学开展"坚持社会主义市场化的改革方向建设法治化国际化营商环境"相关专题研究。同年 10 月,中共广东省委办公厅、广东省人民政府办公厅印发《广东省建设法治化国际化营商环境五年行动计划》②。

2013 年,党的十八届三中全会审议通过的《中共中央关于全面深化改革若干重大问题的决定》,首次在国家层面明确了"建设法治化营商环境"的目标。此后,党中央、国务院及各级政府为改善营商环境推出了诸多富有成效的改革措施。2018 年 10 月 29 日,国务院正式印发《关于聚焦企业关切进一步推动优化营商环境政策落实的通知》,要求加快打造市场化、法治化、国际化营商环境,增强企业发展信心和竞争力。2019 年 10 月,国务院正式公布了中国优化营商环境领域的第一部综合性行政法规——《优化营商环境条例》,为我国优化营商环境实践提供指导方向与制度保障。

2020 年 5 月,中共中央、国务院印发《关于新时代加快完善社会主义市场经济体制的意见》,再次明确"以一流营商环境建设为牵引持续优化政府服务"的改革目标,并且在落实行动方面提出了具体要求。主要包括:要求深入推进"放

---

① 魏红征.法治化营商环境评价指标体系研究[D].广州:华南理工大学,2019.
② 董彪,李仁玉.我国法治化国际化营商环境建设研究:基于《营商环境报告》的分析[J].商业经济研究,2016(13):141-143.

管服"改革,深化行政审批制度改革,进一步精简行政许可事项,对所有涉企经营许可事项实行"证照分离"改革,大力推进"照后减证"。全面开展工程建设项目审批制度改革。深化投资审批制度改革,简化、整合投资项目报建手续,推进投资项目承诺制改革,依托全国投资项目在线审批监管平台加强事中事后监管。要求创新行政管理和服务方式,深入开展"互联网+政务服务",加快推进全国一体化政务服务平台建设。建立健全运用互联网、大数据、人工智能等技术手段进行行政管理的制度规则。要求落实《优化营商环境条例》,完善营商环境评价体系,适时在全国范围开展营商环境评价,加快打造市场化、法治化、国际化营商环境。

根据世界银行的定义,营商环境是指"企业活动从开办到结束的各环节中所面临的外部环境状况"。而且世界银行的营商环境评价指标体系不是一成不变的,其评价指标已经由最初的 5 个方面的一级指标拓展到目前的 12 个方面,具体而言,最新的评价指标体系涵盖开办企业、办理施工许可、获取电力、物权登记、获取信贷、保护少数股东、纳税、跨境贸易、执行合约、办理破产、员工雇佣及与政府签署合同等。根据世界银行统计,2008 年以来,中国共实施 27 项营商环境优化改革。在《全球营商环境报告 2020》中,中国的营商环境在全球 190 个经济体的排名中,已经从 2008 年的第 90 位跃升至 2019 年的第 31 位。并且中国被世界银行评选为全球营商环境改善幅度最大的 10 个经济体之一。应该说,世界银行的评价体系提供了一个科学参照,从外部角度推动了中国营商环境的持续改善。但是,该评价体系也存在一定的局限性,例如,过于侧重政府审批环节的数量与时间等因素。

2019 年,国务院出台的《优化营商环境条例》,结合世界银行的定义和中国国情,按照市场化、法治化、国际化原则,将营商环境界定为"企业等市场主体在市场经济活动中所涉及的体制机制性因素和条件",并且提出要求"建立和完善以市场主体和社会公众满意度为导向的营商环境评价体系,发挥营商环境评价对优化营商环境的引领和督促作用"。

在营商环境的内涵上,国家"十三五"规划纲要将其划分为4个维度:公平竞争的市场环境,高效廉洁的政务环境,公正透明的法律政策环境,以及开放包容的人文环境。

二、我国营商环境的评价情况

对我国营商环境的评价,主要包括国际组织的跨国评价与比较,以及国内机构的综合评价与分区域比较。

国际组织的营商环境评价指标体系,除了世界银行的评价指标体系外,比较有影响力的还包括:经济学人智库(Economist Intelligence Unit,EIU)营商环境评价指标体系、全球创业观察(Global Entrepreneurship Monitor,GEM)创业环境评级指标体系以及经合组织(OECD)创业环境评价指标体系。后二者主要偏向于各国创业环境的评估,因此评价覆盖面相对较窄。经济学人智库的营商环境评价指标体系,主要考察营商环境的10项一级指标(子环境)来构建评价指标体系。这些子环境包括:政治环境、宏观经济环境、市场机遇、自由市场及竞争政策、外资政策、外贸及汇率管制、税率、融资、劳动市场、基础建设。该指标体系目前用于预测82个经济体未来5年的商业环境状况。根据其于2021年披露的最新排名,我国在全球82个经济体2020—2024年营商环境排名中,列第55位,较2019年的排名上升2位。

国内机构的营商环境评价,比较有影响力的主要包括:

(1)国民经济研究所的中国分省市场化指数系列报告。该市场化指数开创性地使用相对指数衡量中国企业经营环境,并分省进行比较研究,其评价体系主要包括5个方面指标:政府与市场的关系、非国有经济的发展、产品市场的发育程度、要素市场的发育程度、市场中介组织发育和法律制度环境。

(2)《管理世界》经济研究院的《中国城市营商环境评价》系列[1][2]。该系列

---

[1]　李志军. 中国城市营商环境评价[M]. 北京:中国发展出版社,2019.

[2]　李志军.2020 中国城市营商环境评价[M]. 北京:中国发展出版社,2021.

研究结合国内外营商环境评价状况与当前中国营商环境的现状,对290个城市的营商环境进行了评价和分析。其评价指标体系包括政府效率、人力资源、金融服务、公共服务、市场环境、创新环境6个指标,采用主观与客观结合的方法确定权重。客观方法为变异系数法,使用EPS全球统计/分析平台中的"中国城市数据库""中国城乡建设数据库"收集数据,并运用效用值法对数据进行无量纲化处理,进而计算各城市营商环境得分。该研究的营商环境评价范围覆盖广,指标测算数据权威而公开,保证了评价的可持续性。

(3)中国人民大学国家发展与战略研究院的《中国城市政商关系排行榜》系列报告。该研究主要侧重于考察和评价政商关系。通过构建政企关系5个方面的一级指标,使用公开数据、调查数据与网络数据(包括政府网站、城市年鉴、《中国政府网站绩效评估报告》、百度数据等途径),运用标准化法对数据进行无量纲化处理,计算了285个城市得分,并进行排名。该研究从政商"亲近"与"清白"两个维度进行体系设计与指标细化,弥补了现有营商环境评价指标体系对政府廉洁评价缺乏的不足,且多元数据来源渠道弥补了单一数据可靠性的不足(表8.4)。

表8.4　中国省份营商环境评价等级分类

等级	值域	排名	省级行政区
A$^+$	> 75	1 ~2	北京、上海
A	65 ~75	3 ~4	广东、四川
A$^-$	60~ 65	5 ~7	江苏、重庆、浙江
B$^+$	55~60	8 ~12	安徽、山东、贵州、河南、海南
B	50~ 55	13~20	江西、福建、云南、河北、湖北、天津、宁夏、吉林
B$^-$	40~ 50	21~29	黑龙江、辽宁、山西、陕西、内蒙古、湖南、新疆、青海、甘肃
C	30~40	30~31	广西、西藏

此外,还有学者综合国际组织与国内机构营商环境评价方法,吸纳相关的指标,按照"十三五"规划纲要确定的"市场、政务、法律政策和人文"4个要素,构建了营商环境评价体系的一级指标,在此基础上,做了新的营商环境评价指标体系构建的有益探索①。从评价结果来看,西部地区整体而言营商环境排名落后于东部和中部地区。地区内部,除了四川和重庆,其他大部分省份排名都居于全国底部位置。以张三保等研究为例,整体营商环境综合排名中,四川、重庆、贵州分列第4位、第6位和第10位,而其余西部省份均位于第15位及以后。

三、西部地区营造良好营商环境的着力点

优化营商环境是关系经济社会发展的关键问题,也是难点问题。从现实情况出发,西部地区营造良好营商环境,应从以下方面加以着力。

一是要深化"放管服"改革,加快建设服务型政府。只有更加彻底地放权,才能激发市场活力。西部地区各级政府要持续推进简政放权,为市场主体减轻负担,激发社会创新和创业的内在活力。与此同时,要坚决破除各种超越市场规则的不合理门槛和关卡,减少各类社会资本市场准入限制,贯彻落实全国统一的市场准入负面清单制度,推动"非禁即入"得到充分落实。要提供更加优质的服务,以提升百姓满意度。推行政务服务"最多跑一次"和企业投资项目承诺改革,压缩工程建设项目审批时间。要推进政务信息资源共享和"不见面"审批服务改革。

二是要提高监管的效率水平,促进社会公平正义。通过实施"双随机、一公开"的监管,放宽市场准入,着力加强事中事后监管,形成高效规范的监管环境。对一些新技术、新业态、新模式实行审慎包容监管,使得这些新业态能主动发挥稳消费、促增长的作用。要坚决落实减税降费的各项政策措施,给予企业合理发展空间。

---

① 张三保,康璧成,张志学.中国省份营商环境评价:指标体系与量化分析[J].经济管理,2020,42(4):5-19.

三是要营造公平有序的市场竞争环境。西部地区各级政府、各个部门要尊重公平竞争政策的基础性地位，遵循竞争中性原则，加快清理、废除妨碍统一市场和公平竞争的各种不合理规定和做法，持续深入开展整治不正当竞争行为，建立优化营商环境的长效机制，加快形成平等公开、有序竞争的市场环境。

第五节 拓展区际互动合作

拓展区际互动合作是贯彻落实新时代区域协调发展战略、推动西部地区高质量发展的重大举措之一，是《中共中央 国务院关于新时代推进西部大开发形成新格局的指导意见》的重要内容。

一、实施区域协调发展战略的政策推进

党中央、国务院历来重视我国地区协调发展的问题。邓小平同志的"两个大局"战略思想中，不可或缺的"另一个大局"就是要在沿海地区发展到一定的时候，要求其拿出更多力量来帮助内地发展。进入 21 世纪以来，中央先后出台一系列政策文件，统筹推进东部率先发展、西部大开发、中部崛起和东北振兴战略，区域经济发展取得重要的阶段性成就。党的十八大以后，为了促进跨区域经济合作和深化对外开放，党中央、国务院进一步部署了"一带一路"建设、京津冀协同发展、长江经济带发展、粤港澳大湾区建设等多项区域协调发展的战略，推动形成贯穿东西南北、纵横联动的区域经济发展新格局。

2017 年，党的十九大报告从中国区域发展的新形势和决胜全面建成小康社会、开启全面建设社会主义现代化国家新征程的新要求出发，明确提出要求强化举措推进西部大开发形成新格局，实施区域协调发展战略。在此基础上，党中央、国务院于 2018 年 11 月印发了《关于建立更加有效的区域协调发展新机制的意见》，提出要在建立区域战略统筹机制、健全市场一体化发展机制、深化

区域合作机制、优化区域互助机制、健全区际利益补偿机制、完善基本公共服务均等化机制、创新区域调控机制、健全区域发展保障机制等八大方面落实部署安排,使得区域协调发展新机制能在遏制区域分化、规范区域开发秩序、推动区域一体化发展中发挥积极作用。

面向西部大开发形成新格局,2020 年 5 月 17 日,《中共中央 国务院关于新时代推进西部大开发形成新格局的指导意见》,进一步明确要以共建"一带一路"为引领,加大西部开放力度,同时提出了拓展区际互动合作的具体要求。

二、拓展区际互动合作的重点领域

紧密的区域间联系是区域一体化建设的基础,在新时代区域发展中要实现"协调"二字,离不开增强区际的各种互联互动。拓展区际互动合作,重点领域主要包括:

(1)要积极对接京津冀协同发展、长江经济带发展、粤港澳大湾区建设等重大战略。我国新时代区域发展战略已形成以"传统四大区域板块"总体战略为基础,多个"重点区域战略"为支撑的区域发展战略体系。前者为西部开发、东北振兴、中部崛起和东部率先,主要涉及传统四大区域板块;为进一步降低区域发展差距,又相继部署了京津冀协同发展、长江经济带发展、粤港澳大湾区建设等跨区域发展战略。随着区域政策的不断深入推进,建立区域战略统筹机制,推动西部大开发战略与其他区域发展战略有效对接,有助于带动欠发达地区有效融入现代经济体系。

(2)协同推进加快建设长江上游生态屏障、探索绿色发展新路径。长江上游生态屏障建设作为国家西部大开发的重大举措,是为实现长江流域的可持续发展,特别是实现上游地区的环境与经济协调发展而实施的一个复杂的系统工程。青海、甘肃等西部省份作为长江上游领域的欠发达地区,应积极推进与其他沿江省份的政策协同,共同探索生态优先、绿色发展的新路径。

(3)依托陆桥综合运输通道,加强西北省份与江苏、山东、河南等东中部省份互惠合作。我国"十纵十横"综合运输通道,作为我国中长期发展的战略规划布局,是支撑国内经济要素循环流通的重要基础性设施,中央和地方政府均高度重视通道项目的建设。目前,我国"六纵三横"9条综合运输通道实现铁路干线和国家高速公路贯通,而在未建设成的"四纵七横"11条综合运输通道中,大多数没有贯通的路段集中在我国西北地区、东北地区和沿边地区等较为偏远的地方,其中西北地区青海与西南联通通道、宁夏与陕西联通通道、四川与西藏联通通道等建设相对滞后。西部大开发形成新格局,拓展区际互动合作,应加强西北省份与中、东部地区相关省份之间的互惠合作,充分调动市场的积极性,创新运用PPP等投融资模式,弥补瓶颈路段的资金缺口。

(4)加快珠江—西江经济带和北部湾经济区建设,鼓励广西积极参与粤港澳大湾区建设和海南全面深化改革开放。为努力完成习近平总书记赋予的构建面向东盟的国际大通道、打造西南中南地区开放发展新的战略支点以及形成21世纪海上丝绸之路和丝绸之路经济带有机衔接的重要门户的三大历史使命,广西应立足于《珠江—西江经济带发展规划》,积极参与粤港澳大湾区建设和海南全面深化改革开放的重大战略,加快珠江—西江经济带和北部湾经济区建设。

(5)推动东、西部自由贸易试验区交流合作,加强协同开放。自由贸易试验区在新时代肩负着制度创新的重任,是推动各类要素自由流动的重要载体。截至2020年末,我国已经设立了21个自由贸易试验区,取得了显著的建设成效。各省市自贸区在差异化发展的同时,难以避免地出现同质化竞争的情形。为避免自贸试验区建设出现过度竞争及碎片化问题,应推动东西部地区自贸区之间的交流合作,加强区际协同管理,推动形成了我国新一轮全面开放格局。

(6)支持跨区域共建产业园区,鼓励探索"飞地经济"等模式。作为一种新的区域经济合作模式,飞地经济有助于打破行政区划界限,促进区域协调发展。近年来,包括长三角、珠三角的城市之间在共建产业园区、发展飞地经济等跨区域合作发展方面,积累了不少成功经验。西部大开发形成新格局,应学习借鉴相关案例,支持符合条件的省(区、市)在这方面积极探索。

（7）加强西北地区与西南地区合作互动,促进西部地区城市群互动发展,打造引领西部地区开放开发的核心引擎,加快推进重点区域一体化进程。城市群作为区域经济发展的网络化空间组织形式,在优化组合分布各类资源要素的方面实现更加有效的配置。因此,构建更加有效的区域协调发展新机制,要充分发挥城市群的引领作用。协调西部地区发展,应该积极促进成渝、关中平原城市群之间的协同并进,推动北部湾、兰州—西宁、呼包鄂榆、宁夏沿黄、黔中、滇中、天山北坡等城市群的互动发展,大力支持南疆地区开放发展,缩小区域内各省份之间的发展差距,加快推进重点区域一体化进程。

（8）要支持陕甘宁、川陕、左右江等革命老区发展,支持川渝、川滇黔、渝黔等跨省（区、市）毗邻地区建立健全协同开放发展机制。2021年2月,国务院发表《关于新时代支持革命老区振兴发展的意见》,明确提出到2035年,革命老区要与全国同步基本实现社会主义现代化的长远目标。促进西部地区协调发展,拓展区际互动合作,要大力支持陕甘宁、川陕、左右江等革命老区发展,努力走出一条新时代振兴发展新路,把革命老区建设得更好,让革命老区人民过上更好的生活,逐步实现共同富裕。

9

固本：
形成以人民为中心的西部大开发新格局

第一节　支持教育高质量发展

十八大以来,习近平总书记"以人民为中心"的发展思想传承了马克思主义的群众史观,植根于社会主义初级阶段这一最大现实的土壤,系统地回答了为何人而发展、依靠何人而发展以及成果由何人共享的问题。习近平总书记在十九大报告中明确指出要坚持"以人民为中心"的发展思想,为中国的建设和改革工作指明了发展方向和发展目的。"为人民服务"是中国共产党自成立后就确立起来的宗旨,"以人民为中心"的发展思想时刻秉持着"为人民服务"这一理念。我国西部地区高校的分布数量如表9.1所示。

表 9.1　西部地区高等院校分省数量

单位:所

年份 地区	2019	2018	2017	2016	2015	2014	2013	2012	2011
内蒙古	53	53	53	53	53	50	49	48	47
广西	78	75	74	73	71	70	70	70	70
重庆	65	65	65	65	64	63	63	60	59
四川	126	119	109	109	109	107	103	99	93
贵州	72	72	70	64	59	55	52	49	48
云南	81	79	77	72	69	67	67	66	64
西藏	7	7	7	7	6	6	6	6	6
陕西	95	95	93	93	92	92	92	91	90
甘肃	49	49	49	49	45	43	42	42	42
青海	12	12	12	12	12	12	9	9	9
宁夏	19	19	19	18	18	18	16	16	16
新疆	54	50	47	46	44	44	41	39	37

数据来源:国家统计局

西部地区由 12 个省(区、市)组成,占据我国 72%的领土(约 681 万平方千米),地区人口占全国总人口的 28%,其发展程度对我国的总体发展水平有着举足轻重的作用。在进行西部大开发的过程中,应当坚持以人民为中心的教育开发基本格局,坚持高质量发展,为西部大开发贡献出最基础的教育力量①。西部地区地域广大,资源丰富,在矿产资源、能量资源、生物资源、土地资源等方面都有巨大的优势。然而,那里的人口只占全国总人口的 28%,而且目前西部地区从业人员中文盲半文盲所占的比例就已高达 16%,其中西藏、青海、贵州、甘肃、云南、宁夏、新疆、内蒙古、陕西等 10 个省区的人口总数占全国的 15%,而文盲数却占全国的 50%②。经济相对落后,城镇化水平较低,尤其教育发展相对滞后,少数民族教育、职业教育和高等教育等教育培训的多元化格局尚未形成是当前西部社会发展的现实状况③。

一、坚持持续完善和落实西部地区教育法制

法治是治国理政的基本方式。加强义务教育法制建设,从法律层面上硬性规定义务教育的主体、范围等基本内容,有利于为义务教育均衡发展提供强有力的指导和强大的法律支撑。在完善的立法政策下,强制性的法律体系能够督促政府部门基于公平的原则扩大教育资源投入,保障广大群众享有公平受教育的权利,为义务教育均衡发展奠定了基础④。当前,我国初步建立了以《宪法》《教育法》《义务教育法》为核心,以其他地方性法规和职能部门规章制度为有益补充的义务教育法律体系,确保学生平等接受教育、享受优质教育资源的权

---

① 蒋华林,杨帆,蒋基敏.西部高等教育全面振兴达成度的内涵及其评价[J].重庆高教研究,2021, 9(5):3-12.

② 马鸿霞,朱德全.西部民族地区高职教育发展:进程、挑战与变革:基于《规划纲要》发展回顾与"双高计划"前瞻[J].华东师范大学学报(教育科学版),2021,39(4):104-126.

③ 杜文璐.高等教育资源投入与人口集聚:基于省级面板数据的实证分析[J].统计与管理,2021, 36(5):47-53.

④ 仪成山.西部少数民族贫困地区农村基层党组织建设的问题研究:以凉山州喜德县为例[J].统计与管理,2021,36(6):100-104.

利,但在具体操作过程中,存在对《义务教育法》等相关法律的具体条例不清楚、实施不到位,有法不依、执法不严、违法不究等情况。

(一) 落实西部地区依法治教

依法治教,顾名思义是依据法律来规范教育行为、管理教育过程,要求地方各级政府必须贯彻习近平总书记全面依法治国新理念,积极落实文件精神,推进区域教育事业现代化发展,推动义务教育均衡发展。要打造教育法治生态圈,充分发挥法律机制在依法行政中的参谋和辅助作用,努力建立法治政府、责任政府、服务型政府,真正为教育改革发展开拓道路并保驾护航。各级政府部门要严格遵循法律规定和基本要求,强化义务教育工作的责任感和法治意识,要依法依规开展教育政策制定、教育经费投入等各项工作,要落实义务教育法等相关法律体系的具体要求,同时,政府部门应当完善当前义务教育领域的部门规章、地方性法规等,对不符合现实需要的制度及行为进行合理清理和完善,严格按照义务教育相关法律法规的规范性要求来发展义务教育,逐步减少人为因素所造成的义务教育非均衡化。学校也必须要遵循法律规定,依法办学办校,围绕学校发展诉求和教育诉求,制定特色化办学章程,并贯彻落实。

(二) 坚持西部地区基础教育的规范化办学

基础教育一直是教育事业发展的最基本保障,在西部大开发的过程中,应当坚持西部地区基础教育规范化办学,确保学校是规范化办学的行为主体和责任主体,整治好基层学校的办学措施,从而促进西部地区义务教育的均衡性发展。

(1)专项整治违规举行考试。学期末安排一次期末考试,其余时间各学科无统一考试,考试内容不存在超课程标准、超教学进度等情况。

(2)专项整治违规进行排名。学校通过年级自查、学校抽查等方式,将规范办学、切实减轻学生课业负担、保证考试成绩不排名、不在家长群公布成绩、不布置作业给家长等内容传达给师生,同时对教师起到监督和警示作用。

（3）专项整治违规超前教学。西部地区各级学校每学期都要检查所有任课教师的"三本"（备课本、听课本、作业本），确保所有任课教师能严格执行教学计划①。

（4）专项整治校外培训机构违规办学。西部地区各级学校需要通过开学工作、结束工作等会议，向全体教师明确课外有偿补课的后果，并与每一位教师签订无课外有偿补课承诺书。进一步加强监督，向全体教师明确课外有偿补课的后果，并与每一位教师签订无课外有偿补课承诺书。

（5）构建全面"阳光食堂"监管网络。西部地区各级严格按照要求进行食堂招标，并根据规定收取学生伙食费，食堂财务账册完备、账目清晰；实行校长、行政陪餐制度，并设定"阳光食堂"平台进行食堂的日常管理与监督，全力推进西部地区中小学"阳光食堂"信息化监管服务平台上线运行工作，以信息化管理平台为主体。

（三）坚持西部地区依法教学的继承落实

一方面，应在教学中维护学生合法权益，将法律知识融入课程中，加强对学生的法治教育，并结合相关法律知识开展适合不同年龄段学生的校园活动，逐步养成法治意识。另一方面，各相关政府部门更要维护好教师的合法权益，要按照劳动合同和聘用合同，严格履行双方权利义务。

二、统筹规划，立足全区域教育进行合理布局

高等教育的高质量发展离不开经济的蓬勃发展。进行西部大开发整体布局，应当注重西部大开发的整体经济运行的良好态势，在其社会经济发展，产业结构优化到一定程度之后优先考虑在这些地区布局高等院校②。

---

① 范伟.西部民办高校教师队伍建设现实困境与路径选择[J].新西部,2021(C1):140-142.
② 李金波,许兴亮,李永武,等.西部地方院校实验教学示范中心建设实践与探索[J].实验室研究与探索,2021,40(3):235-238,242.

　　首先,设计西部区域高等教育布局要考虑地区的经济发展水平以及产业特色。将区域高等教育发展纳入区域长期发展规划之中,以发展的眼光看待区域高等院校的建立与发展,建设高等教育与经济发展的共同体,以区域高等教育促进产业经济发展,随后以发展成果扶持西部区域高等院校建设[①]。

　　其次,要扩大区域高等教育发展的融资渠道,弱化财政投入主渠道。在区域高等教育的发展过程中,地方政府参与扶持、协调尤为重要,各级政府从宏观上的重视程度在一定程度上决定了区域高等教育的发展方向[②]。但随着市场经济的发展,当我国基本经济制度转变为以公有制为主体,多种所有制形式共同存在时,高等教育的办学体制也应发生相应的变化——高校教育经费不应当仅仅从财政渠道获取,还应当从其他渠道如科技企业融资、教育基金融资、融资租赁等多渠道获取。

　　此外,西部地区省级教育主管部门可以将延伸到区域办学的高等院校定位为紧密联系当地经济发展的特色高等教育。出台相关的政策引导区域高等院校立足区域产业经济发展实际情况开展办学。主管部门要不断探索区域高等教育办学形式,推动西部地区区域高等教育不断进行创新以及提升高等教育内部治理水平,推进西部地区区域高等教育向完善的高校现代化治理体系发展。

(一)适度前瞻,促成育人用人良性互动

　　各级政府要发挥政府主体在高等教育办学权力中对高等教育的引领作用,引导高校在专业和学科设置中结合地区当地发展的实际[③]。随着西部地区区域高等教育的发展,各级政府应该重视高等教育在本地区的发展,不能只引进高校,而缺乏对其良性发展的引领。高等教育需要和当地区域经济发展相结合,开设符合地区发展的特色专业,以培养专业人才作为其培养目标,促进西部地

---

① 刘梦颖.新时代西部民族院校本科实践教学质量提升研究[J].创新创业理论研究与实践,2021,4(6):93-95.
② 马艺文,张其其,庄太凤.我国西部地区社区卫生服务机构卫生资源配置公平性研究[J].中国医药导报,2021,18(9):130-134.
③ 黄东兵.全面提升西部基础教育质量　巩固脱贫攻坚成果[J].中国科技产业,2021(3):42-44.

区经济和教育的共同发展。

近十年是西部地区高等教育普及化发展最快的阶段①。区域高等教育的发展在整个西部地区高等教育发展规划中也有着重要地位,其重点工作就是要培养适应区域产业结构调整、积极配合区域经济发展成长的高技能紧缺型人才,培养一批面向地区发展特色的高素质人才。

各级政府要根据当地经济发展的产业结构调整区域高等教育的相关专业和科研类型。在当前教育层次日益多样化的前提下,区域范围内的高等教育包括普通高等教育、高等职业教育、成人教育和继续教育这几类。各级政府要加强各类教育之间相互的衔接和沟通,建立各层级高等教育相互渗透、衔接互通的高等教育结构体系。这样的高等教育不论是在提高人才培养的质量方面,还是在体现以人为本,充分尊重人的选择权利和自我实现、自我发展的要求方面都有重要意义。

各地政府要确保原有生源不流失的前提下,尽量扩大区域内高等院校的生源渠道。目前,城市教育和乡村教育的差距在扩大,教育不公平现象愈加凸显,高等教育尤其是优质教育中农村学生的比例呈逐年下降趋势。有研究表明,受教育程度和城市化水平与农村人口迁移率呈正相关关系。西部各级政府要全面提升本区域的城镇化水平,努力提高农村地区学生的高等教育入学率,培养西部城市所需要的高素质人才,提高劳动生产率,最终促进经济增长。

（二）打造心态稳、福利高的服务地方型教师队伍

西部区域高校目前面临教师绝对数量和相对数量都较少的问题。

首先,高校应以提高教师队伍水平为目的,加强"双师型"教师培养,定时定期选拔新晋教师或者想要发展的教师到企业一线和政府相关部门的技术和实践岗位,帮助教师获取一手的、最先进的技术方向以及产业的相关需求信息,提升区域高校教师在教学实践中的理论与实践的结合程度,切实提高教师水平,

---

① 王莹,张瑶,严芳.西部地区高等职业教育精准扶贫模式探索[J].就业与保障,2021(4):123-124.

提升西部地区的教师吸引力①。

其次,为建立一支人员稳定、流动小的教师队伍,区域高校可以在提高教师福利方面出台有关优惠政策。尤其是针对与主体高校共享教师资源的区域高校,可以联合各级政府,为跨校区教学的教师提供交通补助、区域住房支持等福利政策,吸引教师乐于在区域高校教学②。在此基础上,也要关注教师子女的学习和生活问题,为教师子女在入学、生活方面设立相关的绿色通道,帮助解决教师在区域教学的后顾之忧,也可以达到充实区域高校教师队伍的效果。

(三)建立完善西部地区政、校、企合作机制

西部地区高等教育下沉区域办学离不开与当地政府和企业的合作。各级政府应结合西部区域经济发展的实际需要,有针对性地攻克技术难关,加强与地方企业、科研机构的合作,取长补短,进行资源共享③。因此,建立以企业为主体,地方政府和高校为纽带的政、产、学、研合作机制,是目前高等教育发展的最有效途径。

在政府的组织指导下,积极探索产、学、研合作的资金扶持和配套资助办法,通过政府对产、学、研合作的资助和指导,进一步拉近区域办学高校、地方与企业之间的距离,为校地合作、校企联动、联合攻关等提供政策扶持和资金导向④。西部地区地方政府强有力的引导可以促进地方高校产、学、研的长期合作,实现地方、企业和高校资源配置的最优解,形成优势互补、合作共赢的共同体⑤。加快建设为政、产、学、研合作服务的创新平台,搭建产、学、研合作科技成

① 张优智,张珍珍.教育投入对西部地区经济增长的空间溢出效应:基于空间杜宾模型的实证分析[J].西安石油大学学报(社会科学版),2020,29(4):9-16.
② 刘奥运.西部民族地区学前教育与区域经济发展的协整性实证研究[J].和田师范专科学校学报,2020,39(4):55-61.
③ 邓明川.西部地区职业教育助力脱贫攻坚策略研究[J].科技资讯,2020,18(25):211-212,215.
④ 邱孝述,敖姗嫣,张莉.以重庆市为例谈西部地区"五年制"高等职业教育人才一体化培养[J].教育与职业,2020(18):34-38.
⑤ 宋权华,陈守满.高等师范教育学生信息化教学能力培养策略与模式:基于对西部地区中小学教师调查的研究[J].微型电脑应用,2020,36(9):23-26.

果交易服务平台,加快技术交易市场建设,完善和拓展市场运行机制和服务功能,加强信息发布、成果评估、科技成果价值认定、产权转让等服务,促进知识流动和技术转移,推动地方高校产学合作科研成果的转化。

教育产业和区域经济发展存在着双向推动关系。地方政府和地方高校应建立高效优质的合作格局,通过合作来弥补各自资源要素的短板。地方政府应充分利用高校的教育资源促进当地经济发展,地方高校可根据地方政府的需求,调整人才培养目标和课程体系,创新教学模式。

地方和西部区域办学高校在产、学、研合作过程中研发成功的技术成果在进行转化时,地方企业要充分利用自身具有的生产管理优势,将技术产品进行有计划的生产和管理,逐步将其带入市场,并在产业化过程中有针对性地培养造就一批技术人员[1]。同时,在地方政府、企业与区域办学高校的产、学、研合作过程中,高校作为技术产品的供给者,应该把与技术相关的信息毫无保留地转移给地方合作企业,并尽力协助地方企业解决在技术转化过程中面临的技术难题。地方和高校应共同努力以完成合作目标,建立地方高校产、学、研合作共赢的、可持续发展的组织管理机制和创新发展机制[2]。

第二节　提升医疗服务能力和水平

随着西部地区居民收入水平的提高,人们对生活质量的要求也越来越高,但同时西部地区间、城乡间发展不充分、不平衡等问题亟待解决——基本公共服务方面的非均等问题已经制约经济社会稳定发展,其中基本医疗服务资源在

---

① 曾金霞,卢红坚.西部欠发达地区职业教育以精准就业实施精准扶贫策略分析[J].广西教育,2020
(46):8-9,17.
② 陈荣强,段永平.西部贫困地区职业学校校企合作服务人才培养论析:以铜仁职业教育集团学校为视
角[J].理论与当代,2020(12):24-26.

城市内部、农村内部、城乡之间分配不公平的问题十分突出①。我国西部地区医疗人员配备情况如表 9.2 所示。

表 9.2　西部地区每万人拥有卫生技术人员数

单位:人

地区＼年份	2019	2018	2017	2016	2015	2014	2013	2012	2011
内蒙古	77	74	71	68	65	62	60	56	53
广西	69	65	62	60	57	54	44	47	38
重庆	72	67	62	59	55	52	42	45	36
四川	72	67	64	60	58	56	47	48	39
贵州	74	68	63	58	53	48	36	37	27
云南	70	62	59	52	48	44	42	36	33
西藏	60	55	49	45	44	41	37	30	36
陕西	91	85	81	76	70	67	60	58	50
甘肃	68	60	56	52	50	49	43	43	39
青海	78	74	70	62	60	58	57	51	49
宁夏	80	77	73	66	62	60	56	53	49
新疆	74	71	71	71	69	67	64	61	59

注:分母系常住人口数

数据来源:国家统计局

在西部大开发的整体格局的框架下,需要促进乡居民医疗服务资源的整合,推动西部医疗服务供给方式、服务过程和服务能力的变革②。西部地区各级

---

① 贯雨菲,李长乐,孙静.医疗保险对中国西部少数民族地区老年人健康的影响[J].中国老年学杂志,2021,41(5):1100-1103.

② 刘书明,王冬冬.中国省际区域社会保障支出水平差异分析[J].统计与决策,2021,37(1):73-76.

政府作为公立医院的支撑者、医疗保障的提供者、医药企业的监管者,需将三者统一起来,建立联动机制,统筹协调,在三医联动视角下提出基于供求平衡的西部地区各地医疗服务供给的策略选择,增加医疗服务供给数量,提升医疗服务质量,从而满足消费者需求,解决"看病难、看病贵"的问题。

一、完善西部地区医院整体政策的优化

(一)优化医院结构

医院结构是否合理是影响医疗服务供给效率高低的重要因素。因此,本研究从医院的类别来分析西部地区各地的医院结构。按照医院的类别分为综合医院、中医医院、中西医结合医院、民族医院、专科医院;按照医院的管理类别分为非营利性医院和营利性医院①。从医院结构来看,一方面,西部地区各地需要积极推进综合医院和专科医院的进一步发展,争取做到在各地至少有一家综合医院和专科医院,基于人口相对较多的区县,适当增加这两类医院的数量;另一方面,要对其他三类医院进行合理的规划,填补目前的空缺,发挥各类别医院的长处,使其能实现优势互补,更好地满足居民多方面的需求。最后,还要加强非营利性医院的"公益性"建设,从为人民服务的本质出发,旨在为患者解决疑难杂症和提供优良的医疗卫生服务,真正意义上实现老百姓"病有所医"且"有能力医"的期望。

(二)提升医院级别

首先,提升西部地区未评级医院的级别,增加一级医院的数量。一级医院一般能提供一级预防,能提供管理社区常见病、多发病等轻微疾病的医疗服务。因此,增加一级医院的数量有利于保障基础医疗服务,在做好一级预防和轻微疾病管理的同时,更好地贯彻执行双向转诊制度,协助高级别的医院搞好中间和院后服务,合理高效地分流病人,维护医疗环境的秩序。

---

① 马秀珍.建设"互联网+医疗健康"西部地区"样板间"[J].中国卫生,2021(1):33.

其次,合理增加西部地区二级医院的数量,填补二级丙等医院的空缺。二级医院作为提供医疗服务的"主力军",要充分发挥其功能,保障接受一级转诊的容纳量,对一级医院在业务技术、医学教学和科研上进行指导和传授,同时做好对高危人群与特殊疾病的检测和预防①。

最后,积极完善西部地区三级医院的建设,努力向三级特等医院靠近。三级医院能面向全国范围提供优质的医疗服务,在医疗水平、医疗设备、教学能力和科研质量等方面都是最顶端的,对提升当地的医疗服务水平做出了相当大的贡献②。因此,努力推进三级医院的建设,在西部地区各地医院的影响力与整体医疗服务水平的提升、医学科研的发展以及提高患者满意度等方面具有重大意义。

(三)合理布点医院

基于目前西部地区各地医院具体分布情况和居民实际需求,首先要对医院的布点进行重新优化。一方面,在各地医院的数量分布上,要根据居住人口的数量配置相应的医院数量;另一方面,在医院的地理间隔距离上也要合理把控,让居民在选择医疗机构时能就近就医和快速就医。其次,在城乡医疗资源配置方面,以城乡人口的比例来分配,实现相对公平,保证乡村基础医疗资源充足,改变城市医疗资源过于集中而造成浪费的局面。最后,保证优质医疗资源服务职能能够延伸到基层。一方面,可大幅提高医疗卫生服务延伸到基层的覆盖比率;另一方面,可大幅提升西部地区基层医疗机构的服务质量和综合实力③。

(四)提高医生水平

在一些发达国家,健全的全科医生制度对优质的医疗服务起到了重要作用。全科医生制度也称"健康守门人"制度,患者首先经过全科医生的诊断和治

---

① 王可心.我国西部城乡医疗资源分布均衡性分析:以陕西省为例[J].山西农经,2020(23):36-37.
② 杨少垒,刘涛,陈娟.西部地区农村医疗卫生服务效率测度及动态分析[J].农村经济,2020(11):129-135.
③ 李少惠,韩慧.西部农村公共文化服务供给效率及收敛性分析[J].深圳大学学报(人文社会科学版),2020,37(6):54-63.

疗,对一些轻微的和常见的疾病,全科医生一般都能实施治疗,全科医生遇到无法解决的病症和患者有必要向上一级医院转诊时,会开具转诊证明,将患者向更高级别的医院转诊①。

第一,健全全科医生制度有利于提高西部地区医疗资源利用效率,有利于分级诊疗制度达到预期效果,解决小病大病都涌向大医院的问题,有利于赢得居民的信任,节约居民看病的时间和金钱。因此,目前西部地区各地要大力培养全科医生,增加全科医生的数量,达到每千人口 1~2 名全科医生的目标。加强对社区全科医生的职业技能和职业道德培训,提高其服务水平和能力,遵守职业道德,使全科医生真正成为西部地区各地居民健康的"守门人"。

第二,要注重西部地区医生性别、年龄和工作年限的结构。目前,西部地区男女卫生技术人员比例约为 1：2.48,男性远少于女性卫生技术人员,在卫生技术人员性别方面,应努力趋向平衡,主要增加男性卫生技术人员的数量,合理控制女性卫生技术人员的增长速度②。

第三,在人才招聘方面,要适当提高招聘标准,注重高学历和高学位人才的引进并对其进行必要的支持和保护,避免人才的流失。对于低学历的医务人员,鼓励他们通过进修学习来提升自身的综合实力,达到医院对高精尖人才的基本要求。

二、优化西部地区医保层面的策略选择

(一)提高参保比例

在医疗保障层面,首先,国家要在政策和制度上进行改革和完善,为居民参保提供基础保障。其次,西部地区各级政府要加大财政投入,扩大基本医疗保险的覆盖面,实现城乡居民全覆盖,人人享有基本医疗保险。再次,根据西部地

---

① 秦亚玲,叶舟,何丽,等.西部城市医院的高质量发展历程[J].中国质量,2020(11):88-90.
② 付航,贺知菲,吴韬,等.我国西部地区医养结合机构开展医疗卫生服务的问题分析[J].重庆医学,2020,49(19):3230-3233.

区各地经济发展水平,建立相应的筹资增长机制,同时保证筹资增长水平与经济增长水平相对同步,以此确保基本医疗保险的保障力度。最后,采取降低基本医疗保险的起付门槛、提高支付上限、完善门诊统筹制度等方法,降低参保人员的医疗费用,增加受益范围,从而提高医疗保障水平。

(二)优化报销比例

目前,在西部大开发背景下,坚持制定合理的医疗报销比例,以控制整个医疗费用的增长,减轻居民在医疗服务过程中医疗支付的负担,从而解决基层居民"看病贵"的问题[①]。一方面,西部地区各级医疗保险机构可与专业院校和专业部门科学精准地统计居民的收入水平和医疗费用支出,根据数据合理分类就医群体,并设置不同群体的医保报销比例,以此来控制过度医疗需求,让有限的医疗资源为真正需要的患者所使用;另一方面,合理规划医疗费用梯级报销机制,增加重病大病的报销比例。由于目前重病、大病的自付费用所占比例还很高,很容易导致低收入家庭"因病返贫",因此对医保报销比例的优化要针对患者的不同情况做出不同的处理,减轻患者医疗费用的同时,实现医保报销带来的相对公平,让医保政策惠及每一个公民。

(三)简化报销程序

解决异地就医医保报销是完善医保政策的必要措施,在医保报销的程序或条件方面,一方面西部地区各级医保经办机构与医疗机构之间要达成协商一致的意见,实现信息共享,使患者的医保支付方式更趋合理;另一方面,西部地区各级医保信息系统要实现互联互通,运用"互联网+"新模式打通异地医保支付方式,使医保报销更加便捷。其他相关部门也要在政策和制度层面做出改善,简化审批程序和申请步骤,发挥医保在改善人民生活方面的最大作用[②]。

---

① 白鸽,周帅,付晨,等.西部地区县级医疗机构网络医疗供给影响因素研究[J].中国医院管理,2017,37(8):25-26,29.

② 马鹏,来勇臣,叶舟,等.中国西部地广人稀地区远程医疗知晓率调查研究[J].中国卫生产业,2018,15(7):16-18.

三、优化西部地区医疗采购政策机制

由于药品的种类极其丰富,本书对医药层面的策略选择是以政策文件和制度规定为角度,具体表现为优化药品采购机制、破除"以药养医"利益链条和完善药品监管制度。

（一）优化药品采购机制

目前,医药采购的腐败不仅直接导致药价虚高,造成患者"看病贵"的问题,而且使部分医院和医生的医疗行为违背了医德医风,小病大看、轻病重治、过度检查等医疗乱象源源不断,一方面加重了患者的医疗负担,另一方面损害了医患关系,恶化了社会风气。治理医疗采购违规乱象,优化药品采购机制成为改善医疗服务供给工作在医药层面的重点①。

首先,西部地区各级政府要健全和完善医药采购的相关法律制度,强化法律制度的约束性,严厉打击药品采购腐败行为,从根本上对药品采购进行治理。

其次,西部地区各级政府把采购权从医生让渡到医保局,切断制药企业和医生之间的利益纽带,让医院承担药品采购的责任,如未按量完成采购,医保局对医院做出相应的医保费用额度扣减,并严禁医院进行任何形式的"二次议价"行为。这样对降低药品费用有很大帮助,也能从源头上对药品采购进行治理。

最后,强化药品采购方式的多元化,利用医保制度对医药领域的政府采购进行合理调控。医药直接采购、政府带量采购都是药品采购的合理方式,但是过程中的利益问题导致效率远低于预期。因此,在强调药品采购方式多元化的同时,要加强对采购过程的监管,杜绝"暗箱操作"的现象发生,让采购过程更加透明,接受大众的监督②。

---

① 白春兰,王凌颖,胡秀英.西部地区医疗机构中老年病房及护士配置现状调查［J］.中华现代护理杂志,2019,25(2):199-203.
② 田娜,张行易,白雪珂,等.我国西部地区基层医疗卫生机构降压药物可及性、费用和处方用药研究［J］.中国分子心脏病学杂志,2019,19(4):2988-2992.

（二）破除"以药养医"利益链条

自 2006 年 9 月起,我国大力推行"医药分离",旨在从根本上改变目前"以药养医"的局面①。"以药养医"导致"药价虚高"问题反响很大,居民"因病致贫""因病返贫"的问题愈加严重。破除"以药养医"利益链条是降低药品费用,解决居民"看病贵"问题的重要途径②。为了破除利益链条,西部地区各级政府需多方联动,要做到以下几点:

第一,进一步将各级公立医院回归公益性的本质,全力提升医疗综合服务水平,是西部地区公立医院管理体制的首要任务和发展目标。各级医院需要建立起相对合理的薪酬制度和针对医疗队伍的绩效考核制度,将医生的服务态度与群众的满意度纳入整个医疗体系的考核范围,从而调动医务工作者为患者服务的积极性,引导整个医院体系内的所有人以追求服务为主要目标。

第二,政府要加大对医院的投入补贴。公立医院取消"药品加成"后,主要靠服务收费和财政补助来支撑其运作,为保证医院的公益性,政府要提高对医院的财政补助。

第三,加强对"以药养医"的监督,预防新的腐败出现。首先,卫生计生部门对医药的销售过程进行监督,强化监管职能,掌握医疗机构的运行状况。其次,充分发挥监管联动机制的作用,各方加强信息共享,建立协查合作机制,建立预防和惩治"以药养医"的统一战线。最后,强化监管部门的职责,明确各部门各机构的责任,把责任落到实处,加大追究力度,保证监督工作不失位。

（三）提高西部地区药品监管力度

药品安全直接关系着人民群众的身体健康,加强药品质量监管是保障居民得到优质医疗服务的根本③。西部地区各级政府要完善药品监督制度,需要政

---

① 梁胜翔. 我国西部地区基层医疗卫生机构基本公共卫生服务人员核心能力建设研究[D].重庆:中国人民解放军陆军军医大学,2020.

② 付航,贺知菲,吴韬,等.我国西部地区医养结合机构开展医疗卫生服务的问题分析[J].重庆医学,2020,49(19):3230-3233.

③ 税亚男.西部地区医疗卫生事业发展评价研究[J].现代交际,2020(10):255-256,254.

府部门和各个机构做出相应的对策措施,概括为:

第一,完善法律法规建设。加强立法力度,明确药品安全监管的主体、客体以及监管方式,增强监管的合法性和权威性并防止监管权力的滥用,减少药品监管的腐败行为。

第二,要优化监管机构。设立一个强大独立的监管机构是必要的,减少行政对监管机构的干预,独立完成监管任务,提高监管效率①。

第三,加强监管人员队伍的建设。监管人员是药品安全管理的关键主体,医药产业的监管具有较强的专业性和技术性,相关工作都需要相应的专业人员来完成。因此,要强化监管人员的准入机制,不断对监管人员进行培训并对他们实施严格的监督管理,提升监管人员的综合素质,保证药品监管机构的专业性和效率②。

第四,强调药品安全监管方式的多元化。监管分为事前、事中和事后三个阶段,药品安全又涉及研发、生产、流通、使用等环节。监管机构应把事前监管作为重中之重,只有严把药品生产、流通、销售、监管质量关,才能保证人民用药安全③。

第五,充分发挥外部力量的监管作用。仅仅依靠政府部门和监管机构的力量是远远不够的,要充分发挥社会组织、公众以及媒体的监督作用,才能使药品安全得到很好的内部监督和外部监督,也能使药品制造企业更加自律,从而营造良好的药品安全环境④。

---

① 贯雨菲,李长乐,孙静.医疗保险对中国西部少数民族地区老年人健康的影响[J].中国老年学杂志,2021,41(5):1100-1103.
② 杨少垒,刘涛,陈娟.西部地区农村医疗卫生服务效率测度及动态分析[J].农村经济,2020(11):129-135.
③ 颛孙宗磊,关俊英.西部少数民族地区医疗纠纷处理现状[J].中国卫生产业,2018,15(20):84-86.
④ 唐登林.医疗健康产业在我国西部欠发达地区的发展研究[J].当代经济,2018(18):74-75.

第三节　完善多层次广覆盖的社会保障体系

一、坚持以人民为中心的社会保障发展思想

习近平总书记指出,西部地区既要全面建成小康社会、实现第一个百年奋斗目标,又要乘势而上开启全面建设社会主义现代化国家新征程,向第二个百年奋斗目标进军①。在全面建成小康社会的战略目标中,民生方面还存在如减贫和老龄化问题,就如何开展好民生工作,习近平总书记强调,要按照"守住底线、突出重点、完善制度、引导舆论"的思路做好民生工作。

习近平总书记坚持以人民为中心的发展思想可以更好地为西部地区的社会保障体系制定政策提供依据,坚持以人民为中心的发展思想不仅是制定政策的科学依据,更是检验政策惠民与否的标准。社会保障是民生之需,直接提供人民群众的生活保障,要切实推进社会保障工作,使群众系上"保险绳"②。

二、改革和完善西部地区社会保障公共服务运行机制

(一)推行社会保障公共服务政务公开制度

社会保障公共服务的服务对象为社会公众,因此社会保障部门有义务向社会公众进行政务公开,提高社会公众对社会保障工作开展情况的知晓度。政务公开不仅能增强社会保障部门工作透明度、提高业务经办效率,且能提升社会公众满意度,利于推动社会保障事业持续健康发展。西部地区各地社会保障部门要从便民服务政策、公共服务事项、社会保险基金等方面进行政务公开,确保

---

① 李齐云,李征宇,鲁家琛.中国社会保障制度对居民收入的再分配效应分析[J].公共财政研究,2020(1):39-51.
② 彭雷霆,刘娟.西部地区基本公共文化服务发展水平实证研究:以四川省为例[J].文化软实力研究,2020,5(1):70-84.

社会公众的知情权、监督权,提升社会公众的参与度,推进依法行政。

(二)建构社会保障公共服务供给和需求的表达参与机制

目前,西部地区各地的社会保障公共服务供给模式是政府主导型、强制性的供给。这样的供给模式让社会公众无法参与和表达自身对社会保障公共服务的真实需求和感受,在一定程度上造成供给和需求不相匹配的情况。高效高质的社会保障公共服务供给需要社会公众主动有效参与,而不仅仅为被动接受。西部地区各地的社会保障部门在服务供给过程中,可建立有效的民意调查制度①。定期通过政务官网、微信公众号、窗口问卷等形式向社会公众征求关于社会保障工作的意见、建议,根据社会民众需求及时调整修正服务方式、服务内容、服务流程等。同时要畅通社会公众需求表达渠道,在此基础上,定期向社会公众进行满意度测评,针对测评结果分析社会公众的需求。

(三)大力推进社会保障公共服务标准化建设

大力推进西部地区社会保障公共服务标准化建设工作,以标准化(在标准化建设方面可借鉴无锡市先进经验)促进规范化,建成社会保障公共服务标准体系,打造阳光服务西部模式。从标准化架构来看,西部地区要建立区级和乡镇两级标准化经办机构,而不只是对区级经办机构进行标准化建设和打造。基层劳动保障事务所作为社会公众"家门口"的"服务站",对广大群众实现社会保障需求有着重要的意义,因此西部地区各地的统一区级、乡镇两级标准化建设有利于缩小城乡、群体和区域之间的差距,为全体社会公众提供公平合理、触手可及的社会保障公共服务。

三、完善西部地区社会保障公共服务监督考核机制

(一)建立西部地区各级全面的监督机制

社会保障公共服务要想持续、健康地供给,必须建立公正独立、法治化、制

---

① 朱楠,刘斌.新时代西部地区新动能培育中社会保障发展的路径[J].陕西理工大学学报(社会科学版),2019,37(5):1-12.

度化的监督机制,从而确保监督的有效性和权威性。西部地区各地的社会保障部门可从以下几方面建立健全社会保障公共服务监督机制①。

一是建立监督机构。监督机构负责对西部地区的社会保障公共服务供给全过程及社会保障服务体系建设进行监督。要确保监督机构能够独立行使监督权,不受外界干扰。监督机构成员可由企业代表、社区代表、社会组织代表、人大代表、社会保障专家、退休人员代表、相关部门代表等其他群体人员组成。监督机构要将日常监督与重点监督结合起来,对日常监督中发现的问题及时提出整改,对重点监督中发现的问题要做好持续跟踪整改②。

二是建立严格的基金财务监管体系。建立健全基金财务内部制度,严格执行财政专户管理和收支两条线制度,扎实做好社保基金管理风险防控工作③。建立健全经办机构和行政审核部门之间的内部基金监督体系,形成协调配合机制。

三是提高社会保障监督的公众参与度。建立健全社会公众对社会保障公共服务的监督制度,畅通社会公众监督渠道,设立行风意见箱、公布监督电话、开通网络监督渠道,将收集的监督意见及时分类整理,对相关情况进行核实,并向社会公众进行处理反馈。

(二)加强西部地区各级社会保障中心的绩效管理与问责

可从以下两个方面加强社保制度的绩效管理与问责:

第一,建立内部绩效考核与外部绩效考核相结合的考核办法。内部绩效考核为社会保障部门内部自行考核,考核对象为全体工作人员。外部绩效考核为专业考核部门对社会保障部门整体考核,考核对象为社会保障部门。在内部考核方面,要建立健全内部考核体系,建立明确具体的考核指标,采取科学的考核方法对每位工作人员进行考评,对考核结果优秀的人员给予奖励,对考核不合

① 冯乐安,刘徽翰.西部地区人口老龄化发展趋势及其对养老保障事业的挑战:基于甘肃的分析[J].开发研究,2019(5):155-160.
② 赖作莲.西部农村公共文化服务效能评价及提升对策研究[J].北方经济,2019(7):65-69.
③ 何迪斯.西部民族地区县域文化事业发展战略研究[J].智库时代,2019(28):119-120,134.

格的人员予以惩罚①。在外部考核方面,要建立具有针对性的社会保障考核指标体系,通过考核能反映出西部地区各地的社会保障部门各项供给完成情况,明确长处和不足之处,督促社会保障公共服务供给主体提高供给效率。在外部考核时,可创新考核方式,畅通网络考评渠道,邀请社会公众、媒体、行业协会等外部监督力量对西部地区各地的社会保障公共服务供给情况进行线上测评,以此来呈现更加全面、公平的考核结果。

第二,加强社会保障公共服务供给问责。问责是对公共服务供给中失职行为的一种责任追究。社会保障部门工作人员承担着为社会公众提供优质高效服务的职责,当社会保障公共服务出现效率低下、质量不高、结构不均衡等问题时,说明社会保障部门工作人员出现了一定程度的失职问题,需要进行问责②。通过问责能有效制止社会保障公共资源浪费,维护社会公众利益,从而提高社会保障公共服务供给质量和效率。西部地区各地的社保行政部门可从强化领导干部责任意识,严格执行问责制度两方面来做好问责工作。

四、建立社会保障公共服务供给创新机制

政府、营利组织和非营利组织是公共服务供给的三大重要主体,三者具有不同的作用机制和领域,只有相互配合、共同发展,才能取得良好的供给效果。

第一,西部地区各级政府可通过公民代表的投票机制收集公共服务需求方面的信息,通过征收税收取得收入来提供公共服务,主要提供不具有排他性和竞争性的公共产品和公共服务。

第二,私人企业通过明晰产权以及技术创新来解决公共服务消费中的排他问题,将准公共物品和公共服务供给问题转化为私人物品的供给问题。企业引入了市场竞争机制,通过收费收回对公共服务的投入成本,以此来参与公共服

---

① 杨彦,李惠菊,卜小丽,等.西部地区机构养老服务发展的现状及对策研究:以甘肃省为例[J].护理研究,2019,33(12):2109-2112.

② 钟宇星,朱倩茹,陈浩,等.中国东中西部养老机构有形资源配置及运营[J].中国老年学杂志,2019,39(10):2514-2517.

务的供给。

第三,非营利组织主要运用自愿机制筹集资金,也借助市场机制和政府的支持来提供一些消费者偏好的公共物品和公共服务。所以公共服务的供给是一个多元供给的过程。

中国长期以来一直是一个"大政府,小社会"的社会服务供给模式,所以第三部门的独立性、自治性和服务意识都比较弱。当前西部地区各地的社会保障公共服务供给的主体主要是社保、医保、就业等政府部门,因此为促进西部地区各地的社会保障公共服务供给的多元化,各部门要加强与企业的合作,大力培养社会力量①。需要通过以下途径构建多元主体:

①明确政府的角色定位。西部地区各级政府在公共服务体系中承担着决策者、组织安排者、直接提供者和监管者的角色。西部地区各地的社会保障部门要贯彻落实好各项政策,提供好各项社会保障服务,监管好企业和社会组织的公共服务供给行为。

②发挥社会组织提供社会公共服务的作用。由社会公众自行组织起来的社会公益组织、社会团体、行业协会等非营利组织,代表着社会公众的意愿,它们能够真实表达民众需求,有效弥补政府公共服务供给空缺,从而降低公共服务供给成本②。西部地区各地的社会保障公共服务体系可积极发挥组织平台的作用,让社会组织积极承担政策宣传角色。社会组织与社会公众接触更加广泛、频繁,因此更能了解到社会公众的需求,同时也能提供更高频次、广覆盖的宣传活动③。

③加强公共服务领域的公私合作。公私合作模式与社会保障公共服务供给的非排他性和非竞争性相吻合,从而使供给达到最优④。政府可采取合同外

---

① 李普,李凯.西部地区民生发展水平评价与分析:以西藏地区为例[J].黑河学院学报,2019,10(5):58-60.

② 曹洪,郭姣.社会保障水平的适度性分析:以西部欠发达地区甘肃省数据为样本[J].云南农业大学学报(社会科学),2019,13(2):59-64.

③ 李梦琴.东、中、西部社会保障支出最优规模研究[J].平顶山学院学报,2019,34(2):99-105.

④ 杨昆,汤波.西部五省财政社会保障支出及弹性水平分析[J].劳动保障世界,2019(6):24-25,28.

包、特许经营等方式来建立公私合作机制,在这一机制中,政府充当监管者的角色,私营企业、非营利组织在既定框架下追求效率最大化①。公私合营的治理机制中,市场与政府都能成为配置公共物品的主体,保障了群体多元化的价值取向,并兼顾效率目标,满足人们对公共服务的需求;此外,公私合营可以使政府部门和私营企业各自发挥自己的优势,提升了西部地区整体的公共服务水平,也为当地政府提供了新的、科学化的发展思路。

第四节　强化公共就业创业服务

就业是最大的民生。"十四五"规划中强调,要提高基层公共服务供给力度,对公共就业创业服务提供模式予以革新——响应党和国家号召,西部地区各级政府部门纷纷出台符合本地区公共就业创业服务工作实际的相关法律规范及文件,大力发展公共就业创业服务②。我国西部地区城镇登记失业人数如表 9.3 所示。

表 9.3　西部地区城镇登记失业人数

单位:万人

地区＼年份	2019	2018	2017	2016	2015	2014	2013	2012	2011
内蒙古	28.1	27.0	27.1	26.7	25.9	24.8	23.8	23.1	21.8
广西	19.7	16.7	14.7	18.1	18.1	18.7	18	18.9	18.8
重庆	17.5	13.1	14.3	15.7	14.3	13.4	12.1	12.4	13
四川	50.4	53.3	55.8	56.3	54.6	54.4	42.9	40.7	36.9
贵州	15.3	15.1	14.9	14.8	14.5	14.1	13.7	12.6	12.5

① 龙立军,杨昌儒.西部多民族地区基本公共服务均等化影响因素:以贵州民族地区调查数据为例[J].社会科学家,2018(11):58-62.
② 卢宝岩,褚伶利.吉林省西部大学生创业就业共享型实训基地建设与运行的研究[J].白城师范学院学报,2017(8):41-45.

续表

年份 地区	2019	2018	2017	2016	2015	2014	2013	2012	2011
云南	22.9	20.9	19.8	20.1	19.5	19.2	18.1	17.4	16
西藏	2.1	2.1	1.9	1.8	1.8	1.7	1.6	1.6	1
陕西	23.8	24.1	23.4	22.7	22.3	22.3	21.1	19.5	20.9
甘肃	10.8	10.0	9.6	9.8	9.5	9.7	9.3	9.8	10.8
青海	3.1	4.6	4.7	4.6	4.4	4.2	4.2	4.1	4.4
宁夏	5	5.4	5.1	5.1	4.9	5	4.7	4.6	5.2
新疆	8.4	9.5	10	9.7	10.3	11.2	11.9	11.8	11.1

作为民生之本的就业问题,直接影响到西部地区区域发展的稳定。21 世纪以来,西部地区就业问题突出,劳动力供求矛盾依旧存在,就业结构性矛盾依然突出,青年群体就业困难问题依旧存在,结构调整下职工安置问题严峻。当前,西部地区各级政府机构大力倡导基本公共就业创业服务体系的建立和完善,希望为社会公众提供丰富的服务,满足公众需求的同时提升供需匹配度,从而达到就业高质量,使就业更加充分、合理。

一、提高西部地区公共就业创业服务的标准化

随着社会经济的发展,传统的粗放式公共就业创业服务机制已难以满足劳动者及用工企业的实际需求,供需双方对专业化、个性化服务的需求不断提高。西部地区要以提高区域群众满意度为出发点,不断提高服务机构的服务能力,改进服务态度,坚持高效原则,为用工单位提供各项优质服务,提高服务的专业化及标准化[①]。

---

① 程胜利.西部地区高校大学生就业创业工作体系研究:以宁夏大学为例[J].智库时代,2020(12):153-154.

（一）加强西部地区公共就业创业服务的匹配度

西部地区公共就业创业服务建设要结合不同劳动者的需求,强化求职者职业指导服务。

第一,实行职业指导范围的扩张,自不同群体出发,如下岗失业人员、高校毕业生以及困难群众等,为其提供指导服务,同时要改变传统的指导模式,强化指导企业招聘用工的力度。西部地区各级政府要不断完善职业指导的实际内容,在原先的就业政策咨询、市场需求分析、个人求职指导等的基础上,开展求职者职业生涯设计、职业素质测评与企业招聘条件研究等,提高就业指导的专业化与针对性。

第二,西部地区各级服务机构要采取现代化的职业指导手段,基于传统个人面对面指导形式,开展组织团体指导、网络咨询指导以及工具辅助指导等活动,提高职业指导的针对性与实效性。西部地区要建设职业指导团队,提高职业指导队伍的综合水平,开展工作人员职业资格考核,提高培训要求,为公共就业创业服务指导与咨询工作提供专业化的队伍体系,实现资源共享。

（二）创新西部地区公共就业创业服务形式

西部地区各级政府部门要注重区域内劳动者就业的需求分析,达到服务区域中劳动者就业的需求目标[①]。当然,劳动者大多存在就业层次和需求类别差异,随着区域社会经济的发展,该需求不断变化和发展;同时,劳动者的素质及能力参差不齐,因此,就业创业服务体系建设要针对不同层次、不同需求劳动者的实际需求开展,按照市场需求,提供多元化的服务,为各层次和类别的劳动者提供就业服务,优化公共就业创业服务水平和质量[②]。

西部地区公共就业创业服务发展经历了形式、内容单一化发展的阶段,政府部门在通用型服务项目的基础上,结合不同劳动者的具体需求设计出具有分

---

① 杨轶.西部地区大学生就业难的原因与就业指导策略分析[J].就业与保障,2020(18):55-56.

② 李晓涛,张明明,何家军.非农就业对水库农村移民收入的影响:来自西部地区1 246户的证据[J].农林经济管理学报,2018,17(4):418-426.

层分类特点的就业需求,为求职者提供多元化的特色服务,逐步实现了提供个性化与精细化服务,这也是未来西部地区公共就业创业服务项目发展的重要趋势之一,西部地区各级政府要结合区域产业转型升级的发展机遇,实现特色化公共就业创业服务品牌的建立①。

二、优化西部地区公共就业创业服务发展细节

(一)西部地区要结合区域内经济社会的发展,提供动态化、追踪化的公共就业创业服务

公共就业创业服务以提升劳动者就业能力和创业水平为目的,为区域中的经济发展、人力资源需求提供保障②。基于此,西部地区要提高用人单位与求职者之间的匹配度,促进劳动者就业,提高区域人力资源配置效率。西部地区应当进行人力资源市场需求变化预测与追踪机制的建立,有效地满足区域社会对人力资源的实际需求。

(二)西部地区要结合不同群体的需求及素质差异,变革公共就业创业服务形式,提供个性化、多样化的服务项目

西部地区要以三大群体为主,设计针对性的服务项目与服务内容,按照个性化的服务理念,强化各劳动者群体素质和就业需求分析,通过不同的服务方式,满足不同群体的就业需求。就农村转移就业劳动者来说,要通过大型招聘会活动为其提供就业服务,社区招聘在困难人群就业中较为有效,而针对高校毕业生的招聘设计思路则应体现专业性、小型化的特征③。

① 王瑞,王华丽,赵艳梅.基于层次分析法的西部地区就业扶贫实施绩效评价:以新疆和静县为例[J].江苏农业科学,2020,48(5):30-36.
② 彭博成.促进西南高校大学生到西部艰苦边远地区基层就业的研究:以四川、重庆为例[D].重庆:重庆大学,2019.
③ 韦立立.西部少数民族地区高师院校非师范专业就业问题研究[J].教育现代化,2020,7(16):177-180.

（三）西部地区公共就业创业服务机构应依据用人单位需求，提供定制化服务

服务体系除了要对劳动者需求进行考量之外，还要注重用人单位的需求，针对用人单位不同的招聘类型及岗位需求，制定不同的服务策略和方案，优化服务专业化水准①。除此之外，西部地区还需要强化企业招聘用工的指导力度，帮助企业更好地开展需求分析工作，针对不同的经验要求、工作条件、岗位需求、任职要求、待遇水平等提供相应指导，提高企业招聘的有效性。除此之外，还需要建立健全校企合作机制、企业联盟制度等，平衡人才供给和人才需求的有效配比②。

第五节　健全养老服务体系

一、完善西部地区养老服务产业顶层制度设计

西部地区应从完善相关法律法规，设置产业内部相关标准规范、管理机制、应急制度等方面着手。我国推进养老服务产业化的年份尚短，缺乏相关经验。人口老龄化是国家发展中的一个常态困境，西部地区可借鉴其他人口老龄化困境国家发展养老服务产业的有效经验和顶层制度设计，以少走弯路③。

西部地区顶层制度的设计并非一蹴而就，需全盘考虑、立足长远，实现产业的可持续协调发展。关于养老服务产业发展，西部地区面临的一个困境是缺乏关于养老服务产业的法律法规，缺少一个根本的处理办法，无法体现国家政府

---

① 程胜利.西部地区高校大学生就业创业工作体系研究：以宁夏大学为例[J].智库时代,2020(12):153-154.
② 彭校辉.生态文化视角下的西部民族地区高校就业教育研究：以吉首大学为例[J].就业与保障,2020(8):73-74.
③ 许琳.西部地区老年残疾人居家养老服务供需现状的实证研究：基于西安市的调查[J].社会保障研究,2010(2):104-113.

推进产业发展的决心和力度①。顶层制度中政策法律的缺位,严重遏制了养老相关服务业的积极性,产业化进度停滞不前。对西部地区各级政府出台的相关发展养老服务产业的"意见"类文件或提案,应有专门的管理机制和直接的管理职能部门对接,确保政策的落地和落实,使得养老服务产业的从业企业和从业人员都能得到政策保障,这也是政府在发展这一产业过程中的一个角色体现。

日本的老龄化问题由来已久,但是依靠发展养老服务产业,日本不仅成功解决危机,还实现了经济增长,是发展养老服务产业的一个经典的国家案例,值得学习。西部地区应该考虑地区差异化管控,城乡、各省(区、市),沿海、内陆风土人情皆大不相同,对养老资源的需求也有所差异,要因地制宜。西部地区各级政府还应为养老服务产业量身打造一个产业发展规划作为顶层制度的一环,成为政府管控养老服务产业市场的强有力的手段,明确产业定位,多元布局,使资源配置更加合理,从而推动产业发展。

二、完善西部地区城乡养老社会保障体系

社保体系完善的目的是为社会成员的生活提供基本保障,特别是为无收入或低收入等无法保证正常生活的人群维持生存提供保障,实际意义是维护国家稳定与和谐。目前,西部地区社会福利化程度不高、社会保障的层次低下、社保范围不宽、保障力度较弱、福利代际传递薄弱。随着经济社会平稳运行,我国将逐步提升社会保障费用,加深社会福利化程度,国民幸福指数与生活质量都将上一个新台阶②。发展养老服务产业就必须先完善社会保障体系,社会保障体系也可以为养老服务产业低层次服务进行兜底,一部分无力承担养老服务费用的低收入老年人可由社会保障制度进行兜底,由国家承担最低养老服务费用,提供低收入人群养老的基础保障,缓解这部分人的后顾之忧。

---

① 周宏.西部贫困地区社会养老服务体系建设的出路:以商洛市为例[J].南方论刊,2014(9):36-37,62.
② 周宏.西部贫困地区社会养老服务体系建设的出路:以商洛市为例[J].南方论刊,2014(9):36-37,62.

我国现行的社会保障制度模式是社会统筹和个人账户相结合的模式,即一部分是用人单位缴纳的基本养老保险费用,属于养老统筹基金范畴,实行现收现付,体现社会互助共济模式;另一部分是个人缴纳的基本养老保险,进入个人账户,用于负担个人账户养老金支付,体现个人责任。社会保障体系的基本组成部分包括社会保险、社会福利、社会救助、社会优抚,其中,社会保险是核心。一方面,基本养老保险可提升老龄人口的社会保障水平,减少了部分家庭承担养老服务的部分费用,体现了社会保障的福利化。另外一个与养老服务产业有关联的则是基本医疗保险,医养结合的养老服务产业建设将医疗和养老结合,定点改造相关企业并将其纳入医疗保险系统,可逐渐增加养老保健费用的报销途径,让老年人通过社保水平的提高享受医护保健服务①。

十八大报告反复提到要实现社保全民覆盖,加紧形成科学的社会体制,加强社保体系建设,夯实公共管理和社会服务网络,发展出能使社会既充满生机又井然有序的体系制度。西部地区各级可以逐步适量提升对养老服务产业和社会保障体系的财政投入,和专业的信托基金金融管理企业合作,寻求社会保障基金的平稳增值,提升保障水平。西部地区各级可以向多层次、更广泛的养老保障体系方向努力,完成全民覆盖的目标,健全当前的养老保险制度,解决现存问题。

三、形成西部地区综合性养老服务产业体系

养老服务产业的发展在一定程度上取决于产业化的程度,产业化的程度则是开发养老服务这项准公共产品的代际效益,在等价交换过程中寻求盈利,养老服务产业兼容并包第一、第二、第三产业,既包含第一产业,满足基本生活需求,也有工业的养老用品市场,还有服务业的服务特性②。

---

① 景小红. 我国西部贫困地区农村养老服务模式选择研究[D].大连:东北财经大学,2016.
② 冯红霞.我国西部地区农村空巢家庭养老模式与社会养老服务体系建设研究[J].生产力研究,2016 (11):56-58,64.

（一）加强西部地区养老服务产业链建设

按照养老服务产业的需求层次的不同，可以将产业区分为支柱产业、配套产业、周边产业三类。三大产业相辅相成，互相影响资源交换，使得产业能循环往复稳步向前发展。目前，西部地区养老服务市场潜力仍待挖掘，不少的国际资本都对于西部地区的巨大养老服务市场虎视眈眈，想要来分一块蛋糕[①]。庞大的市场需求决定了养老服务产业前方的道路是光明的，西部地区应在微观处将产业链进行细分，明确发展方案，即使过程曲折，也要抓住市场机遇，大力发展养老服务产业，实现经济增长。

（二）促进西部地区养老服务人才培养

任何一个产业的发展都要人才，既需要参与一线直接服务老人的服务型人才，也需要进行行业规划的领导型人才，更离不开从事养老服务产业、具备相关资质的高素质人才。西部地区养老服务产业的发展尚属上升期，当务之急是建立专业的从业资格标准，对养老服务产业的从业资格按照对口方向进行划分，还可以与高校或者职校合作，委托培养符合行业规范的专业人才。

养老服务护理从业者应该具备与养老相关的职业技能和知识储备，具备护理知识，了解老年人心理，能全方位地应对具有个性和差异化的老年人。除了养老服务产业工作人员的准入资质证明，要求还应定期举办职业继续教育培训，培养专业技能以顺应阶段变化，为养老服务产业工作队伍源源不断地注入活力。在养老服务产业从业人员培训制度中，可参照国外优秀典型案例，提升产业从业人员的专业水准。

第一，加强宣传，提升职业形象和社会地位，吸引更多的人投身其中；第二，完善职业培训和学历教育体系，为人才输送打开渠道，实现职业道路规划；第三，建立专业培训学校，加强校企合作，为养老服务产业体系输送订单式人才，

---

① 阳旭东.西部民族地区农村养老服务的行为逻辑与实践探索：基于贵州黔东南 M 村养老院的个案研究[J].青海民族研究,2019,30(1):118-123.

解决就业问题;第四,完善养老服务产业从业者信用评价体系和保障体系,权责分明,有利于保障养老服务产业从业者的职业生涯。西部地区各级政府应增加对养老服务产业职业培训的财政投入力度,吸引人才,建立健全以高级院校类学历保障牵头,专业技能培训为基本,行业继续教育培训为补充的产业从业人员培养制度①。

(三)增加对养老服务产业的财政、税收政策支持

养老服务产业是我国新常态经济下应对老龄问题而产生的新兴综合产业,合理利用财税政策手段调节产业发展节奏,将是我国养老服务产业政策支持体系的关键部分。养老服务产业作为"蓝海"产业,对于西部地区每个人来说又具有重要意义,与构建孝老体系联系密切,十分需要西部地区各级政府在财税方面进行政策扶持。十九大强调要形成一种善待老人的社会环境和制度体系,加快医疗技术与养护服务的紧密合作,促进养老产业发展。财政补贴政策可以拉动内需,增加老年人口的购买力,税收优惠政策可以吸引资本进驻,提高养老服务产业的产业升级速度。

西部地区完善支持养老服务产业的财政补贴政策、税收优惠政策是牵一发而动全身的复杂工程,要以中国特色社会主义理论为指导,结合市场实际情况,立足当前、展望未来,将能更好地解决老年人不断提高的养老服务要求作为健全养老服务产业财政补贴和税收体系的出发及落脚之处②。西部地区要发挥政府的主导作用,通过简政放权,创新体制,灵活运用多种财税政策工具,创造出更有利于优化资源配置,更有利于促进社会公平,科学、可持续的财税支持政策。西部地区要整合现有财政税收体系,理清职能部门责任,完善产业的财政、

---

① 杨彦,李惠菊,卜小丽,等.西部地区机构养老服务发展的现状及对策研究:以甘肃省为例[J].护理研究,2019,33(12):2109-2112.

② 王喜梅,严玉梅,申敏,等.健康中国背景下湖南西部地区医养结合社会养老服务现状调查与对策研究:基于对怀化"医养结合"社会养老服务现状的调查[J].劳动保障世界,2019(32):31-32.

税收制度支持体系①。

第六节 强化公共文化体育服务

一、总体规划，推动西部地区公共文化体育服务供给标准化

科学合理的规划、清晰明确的标准，为西部地区公共文化体育服务标准化指明了方向。西部地区对公共文化体育服务建设的长期规划，应首先理顺供给思路，统筹发展布局②。第一，要提高重视程度，将公共文化体育服务作为当地发展的重要战略。西部地区各级政府应强化对构建公共文化体育服务体系的认识，把构建公共文化体育服务体系纳入当地发展战略布局，重点安排、加大部署，集中力量推进落实。第二，要注重效益，将公共文化体育服务建设与推动其他各项工作紧密联系。要发挥文化的力量，以公共文化体育服务推动其他各项工作，以其他各项工作的成果反哺公共文化体育服务。

（一）加大供给，推动公共文化体育服务供给均等化

目前，在西部地区公共文化体育服务供给上，还存在公共文化设施建设和管理不完善、供给与需求错位等问题。在我国加快推动经济供给侧结构性改革的同时，西部地区也应该推动公共文化体育服务供给侧结构性改革，转统一分配为按需分配，注重由自身输出供给逐步调整为以人民群众需求为导向的供给方式。

公共文化设施不健全仍是制约西部地区公共文化体育服务发展的重要因素。一是公共文化设施资源短缺问题较为突出，现有公共文化设施使用率低；

---

① 王丽娥.乡村振兴背景下对西部农村养老问题的思考:以定西市安定区为例[J].理论观察,2020(4):81-84.
② 税亚男.西部地区公共文化服务水平评价研究:基于主成分和聚类分析[J].新西部,2020(15):23-24.

二是城区公共文化设施资源相对较多但缺少高层次文化设施；三是针对不同地区、不同人群，公共文化设施分配不均衡①。

要解决好以上三类问题，首先要整合资源，提高公共文化设施使用率。对已建成的公共设施如文化体育器材、农家书屋等要明确由专人定期进行维护，及时更换破旧设施，确保群众可以正常使用②。对图书馆、文化馆、公园、学校、党政机关、特色小镇等文化设施资源进行整合，适当面向公众开放，让闲置的设施充分发挥效用。其次要改造升级，提高文化设施配置水平。在城区等经济较为发达、文化设施配置较高的区域，要把重点放在提升设施水平上，政府可通过购买服务，引进更多专业型、智能型文化设施，建设更多富有本土特色的高精端文化场所。最后要合理配置，减小地区人口差异。加大对偏远农村及老幼病残和外来务工人员等特殊群体的公共文化体育服务供给力度。

（二）进一步丰富西部地区公共文化产品形式

公共文化产品开发方面，西部地区应坚持传承和创新并举。第一，加大传统文化挖掘力度。继续做好辖区内历史文化风貌的保护工作，加强对民间散存文物的征集和保护，丰富西部地区的馆藏文物③。第二，做好宣传工作。文化馆、文物保护部门和电视台可以联合开展宣传活动，加深市民对当地历史文化和非物质文化遗产的了解程度，进一步激发人民群众对传统文化的保护意识。第三，创新文化品牌。借鉴深圳市先进经验，创建特色文化品牌。

（三）进一步促进西部地区数字技术与公共文化体育服务相融合

随着时代发展和科技进步，数字化技术与公共文化体育服务相融合是必然趋势。西部地区各级政府要融合媒体中心、文化资源共享工程、村村通、户户

---

① 杜荷花.我国公共文化服务资源配置的时空分异研究[J].图书情报工作,2020,64(7):56-66.
② 王会宗,韩学亮,张慧.西部地区基层公共文化服务体系建设研究:以宁夏中卫市为例[J].昌吉学院学报,2021(2):25-32.
③ 汪柳.西部地区图书馆推进传统文化服务的实践与思考:以四川达州市图书馆为例[J].图书馆学刊,2021,43(1):87-90.

通、网络云直播等,这些都是数字技术与公共文化相结合的精良产品①。西部地区应继续推进文化资源共享工程和村村通、户户通项目,争取实现全覆盖。特别是文化资源共享点在选取地址时,要充分考虑人流量、交通等因素,科学合理地设置,提高使用率。同时,发挥融媒体作用,搭建文化云服务平台,提高图书馆、文化馆、农村农家书屋、社区书屋等公共文化场所的服务功能,让广大群众可以通过网络免费浏览图书杂志,收听收看影视、戏曲作品,线上参加文化活动并开展文化互动交流,为公共文化体育服务、文化展示与传播、文化资源保护与利用打开新的局面②。

二、全面动员,推动西部地区公共文化体育服务供给多元化

现代公共文化体育服务体系强调政府主导、社会参与、共建共享,动员政府、社会力量和服务对象全面参与。为保障公共服务质量,西部地区各级政府可采用向专业机构和企业购买公共文化体育服务的形式,向公众提供更加精准、高水平的文化服务③。随着全员参与以及越来越多的文化服务企业、公益组织也加入公共文化供给中来,政府在公共文化体育服务供给经费投入不足的问题将有效缓解④。

(一)加快西部地区各级政府职能转变

一方面,针对西部地区各级政府在公共文化体育服务供给方面投入不足的问题,建议政府在每年制定预算时,加大公共文化体育服务供给投入占比,加强款项追踪、公开,确保专款专用;另一方面,传统公共文化体育服务供给,是以政

---

① 税亚男.西部地区公共文化服务水平评价研究:基于主成分和聚类分析[J].新西部,2020(15):23-24.

② 刘鑫.西部地区文化产品和服务"走出去"的路径优化:基于四川省的实践[J].人文天下,2018(1):51-57.

③ 高建军.论西部贫困地区公共文化服务体系建设中的几点思考:以武威市古浪县发展为例[J].参花,2020(11):134.

④ 周璐璐.西部地区高校图书馆适度参与公共文化服务可行性实证研究:以玉林师范学院图书馆为例[J].科技视界,2020(12):142-145.

府部门、机关事业单位为本位，属于垄断型供给，这种供给方式极易出现供需错位、效能低下，甚至出现"政府失灵"。在向现代公共文化体育服务体系转变的过程中，政府是主导，要把理应由社会承担或社会管理的公共服务职能转交出去，实行管办分离，让文化企业和其他社会组织有更多的发展空间和参与空间①。

（二）引导西部地区社会力量参与

西部地区各级政府通过引入市场竞争机制，由多元主体进行公共文化体育服务供给，将拓宽公共文化体育服务资金来源渠道，有效缓解政府资金投入压力，提升公共文化体育服务供给内容的多元性、精准性和时效性。

一是完善激励政策。政府可通过企业冠名、资金补贴、减税减息、精简审批手续等方式吸引、鼓励、支持更多企业加入公共文化体育服务供给投资队伍中来。

二是强化宣传动员，增加担当意识。要加大宣传力度，加强与相关企业、文化团体的交流沟通力度，增强企业、文化团体作为社会参与主体的责任意识②。

三是规范行业管理。建立健全对社会力量的监督管理机制，制定行业标准，构建企业自我监督、行业互相监督、社会共同监督的管理机制，确保非政府企业和其他社会力量合法合规地开展公共文化体育服务活动③。

① 彭雷霆,刘娟.西部地区基本公共文化服务发展水平实证研究:以四川省为例[J].文化软实力研究, 2020,5(1):70-84.
② 胡思佳.我国西部地区公共文化服务供给效率研究[D].西安:西安建筑科技大学,2019.
③ 张文宇.西部地区公共文化服务体系建设的难点与对策[J].文化创新比较研究,2019,3(3):174-175.

参考文献

[1] 敖旭鹏,多文志.深入实施西部大开发战略 全面推进民族地区经济社会快速发展[J].前沿,2011(9):18-22.

[2] 白春兰,王凌颖,胡秀英.西部地区医疗机构中老年病房及护士配置现状调查[J].中华现代护理杂志,2019,25(2):199-203.

[3] 白鸽,周帅,付晨,等.西部地区县级医疗机构网络医疗供给影响因素研究[J].中国医院管理,2017,37(8):25-26,29.

[4] 白永秀,何昊.西部大开发20年:历史回顾、实施成效与发展对策[J].人文杂志,2019(11):52-62.

[5] 白永秀,赵伟伟.新一轮西部大开发的背景、特点及其措施[J].经济体制改革,2010(5):134-137.

[6] 本书选编组.中华人民共和国国民经济和社会发展第十一个五年规划纲要学习参考[M].北京:中共党史出版社,2006.

[7] 曹洪,郭姣.社会保障水平的适度性分析:以西部欠发达地区甘肃省数据为样本[J].云南农业大学学报(社会科学),2019,13(2):59-64.

[8] 曹慧泉.以建设现代制造业基地引领构建现代产业体系[J].新湘评论,2019(24):12-14.

[9] 岑丽娟.论西部制造业禀赋特征及其优化途径[J].新西部(理论版),2012(C4):15,8.

[10] 陈福中,蒋国海.新时代国有企业混合所有制改革:特征、困境、路径[J].改革与战略,2021,37(1):44-52.

[11] 陈鹏.城市群协调发展问题研究:基于纵向府际整合治理的视角[D].上

海:华东政法大学,2020.

[12] 陈荣强,段永平.西部贫困地区职业学校校企合作服务人才培养论析:以铜仁职业教育集团学校为视角[J].理论与当代,2020(12):24-26.

[13] 陈舒.从西南少数民族服饰看其习俗文化[J].贵州民族研究,2015,36(8):94-98.

[14] 程胜利.西部地区高校大学生就业创业工作体系研究:以宁夏大学为例[J].智库时代,2020(12):153-154.

[15] 邓明川.西部地区职业教育助力脱贫攻坚策略研究[J].科技资讯,2020,18(25):211-212,215.

[16] 邓晰隆,陈娟,叶进.农村生产要素市场化程度测度方法及实证研究:以四川省苍溪县为例[J].农村经济,2008(9):50-54.

[17] 邓翔,李双强,袁满.西部大开发二十年政策效果评估:基于面板数据政策效应评估法[J].西南民族大学学报(人文社会科学版),2020,41(1):107-114.

[18] 丁阳,夏友富,吕臣.新型国际分工模式下的沿边开发开放问题研究[J].江苏社会科学,2015(1):61-68.

[19] 董彪,李仁玉.我国法治化国际化营商环境建设研究:基于《营商环境报告》的分析[J].商业经济研究,2016(13):141-143.

[20] 董冠华.西部新兴产业竞争力经济学分析:基于波特钻石模型[J].经济研究导刊,2017(21):36-37,100.

[21] 杜丁丁.中国西部地区湖泊碳库效应的影响因素及评价[D].兰州:兰州大学,2018.

[22] 杜飞轮,杜秦川.未来30年我国资源环境趋势及促进绿色发展的建议[J].中国经贸导刊,2018(8):13-22.

[23] 杜荷花.我国公共文化服务资源配置的时空分异研究[J].图书情报工

作,2020,64(7):56-66.

[24] 杜文璐.高等教育资源投入与人口集聚:基于省级面板数据的实证分析 [J].统计与管理,2021,36(5):47-53.

[25] 杜雅男."生态+"视域下新能源产业绿色发展的转型路径[J].市场研究,2020(7):31-32.

[26] 樊纲,王小鲁,马光荣.中国市场化进程对经济增长的贡献[J].经济研究,2011(9):4-16.

[27] 樊华,周德群.中国省域科技创新效率演化及其影响因素研究[J].科研管理,2012,33(1):10-18,26.

[28] 范伟.西部民办高校教师队伍建设现实困境与路径选择[J].新西部,2021(C1):140-142.

[29] 范晓林.中国西部地区现代物流业发展研究[D].北京:中央民族大学,2011.

[30] 方小强.西部欠发达地区现代服务业发展研究:以四川省达州市为例[J].现代商业,2016(26):40-42.

[31] 冯红霞.我国西部地区农村空巢家庭养老模式与社会养老服务体系建设研究[J].生产力研究,2016(11):56-58,64.

[32] 冯乐安,刘徽翰.西部地区人口老龄化发展趋势及其对养老保障事业的挑战:基于甘肃的分析[J].开发研究,2019(5):155-160.

[33] 冯永馨,陈雷超.中国西部地区铁矿资源状况及其主要特点[J].低碳世界,2016(23):84-85.

[34] 付航,贺知菲,吴韬,等.我国西部地区医养结合机构开展医疗卫生服务的问题分析[J].重庆医学,2020,49(19):3230-3233.

[35] 傅远佳.中国西部陆海新通道高水平建设研究[J].区域经济评论,2019(4):70-77.

[36] 高建军.论西部贫困地区公共文化服务体系建设中的几点思考:以武威市古浪县发展为例[J].参花,2020(11):134.

[37] 贯雨菲,李长乐,孙静.医疗保险对中国西部少数民族地区老年人健康的影响[J].中国老年学杂志,2021,41(5):1100-1103.

[38] 郭韶伟,唐成伟.区域分工、制造业发展与地区经济增长:以西部地区为例[J].东南学术,2012(6):31-39.

[39] 国家发展和改革委员会.《中华人民共和国国民经济和社会发展第十三个五年规划纲要辅导》读本[J].全国新书目,2016,857(5):10.

[40] 国家发展和改革委员会.西部大开发"十二五"规划[N].经济日报,2012-02-21(13).

[41] 国家林业局.国家林业局关于公布北京等6省(区、市)2016年森林资源清查主要结果的通知[J].国家林业局公报,2017(1):29-30.

[42] 国家统计局,环境保护部.中国环境统计年鉴2017[M].北京:中国统计出版社,2018.

[43] 国家统计局城市社会经济调查司.中国城市统计年鉴(2020)[M].北京:中国统计出版社,2021.

[44] 国家统计局.中国统计年鉴(2019)[M].北京:中国统计出版社,2019.

[45] 国家统计局.中国统计年鉴(2020)[M].北京:中国统计出版社,2020.

[46] 韩雪冰.人口结构与住房需求结构关系研究:以陕西省为例[D].西安:西安建筑科技大学,2017.

[47] 何迪斯.西部民族地区县域文化事业发展战略研究[J].智库时代,2019(28):119-120,134.

[48] 胡超.改革开放以来我国民族地区边境贸易发展的演变轨迹与启示[J].国际贸易问题,2009,318(6):3-10.

[49] 胡思佳.我国西部地区公共文化服务供给效率研究[D].西安:西安建筑

科技大学,2019.

[50] 胡新华.西部战略性新兴产业取向比较与优化路径[J].重庆大学学报(社会科学版),2014,20(4):10-15.

[51] 黄东兵.全面提升西部基础教育质量　巩固脱贫攻坚成果[J].中国科技产业,2021(3):42-44.

[52] 黄金辉,黄杰.理解"百年未有之大变局"深刻内涵的三个向度[J].思想理论教育导刊,2021(3):12-19.

[53] 蒋华林,杨帆,蒋基敏.西部高等教育全面振兴达成度的内涵及其评价[J].重庆高教研究,2021,9(5):3-12.

[54] 金珍.大湄公河次区域经济合作与澜沧江—湄公河合作比较研究[D].昆明:云南大学,2018.

[55] 景小红.我国西部贫困地区农村养老服务模式选择研究[D].大连:东北财经大学,2016.

[56] 寇宗来.中国科技体制改革三十年[J].世界经济文汇,2008(1):77-93.

[57] 赖作莲.西部农村公共文化服务效能评价及提升对策研究[J].北方经济,2019(7):65-69.

[58] 李光辉,王芮.新时代沿边开发开放的新思考[J].中国-东盟研究,2019(4):3-21.

[59] 李光辉.2019 中国沿边开放发展年度报告[R].北京:中国商务出版社,2019.

[60] 李光明,刘震昆,郑丽璇.多学科深度融合研究是支撑现代制造业转型升级的关键引擎[J].产业与科技论坛,2019,18(6):10-12.

[61] 李桂,胡志明,李蓉蓉."一带一路"倡议背景下西部地区扩大开放的机遇与对策[J].和田师范专科学校学报,2020,39(4):82-88.

[62] 李桂连,王金辉.中国西部地区水资源可持续利用研究[J].内蒙古科技

与经济,2014(10):44-46.

[63] 李桂连.中国西部地区水资源协同治理模式研究[D].呼和浩特:内蒙古大学,2015.

[64] 李国英.构建都市圈时代"核心城市+特色小镇"的发展新格局[J].区域经济评论,2019(6):117-125.

[65] 李海东,沈渭寿,卞正富.西部矿产资源开发的生态环境损害与监管[J].生态与农村环境学报,2016,32(3):345-350.

[66] 李建明.乡村振兴的关键是产业振兴[J].西部大开发,2019(7):93.

[67] 李金波,许兴亮,李永武,等.西部地方院校实验教学示范中心建设实践与探索[J].实验室研究与探索,2021,40(3):235-238,242.

[68] 李林娜.我国西部地区幼儿园音乐教育现状研究:以甘肃省临夏州幼儿园为例[J].戏剧之家,2020(35):100-101.

[69] 李梦琴.东、中、西部社会保障支出最优规模研究[J].平顶山学院学报,2019,34(2):99-105.

[70] 李宁.浅析西北民居及民居文化[J].青海师范大学学报(哲学社会科学版),2006(2):40-45.

[71] 李萍萍.我国西部地区高等教育现代化与人的全面发展的关系研究综述[J].高教论坛,2020(9):112-115.

[72] 李普,李凯.西部地区民生发展水平评价与分析:以西藏地区为例[J].黑河学院学报,2019,10(5):58-60.

[73] 李齐云,李征宇,鲁家琛.中国社会保障制度对居民收入的再分配效应分析[J].公共财政研究,2020(1):39-51.

[74] 李少惠,韩慧.西部农村公共文化服务供给效率及收敛性分析[J].深圳大学学报(人文社会科学版),2020,37(6):54-63.

[75] 李天宇.第一轮中央生态环保督察及"回头看"全部完成:受理举报21.2

　　万余件罚款 24.6 亿元[J].中国环境监察,2019(5):8-9.

[76] 李晓涛,张明明,何家军.非农就业对水库农村移民收入的影响:来自西部地区 1 246 户的证据[J].农林经济管理学报,2018,17(4):418-426.

[77] 李妍.基于多源数据的中原城市群城市发展水平评价与分析[D].郑州:郑州大学,2018.

[78] 李耀华.中欧班列的运行现状与发展对策[J].对外经贸实务,2015(2):91-93.

[79] 李艺丹,孙万贵.金融规模、结构、效率影响区域经济发展的实证研究:基于供给侧结构性改革视角[J].西部金融,2020(6):18-25.

[80] 李志军.2020 中国城市营商环境评价[M].北京:中国发展出版社,2021.

[81] 李志军.中国城市营商环境评价[M].北京:中国发展出版社,2019.

[82] 梁胜翔.我国西部地区基层医疗卫生机构基本公共卫生服务人员核心能力建设研究[D].重庆:中国人民解放军陆军军医大学,2020.

[83] 林建华,李琳.西部大开发 20 年西部地区绿色发展的历史进程、存在问题与未来路径[J].陕西师范大学学报(哲学社会科学版),2019,48(4):76-88.

[84] 林赛燕.中国高校科研投入的有效性研究:基于面板负二项回归的实证检验[J].宁夏社会科学,2021(2):105-117.

[85] 刘奥运.西部民族地区学前教育与区域经济发展的协整性实证研究[J].和田师范专科学校学报,2020,39(4):55-61.

[86] 刘伯霞,刘东洋.转型中的西部城市发展策略[J].城乡建设,2018(15):46-48.

[87] 刘华.论中国西部经济发展的优势和潜力[J].中国集体经济,2017(19):7-8.

[88] 刘立峰.西部中小城市发展难题及对策[J].中国经贸导刊,2018(28):

55-57.

[89]刘梦颖.新时代西部民族院校本科实践教学质量提升研究[J].创新创业理论研究与实践,2021,4(6):93-95.

[90]刘书明,王冬冬.中国省际区域社会保障支出水平差异分析[J].统计与决策,2021,37(1):73-76.

[91]刘伟平.构建一道国家生态安全屏障[J].求是,2014(5):19-21.

[92]刘文丽.西部产业结构调整方向的探讨[J].知识经济,2015(19):14.

[93]刘小勤.西部开发中的开放思路[J].合肥工业大学学报(社会科学版),2001,15(3):43-45.

[94]刘鑫.西部地区文化产品和服务"走出去"的路径优化:基于四川省的实践[J].人文天下,2018(1):51-57.

[95]龙立军,杨昌儒.西部多民族地区基本公共服务均等化影响因素:以贵州民族地区调查数据为例[J].社会科学家,2018(11):58-62.

[96]卢宝岩,褚伶利.吉林省西部大学生创业就业共享型实训基地建设与运行的研究[J].白城师范学院学报,2017(8):41-45.

[97]卢耿锋,王柏玲.西部陆海新通道建设发展的对策研究[J].当代经济,2021(3):43-47.

[98]卢现祥,王素素.要素市场化配置程度测度、区域差异分解与动态演进:基于中国省际面板数据的实证研究[J].南方经济,2021(1):37-63.

[99]罗羿寒.西部地区现代服务业发展的创新路径研究[J].科技资讯,2018,16(31):223,225.

[100]罗羿寒.西部地区现代服务业影响因素研究[J].全国流通经济,2018(34):81-82.

[101]马斌.中欧班列的发展现状、问题与应对[J].国际问题研究,2018(6):72-86.

[102]马鸿霞,朱德全.西部民族地区高职教育发展:进程、挑战与变革:基于《规划纲要》发展回顾与"双高计划"前瞻[J].华东师范大学学报(教育科学版),2021,39(4):104-126.

[103]马建东.中国西部地区经济发展质量及测度研究[D].武汉:中南财经政法大学,2019.

[104]马静.简论西部地区农业自我发展能力[J].农业经济,2017(1):50-52.

[105]马鹏,来勇臣,叶舟,等.中国西部地广人稀地区远程医疗知晓率调查研究[J].中国卫生产业,2018,15(7):16-18.

[106]马胜春.西部大开发以来民族地区经济发展的主要成效[J].北方民族大学学报,2020(3):45-49.

[107]马秀珍.建设"互联网+医疗健康"西部地区"样板间"[J].中国卫生,2021(1):33.

[108]马艺文,张其其,庄太凤.我国西部地区社区卫生服务机构卫生资源配置公平性研究[J].中国医药导报,2021,18(9):130-134.

[109]马子红.陆海新通道建设与西部开发格局重塑[J].思想战线,2021,47(2):84-92.

[110]毛顺宇,袁辉.用"深化改革"助推西部大开发[J].党课参考,2020(12):75-89.

[111]毛中根,武优勐.我国西部地区制造业分布格局、形成动因及发展路径[J].数量经济技术经济研究,2019,36(3):3-19.

[112]潘璠.西北民族服装的结构和色彩特征[J].西安工程大学学报,2011,25(3):340-343.

[113]庞智强.西部深度贫困地区乡村振兴的实施思路、重点与路径建议[J].兰州财经大学学报,2020,36(1):47-55.

[114]裴成荣."3.0"版本:西部大开发即将开启新时代[J].新西部,2019

(16):4-6.

[115]彭博成.促进西南高校大学生到西部艰苦边远地区基层就业的研究:以四川、重庆为例[D].重庆:重庆大学,2019.

[116]彭雷霆,刘娟.西部地区基本公共文化服务发展水平实证研究:以四川省为例[J].文化软实力研究,2020,5(1):70-84.

[117]彭校辉.生态文化视角下的西部民族地区高校就业教育研究:以吉首大学为例[J].就业与保障,2020(8):73-74.

[118]秦亚玲,叶舟,何丽,等.西部城市医院的高质量发展历程[J].中国质量,2020(11):88-90.

[119]邱薇.新经济下的西部地区产业发展与结构升级[J].时代金融(中旬),2015(1):84-85.

[120]邱孝述,敖姗嫦,张莉.以重庆市为例谈西部地区"五年制"高等职业教育人才一体化培养[J].教育与职业,2020(18):34-38.

[121]冉杨斯特.我国水电上市公司投资前景研究[D].成都:四川省社会科学院,2020.

[122]沈小平.用"美丽建设"托起西部大开发[J].党课参考,2020(12):56-74.

[123]史本叶,程浩.打造沿边开放升级版[N].人民日报,2014-09-16(7).

[124]史兆晨,黄振龙.关于西部地区构建开放型经济新体制的思考[J].商场现代化,2020(12):144-146.

[125]税亚男.西部地区公共文化服务水平评价研究:基于主成分和聚类分析[J].新西部,2020(15):23-24.

[126]税亚男.西部地区医疗卫生事业发展评价研究[J].现代交际,2020(10):255-256,254.

[127]斯琴图雅,齐伟.中国西部地区野生动物可持续发展问题研究[J].甘肃

畜牧兽医,2016,46(5):50-51,55.

[128]宋权华,陈守满.高等师范教育学生信息化教学能力培养策略与模式:基于对西部地区中小学教师调查的研究[J].微型电脑应用,2020,36(9):23-26.

[129]苏多杰.培育西部民族地区战略性新兴产业[J].青海民族大学学报(社会科学版),2011,37(4):95-99.

[130]孙根紧.中国西部地区自我发展能力及其构建研究[D].成都:西南财经大学,2013.

[131]孙久文,蒋治.沿边地区对外开放70年的回顾与展望[J].经济地理,2019,39(11):1-8.

[132]孙文娟.天堑变通途 出行不再难:2019年我区交通运输事业走笔[N].西藏日报,2020-03-11(5).

[133]孙早,谢慧莹,刘航.国内国际双循环新格局下的西部高水平开放型经济发展[J].西安交通大学学报(社会科学版),2021,41(1):1-7.

[134]唐登林.医疗健康产业在我国西部欠发达地区的发展研究[J].当代经济,2018(18):74-75.

[135]滕智莉.中国西南沿边开发开放效应研究[D].昆明:云南师范大学,2019.

[136]田娜,张行易,白雪珂,等.我国西部地区基层医疗卫生机构降压药物可及性、费用和处方用药研究[J].中国分子心脏病学杂志,2019,19(4):2988-2992.

[137]屠志方,李梦先,孙涛.第五次全国荒漠化和沙化监测结果及分析[J].林业资源管理,2016(1):1-5,13.

[138]汪柳.西部地区图书馆推进传统文化服务的实践与思考:以四川达州市图书馆为例[J].图书馆学刊,2021,43(1):87-90.

[139]王柏灿.壮族饮食文化与壮族医药[J].中国民族民间医药杂志,2004
(5):253-254.

[140]王凡.我国绿色新能源产业转型升级的战略取向研究[J].中国物流与
采购,2018(22):75-76.

[141]王海刚,衡希,王永强,等.西部地区传统产业生态化发展研究综述[J].
生态经济,2016,32(5):121-126.

[142]王会宗,韩学亮,张慧.西部地区基层公共文化服务体系建设研究:以宁
夏中卫市为例[J].昌吉学院学报,2021(2):25-32.

[143]王佳宁,盛朝迅.重点领域改革节点研判:供给侧与需求侧[J].改革,
2016(1):35-51.

[144]王姣娥,景悦,王成金."中欧班列"运输组织策略研究[J].中国科学院
院刊,2017,32(4):370-376.

[145]王可心.我国西部城乡医疗资源分布均衡性分析:以陕西省为例[J].山
西农经,2020(23):36-37.

[146]王丽娥.乡村振兴背景下对西部农村养老问题的思考:以定西市安定区
为例[J].理论观察,2020(4):81-84.

[147]王秋梅,彭清深.西北饮食文化及秦、陇菜系[N].甘肃经济日报,2000-
12-14(4).

[148]王瑞,王华丽,赵艳梅.基于层次分析法的西部地区就业扶贫实施绩效
评价:以新疆和静县为例[J].江苏农业科学,2020,48(5):30-36.

[149]王水莲.推动西部陆海新通道建设走深走实[J].开放导报,2020(5):
48-53.

[150]王喜梅,严玉梅,申敏,等.健康中国背景下湖南西部地区医养结合社会
养老服务现状调查与对策研究:基于对怀化"医养结合"社会养老服务
现状的调查[J].劳动保障世界,2019(32):31-32.

[151]王小兵,袁达.供给侧改革背景下资源性产品价格机制的重构[J].价格理论与实践,2016(7):65-67.

[152]王小鲁,樊纲,胡李鹏.中国分省份市场化指数报告(2018)[R].北京:社会科学文献出版社,2019.

[153]王小明.外生动力视角下区域传统优势产业升级发展研究[J].财经问题研究,2017(6):30-34.

[154]王莹,张瑶,严芳.西部地区高等职业教育精准扶贫模式探索[J].就业与保障,2021(4):123-124.

[155]王永康.绿水青山与金山银山[J].求是,2014(16):56-57.

[156]韦立立.西部少数民族地区高师院校非师范专业就业问题研究[J].教育现代化,2020,7(16):177-180.

[157]魏红征.法治化营商环境评价指标体系研究[D].广州:华南理工大学,2019.

[158]魏后凯,蔡翼飞.西部大开发的成效与展望[J].中国发展观察,2009(10):32-34.

[159]吴玉萍.新疆"丝绸之路经济带核心区"建设中的环境资源问题及其应对[J].华北电力大学学报(社会科学版),2016(2):5-11.

[160]兀晶.西部民族地区传统产业升级路径研究[J].贵州民族研究,2016,37(7):158-161.

[161]习近平.决胜全面建成小康社会 夺取新时代中国特色社会主义伟大胜利:在中国共产党第十九次全国代表大会上的报告[R].北京:人民出版社,2017.

[162]习树江.西部地区战略性新兴产业发展路径优化研究[J].改革与战略,2016,32(1):101-104.

[163]夏兰兰.文化创意特色小镇建设中农房改造研究:以大兴区魏善庄镇半

壁店村为例[D].北京:北京建筑大学,2018.

[164]幸岭.区域旅游发展创新模式:跨境旅游合作区[J].学术探索,2015(9):70-75.

[165]许琳.西部地区老年残疾人居家养老服务供需现状的实证研究:基于西安市的调查[J].社会保障研究,2010(2):104-113.

[166]许先春.习近平生态文明思想的科学内涵与战略意义[J].人民论坛,2019(33):98-101.

[167]鄢杰.我国市场化进程测度指标体系构建[J].统计与决策,2007(23):69-71.

[168]闫磊,王海燕.西部地区新能源产业市场化转型的制度配套研究[J].生产力研究,2014(9):65-67,88.

[169]阳旭东.西部民族地区农村养老服务的行为逻辑与实践探索:基于贵州黔东南M村养老院的个案研究[J].青海民族研究,2019,30(1):118-123.

[170]杨昆,汤波.西部五省财政社会保障支出及弹性水平分析[J].劳动保障世界,2019(6):24-25,28.

[171]杨少垒,刘涛,陈娟.西部地区农村医疗卫生服务效率测度及动态分析[J].农村经济,2020(11):129-135.

[172]杨文珺.浅谈西北饮食文化特色[J].大众文艺,2011(11):156.

[173]杨彦,李惠菊,卜小丽,等.西部地区机构养老服务发展的现状及对策研究:以甘肃省为例[J].护理研究,2019,33(12):2109-2112.

[174]杨耀源."双循环"新发展格局下推进西部陆海贸易新通道高质量发展的关键路径[J].商业经济研究,2021(7):145-150.

[175]杨轶.西部地区大学生就业难的原因与就业指导策略分析[J].就业与保障,2020(18):55-56.

[176]杨寅根,张晓锋.中欧班列的作用、问题及应对[J].中国经贸导刊,2021
(5):31-33.

[177]杨宇振.中国西南地域建筑文化研究[D].重庆:重庆大学,2002.

[178]杨增强.浅议西部战略性新兴产业发展机遇、挑战[J].经济视角(中
旬),2011(10):113-114.

[179]仪成成.西部少数民族贫困地区农村基层党组织建设的问题研究:以凉
山州喜德县为例[J].统计与管理,2021,36(6):100-104.

[180]于文浩.改革开放40年中国国家创新体系的路径选择与启示[J].南京
社会科学,2018(9):18-24.

[181]余川江,龚勤林,李宗忠,等.开放型通道经济发展模式视角下"西部陆
海新通道"发展路径研究:基于国内省域分析和国际竞争互补关系分
析[J].重庆大学学报(社会科学版),2020,28(1):65-80.

[182]俞虹,杨凯,邢璐.中国西部地区水环境污染与经济增长关系研究[J].
环境保护,2007,35(20):38-41.

[183]云茜.西北地区少数民族音乐文化概况[J].音乐时空,2011(12):
32-33.

[184]曾国军,陈旭,余构雄.中国特色小镇研究报告(2019)[R].北京:社会
科学文献出版社,2020.

[185]曾金霞,卢红坚.西部欠发达地区职业教育以精准就业实施精准扶贫策
略分析[J].广西教育,2020(46):8-9,17.

[186]曾培炎.西部大开发决策回顾[M].北京:中共党史出版社,新华出版
社,2010.

[187]张代谦.西部地区能源产业优化配套发展的现状、主要问题及对策研究
[J].经济体制改革,2010(3):143-147.

[188]张惠琴.区域传统优势产业与战略性新兴产业协同融合发展探讨[J].

产业创新研究,2020(10):26-28.

[189]张青,任志远.中国西部地区生态承载力与生态安全空间差异分析[J].水土保持通报,2013,33(2):230-235.

[190]张三保,康璧成,张志学.中国省份营商环境评价:指标体系与量化分析[J].经济管理,2020,42(4):5-19.

[191]张文宇.西部地区公共文化服务体系建设的难点与对策[J].文化创新比较研究,2019,3(3):174-175.

[192]张勇.推进重点区域综合治理 筑牢生态安全屏障[J].中国经贸导刊,2016(31):5-7.

[193]张优智,张珍珍.教育投入对西部地区经济增长的空间溢出效应:基于空间杜宾模型的实证分析[J].西安石油大学学报(社会科学版),2020,29(4):9-16.

[194]张占斌.中国经济新常态的趋势性特征及政策取向[J].国家行政学院学报,2015(1):15-20.

[195]赵惠强,洪增林,等.西部人文资源开发研究[M].兰州:甘肃人民出版社,2002.

[196]中华人民共和国水利部.中国水资源公报(2019)[M].北京:中国水利水电出版社,2020.

[197]钟航.我国劳动者素质与生产技术的协调发展研究[D].长沙:湖南大学,2018.

[198]钟宇星,朱倩茹,陈浩,等.中国东中西部养老机构有形资源配置及运营[J].中国老年学杂志,2019,39(10):2514-2517.

[199]周宏.西部贫困地区社会养老服务体系建设的出路:以商洛市为例[J].南方论刊,2014(9):36-37,62.

[200]周璐璐.西部地区高校图书馆适度参与公共文化服务可行性实证研究:

以玉林师范学院图书馆为例[J].科技视界,2020(12):142-145.

[201]周小舟.中国西部地区资源环境承载力研究[D].西安:西安电子科技大学,2014.

[202]周毅.中国西部脆弱生态环境与可持续发展研究[M].北京:新华出版社,2015.

[203]朱凯,王娜.西部地区新能源产业自我发展能力研究[J].当代经济管理,2012,34(11):66-72.

[204]朱楠,刘斌.新时代西部地区新动能培育中社会保障发展的路径[J].陕西理工大学学报(社会科学版),2019,37(5):1-12.

[205]朱作鑫.城市生态环境治理中的公众参与[J].中国发展观察,2016(5):49-51,33.

[206]颛孙宗磊,关俊英.西部少数民族地区医疗纠纷处理现状[J].中国卫生产业,2018,15(20):84-86.

[207]祖钰博.西部地区生态农业发展研究:以贵阳为例[D].长沙:湖南农业大学,2013.